跨国经营管理人才培训教材系列丛书

中外企业跨国经营案例比较

商务部跨国经营管理人才培训教材编写组　编

本书执笔　李志鹏　张　萍

中国商务出版社
CHINA COMMERCE AND TRADE PRESS

图书在版编目（CIP）数据

中外企业跨国经营案例比较 / 商务部跨国经营管理人才
培训教材编写组编. —北京：中国商务出版社，2018.8
（跨国经营管理人才培训教材系列丛书）
ISBN 978-7-5103-2576-2

Ⅰ.①中… Ⅱ.①商… Ⅲ.①跨国公司—企业经营管
理—对比研究—中国、国外 Ⅳ.F276.7

中国版本图书馆 CIP 数据核字（2018）第 187015 号

跨国经营管理人才培训教材系列丛书

中外企业跨国经营案例比较
ZHONGWAI QIYE KUAGUO JINGYING ANLI BIJIAO

商务部跨国经营管理人才培训教材编写组　编
本书执笔　李志鹏　张　萍

出　　　版：中国商务出版社
地　　　址：北京市东城区安定门外大街东后巷 28 号　　邮　　编：100710
责任部门：财经事业部（010-64515163　16264312@qq.com）
责任编辑：汪　沁

总 发 行：中国商务出版社发行部（010-64208388　64515150）
网购零售：中国商务出版社淘宝店（010-64286917）
直销客服：010-64515163
网　　　址：http://www.cctpress.com
网　　　店：http://shop162373850.taobao.com
邮　　　箱：cctp@cctpress.com

印　　　刷：北京密兴印刷有限公司
开　　　本：787 毫米×1092 毫米　1/16
印　　　张：22.25　　　　　　字　　数：361 千字
版　　　次：2018 年 12 月第 1 版　　印　　次：2018 年 12 月第 1 次印刷
书　　　号：ISBN 978-7-5103-2576-2
定　　　价：68.00 元

丛书编委会

名誉主任　钟　山

主任委员　钱克明

委　　员　王胜文　李景龙　邢厚媛　郑　超

　　　　　张幸福　刘民强　韩　勇

执行主编　邢厚媛

序

党的十九大报告提出，以"一带一路"建设为重点，坚持引进来和走出去并重；创新对外投资方式，促进国际产能合作，形成面向全球的贸易、投融资、生产、服务网络，加快培育国际经济合作和竞争新优势。我们以习近平新时代中国特色社会主义思想为指导，围绕"一带一路"建设，坚持新发展理念，促发展与防风险并重，引导对外投资合作健康有序发展，取得显著成就。截至2017年底，中国在189个国家和地区设立企业近4万家，对外投资存量达1.8万亿美元，居世界第二位，已成为拉动全球对外直接投资增长的重要引擎。

习近平总书记指出，人才是实现民族振兴、赢得国际竞争主动的战略资源。新时期，做好对外投资合作工作，既需要大量熟悉国际市场、法律规则和投资合作业务的企业家和管理人才，又需要"政治强、业务精、作风实"的商务工作者。为贯彻习近平总书记重要指示精神，努力培养跨国经营企业人才，推动对外投资合作高质量发展，商务部委托中国服务外包研究中心对2009年出版的《跨国经营管理人才培训教材系列丛书》进行了增补修订。

本次增补修订后的《跨国经营管理人才培训教材系列丛书》共10本，涵盖领域广，内容丰富，注重政策性、理论性、知识性、实用性相结合，具有很强的可读性和操作性。希望商务主管部门、从事对外投资合作业务的企业家及管理人员利用好此套教材，熟悉跨国经营通行做法，提升合规经营、防范风险的意识，不断提高跨国经营能力和水平，为新时期中国进一步扩大对外开放、推动"一带一路"建设、构建人类命运共同体做出更大贡献。

商务部副部长

2018年11月23日

目　　录

图 目 录

表 目 录

第一章 | 国际化布局与
战略协同

　　企业"走出去"过程中，产业链的选择、合作伙伴以及合作平台的选择至关重要。从实践来看，中国大多数"走出去"的企业都结合企业自身特点和环境背景来选择适合自己的海外发展模式，也已逐步摸索出一条符合自身特点的国际化道路，积累了一些成功的经验和失败教训，这些都亟待我们掌握、消化和吸收。

　　本章对个案的陈述和分析显示，中国石油天然气股份有限公司（简称中石油）、苏州青年旅行社股份有限公司（简称苏州青旅）、越美集团有限公司（简称越美集团）等企业在"走出去"过程中，通过设计合适的海外发展模式，取得了以下几个方面的经验：要结合各个行业领域不同的特点，科学选择产业链切入环节，务实选择各种主体进行合作，依托不同的国际化平台成长等等。读者通过对相关案例进行研读，可初步掌握中国企业"走出去"在发展模式方面的一些经验。

第一节　科学选择产业链切入环节

　　产业链是对企业投资、生产、运输、销售等各环节的概括性描述，是企业运用其资源，通过一系列业务过程创造价值的系统。企业关于产业链商业模式的打造并非一成不变，而是随着内外部环境的改变，进行阶段性的调整、优化和创新。随着全球化程度加深，跨国公司在参与国际竞争中，不再局限于"结果"（产品、服务）的竞争，"过程"（产业链选择）的竞争逐渐成为焦点。成功的商业模式大多是企业依据自身产业比较优势，选择合适环节切入，打造核心竞争力的关键。

一、中石油海外市场运行一体化模式

（一）一体化经营模式内涵

一体化经营模式是中石油充分发挥自身"大而全"的优势，针对非洲油气开发独特的外部环境条件，在长期的实践中探索出来的产业链切入模式。具体而言，在长期的经营实践中，一体化经营演化出了两个模式。

一是上下游一体化。上下游一体化是指在油气工业基础较薄弱的资源国，中石油既投资上游的油气资源勘探开发业务，也投资中下游的储运、炼化、销售业务。充分发挥下游产业的杠杆效应，通过管道炼化等下游业务撬动上游油气资源的获取，帮助东道国构建门类齐全的石油工业体系的同时，也在资源开发权的获取方面获得优势和机遇。

二是甲乙方一体化。甲乙方一体化是指在油气工业基础薄弱的资源国，既作为油气资源开发的投资方（甲方），也作为油气工程服务提供方（乙方），充分利用作业者的优势，以投资业务带动工程服务、装备制造等业务快速发展，快速推动大型油气项目建设，实现"左手投出去"（油气开发公司投资），"右手收回来"（工程服务公司等乙方单位获取相关业务）。

（二）一体化经营的视角

一体化经营石油公司在抗风险方面有明显优势。自2014年下半年至今，受国际油价大幅下跌并持续低位运行的影响，石油行业在上游勘探开发的投资大幅缩减，业务利润大幅下降。在低油价环境下，一体化经营模式显示出独特的比较优势，抗风险能力明显高于业务单一的石油公司。2016年10月，石油行业发生了一个标志性事件：通用电气（GE）成功收购全球第三大石油服务商——贝克休斯（Baker Hughes）公司，这将对石油行业的商业模式产生重大影响，预示着几十年来国际大石油公司与油服公司各自专业化管理的商业模式可能被重塑，结成战略联盟是重要方向之一，甲乙方一体化的运营管理模式将愈加广泛，特别是油服企业（服务商）向油公司（投资商）跨界的现象愈加普遍。其实过去两年里，受低油价下服务工作量骤减的压力所迫，一些油服公司已经试水甲乙方一体化发展。它们在非洲、拉美等地区收购、参股了一些中小型成熟油气区块，以油公司的方式进行小规模投资，并利用其技术优势，持续降低区块的生产作业成本，通过投资、技术服务一体化的方式获取回报，以改善公司的财务状况。

（三）运营成效

经过20多年的努力，以一体化经营为重要模式，中石油海外业务实现了跨越式发展，目前在海外30个国家开展油气合作业务，为70多个国家提供油气工程服务，在全球500强公司和全球50强石油公司中均排第三位，油气业务、工程技术服务、石油工程建设、石油装备制造、金融服务、新能源开发等主营业务快速发展，在资源储备、业务规模、经营效益、公司品牌、技术积累、队伍建设等多个方面为建设世界一流综合性国际能源公司奠定了坚实的基础，成为中国能源企业国际化经营的标杆和旗帜。同时，甲乙方一体化、上下游一体化也将海外油气项目投资、油气工程服务、炼化销售等业务有效地连接起来，为东道国开发油气资源提供了一揽子解决方案，极大提升了东道国相关产业发展水平。

二、苏州青旅"走出去"产业链切入选择

（一）企业背景

苏州青旅是一个以旅游业务为主的多元化企业，从2002年逐步开始"走出去"的实践，积极拓展海外业务及投资。先后在新西兰、澳大利亚、加拿大、英国等地开立了多家子公司。其中，2005年年底开始在斐济群岛共和国的投资，建设斐济中国大酒店。

（二）先期定位为海外商业房地产开发

苏州青旅2005年决定到斐济投建酒店，主要考虑了四个方面因素：斐济是全球著名的海滨度假胜地，旅游业是其支柱性产业；当地政府对酒店业的发展寄予厚望，尤其欢迎来自中国旅游业的投资商；中国出境旅游人次呈逐年递增态势；斐济是全世界犯罪率最低的国家，所属岛屿多为珊瑚环绕，无海啸困扰，是一个安全有保障的旅游目的地。此外，借助苏州青旅在国内的传统优势，可以为酒店带来稳定的客源。但通过实际经营，发现现实并没有想象中美好。

苏州青旅投建的酒店距离斐济楠迪国际机场约7.4公里，是一座园林式建筑，全部建筑装饰材料（除水泥外）、家具用品全部运自国内。在推广斐济中国大酒店的过程中，因受交通条件的限制（上海至斐济尚未开通直航），中国到斐济旅游的人数增长并没有想象中那样快。而对于斐济主要游客来源地——欧美以及澳新等地而言，斐济

中国酒店又没有足够的知名度。酒店单纯依靠游客拉动的经营模式受到了考验。

（三）商业地产和影视文化相互联合促进

受到电影拍摄热带旅游景点（如杭州西溪和海南三亚）的启发，苏州青旅在2012年与国内一家影视文化公司合作，以斐济中国大酒店为拍摄地，投资近500万元拍摄了一部50集的电视连续剧《蜜月岛》。正是在首次"触电"的过程中，新的机遇之门打开了。

作为国家宣传推广的措施之一，斐济政府对于在其国内进行影视制作的拍摄公司有优惠的鼓励政策。政策对中国的影视制作公司非常有吸引力，而对苏州青旅而言可谓"山重水复疑无路，柳暗花明又一村"。

将影视文化与旅游度假在斐济这样的"蜜月岛"上嫁接是一条陌生的新路。公司不再将客源限制和定位在游客身上，而是扩大公司的视野，结合属地特点，将该公司的客源目标定为影视拍摄群体。公司不再等待客人上门，而是自己"创造"客人了。为了充分利用斐济当地对影视产业的优惠政策，苏州青旅成立了苏州青旅文化产业有限公司，并在斐济当地注册了一家影视拍摄中介机构。

三、经验启示

中石油、苏州青旅的"走出去"，运用了产业上下游拓展和横向拓展混合推进的模式。上下游拓展模式较为常见，比如某企业原来以做贸易为主，但在国际贸易的业务中积累了丰富的经验，进一步考虑向上下游延伸，进而进入境外投资领域。宁波神化化学品经营有限责任公司就是一个例子，其通过原材料的进出口实现了资本的迅速积累，同时也在国内外形成了强大的营销网络，提升了其品牌效应和竞争力。同时，为了摆脱上游资源瓶颈，目前已在海外勘探开发资源，实现了从贸易商到运营商直至做市商的转型目标。另一些制造业企业则为了避免海外代理商的牵制，纷纷在海外设立营销网络。

诸多企业海外发展还采取业务横向多元模式。中国企业经过长时期发展，在产品制造能力、技术装备水平、技术开发能力、国际市场适应能力、质量管理水平以及员工整体素质等方面都有了长足进步，许多企业已建立了现代企业制度，在海外投资前或者过程中都极容易转到其他领域。如房地产开发企业宁波银亿集团，早在2008年就启动海外矿产资源基地建设，在菲律宾、印尼、墨西哥等地组建矿产集团，拥有多个各类矿权、矿山；物流企业林德集团于2007年购买了德国帕希姆机场，并在机场附属土地上开发保税区，吸引中国企业入驻，从而实现业务横向多元化的目标。

另外，需要强调的是，选择何种产业链环节切入，不仅仅是企业依据自身比较优势做出的安排，还需要中和考虑东道国市场和政府监管条件。比如，中石油以一体化模式进入非洲开发油气资源的初期，非洲油气资源国缺乏油气开发的能力和经验，有效地降低了开发成本，产生了非常明显的协同效应。然而，近年来随着油气资源开发能力和经验的积累，非洲油气资源国纷纷强化政府监管，通过修订相关法律法规以维护本国权益。同时，从企业角度来看，尽管一体化模式加快了东道国资源开发，但也可能面临垄断、透明度、本地化等潜在议题，企业在推广时应考虑东道国条件综合推进。

第二节　灵活设计主体合作模式

面对市场国际化与经济全球一体化的格局，竞争态势日益加剧，越来越多的企业认识到凭借自身的内部资源单打独斗已经无法把握瞬息万变的市场机会，整合多方资源合作，已成为企业赢得竞争优势的重要手段。总体来说，合作伙伴选择需要考虑两个基本要素：合作伙伴之间的协同优势或战略配合及合作伙伴之间的文化配合。

一、中信建设的联合发展模式

中信建设有限责任公司（简称中信建设）成立于1986年。2017年，中信建设在ENR250家全球最大国际工程承包商排名中位列第56名。中信建设充分利用中信集团的综合实力和良好声誉，发挥旗舰作用，领导并控制重要环节和关键资源，各合作伙伴发挥各自优势具体进行项目实施。

第一，集团内部协同发展。中信建设根据新形势及时调整发展思路和战略定位，先从整合和发挥集团内部优势的角度，形成了具有自身特点的战略体系。公司提出了"通过发挥中信公司的综合优势与整体协同效应，以投融资筹划和为业主进行前期服务为先导，取得工程总承包，带动相关产业发展"的战略思路。在这一思路的引领下，中信建设从"差异化战略"入手，进行了行业布局现状的细致调研与分析，整合了成熟的劳务输出模式和有待发展的技术出口模式，探索了金融手段与工程手段相结合的新路。

第二，与其他企业结成联盟，和谐合作。在联合战略的引领下，公司提出"利用中信公司的品牌和资源整合优势作为旗舰，与中国有实力的大型企业集团建立联合舰队，形成优势互补、利益共享、风险共担的项目实施立体联合舰队，发挥旗舰作用，完成共同目标"。一系列大力发展联合伙伴关系的工作带动了产业链中的相关企业，使得现有资源得到有效整合，资源利用率得以有效提高，产业链中的各方对待同一个工程同一个目标都能够共创辉煌，有力保障了工程进度质量与成本目标的实现。

第三，培育市场，与当地政府和谐共赢。中信建设不是一味追求利益的最大化，不是要打败竞争者，不是要不顾工程质量想尽一切办法压低分包商的价格，而是要实现各方关系的和谐发展。例如在与安哥拉政府就其卫星城项目议标时，中信建设的目标不是要说服对方按照中信建设的计划去执行，而是要替对方设身处地地着想，为对方政府解决问题，排忧解难。中信建设提出：投资帮助其建设水泥厂、沙石料厂、港口码头等厂站及公路，完成项目后将这些项目无偿交付当地政府，为当地做贡献。同时，针对安哥拉政府战后军队安置困难问题，提出利用中国军转民的经验，为其成建制培训军转人员，直接参与项目建设，将来还可服务国家的生产建设，等等。中信建设公司设身处地地站在对方利益上着想，使其总统大为感动，认为中国企业是真正帮助他们的企业，认为中信建设公司有能力满足他们的要求，因此决定以35.35亿美元授标给中信建设，比在当地实力强劲的巴西承包商高出6亿美元。这就是目标创新结出的硕果。

二、深圳市投资控股设立平行基金

平行基金是指境内外同时设立两支私募基金，委托同一管理人进行投资管理，寻找项目时两支基金同时进行投资，一般是各占投资额的50%。这两只基金在规模上相当、存续时间也大致一样，但在法律上，这两只基金是相互独立的，并不隶属于对方。在平行基金模式下，国外PE在中国境外建立一家创业投资基金，国内创业投资机构在国内建立一家创业投资基金或公司。原则上，这两家基金平行存在，在法律上各自独立。但这两家基金在相互磋商，确立合作意向的基础上，共同在国内建立一家创业投资管理公司，并委托这家公司同时管理国内外两支基金（见图1-1）。

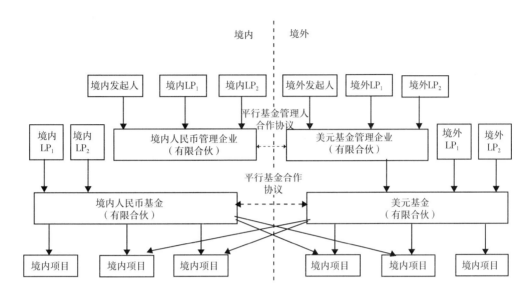

图 1-1　平行基金结构图

这种模式操作过程为：创业投资管理公司作为一个机构，行使基金管理人的职能，负责寻找项目，审核项目，尽职审查。一旦投资项目确定，即向境外基金和国内基金同时推荐项目，申请所需投资的款额。投资后，管理公司直接参与所投项目公司的运作及管理，帮助其成长。必要时，管理公司也积极帮助所投公司进行再融资。后期可以采取境外上市或国内上市，境外基金和国内基金（公司）可以通过股权协议转让的方式顺利完成退出。平行基金具有减少结汇限制、便利资金调配、转换投资主体和策略配置资源的功能，能够在一定程度上规避资金流动限制，延缓资金投入，分享互惠交易和灵活安排退出方式等优势。

在国际化业务推进过程中，深圳市创新投资公司以产权管理、资本运作和投融资业务为主业的特征，注重促进各控股、参股企业之间的业务协同，发挥基金群中双多边投资基金、平行基金等平台的作用，注重产融结合。比如，由深圳市创新投资公司、深圳市东方汇富创业投资管理有限公司、韩国SV Investment株式会社共同管理的深圳中韩产业投资基金。该基金是中韩两国政府机构间合作成立的第一支产业投资基金，也是韩国政府首次出资在中国设立基金。

中韩基金首期规模1亿美元，由韩国风险投资股份有限公司（KVIC，韩国政府母基金）、韩国金融机构、深创投、上海壹胜投资合伙企业（有限合伙）共同出资。基金落户深圳前海，投资中国企业、韩国企业、在中国注册的韩资企业，通过中韩优势互补实现投资项目在两地差异化上市。投资领域专注于生物医药、消费品、TMT（科技、媒体和通信）和文化产业，这些行业是中国经济增长新驱动力，也是韩国产业优势集中领域。

三、经验启示

近年来，各种联盟战略在"走出去"领域层出不穷，如中联重科创新性地联合其他国际金融资本，花大手笔并购意大利CIFA；中国铝业公司联合美国铝业公司收购力拓股份；中国企业在俄罗斯投资波罗的海明珠项目的联合战略等等。未来各种投资主体在跨领域、不同投资方式中，都可以进一步强化联盟战略。尤其是在一些重大企业工程或者收购投资中，可以由各种所有制企业参与竞购，或组成联合体；要注重借用投资基金等投资平台进行海外收购运作。

再以山东钢铁集团在塞拉利昂唐克里里铁矿项目为例，其探索了资本层面和资产层面交叉投资、两手运作的思路，打造了资源开发+基础设施+电力供应三位一体的模式，力图开辟多方参与、互惠互利、国际化经营的经营路径。尽管由于2014年铁矿石价格跌落70美元/吨，加之西非暴发埃博拉疫情导致采矿成本提高等因素，矿山已关停，但其中关于主体间合作思路依然可作为一定的参考借鉴。

第三节　依托不同成长平台实现国际化

一、越美集团从产品出口到产业集群出口的模式

过去一段时期，越美集团通过"走出去"实现了"三级跳"，从一家名不见经传的小纺织、服装企业发展成为集生产、销售于一体的跨国公司。尽管由于种种原因，当前企业经营效果总体不如预期，但其国际化的模式依然可以为其他企业提供一定的借鉴和启发。

（一）越美模式

越美集团从2000年10月开始尝试"走出去"，设立境外营销窗口，继而创办境外生产企业，再发展到在尼日利亚开发占地600余亩的非洲第一纺织园区。在普通纺织企业利润仅有5%左右的市场环境下，越美集团通过"走出去"在海外建立生产销售公司，使得利润一度达到了35%以上。

越美集团通过"走出去"拓展进而带动境内母体企业做大做强的做法，被誉为"越美模式"。"越美模式"可以概括为"走出去"赴境外投资，"引进来"外资项目，再带动产业、产品"走出去"的经济互动发展模式。

（二）攀升经验

越美集团"走出去"经历了三个不同阶段：

第一阶段，直接设立境外销售部门，省去中间环节，获取更多利润。1992年到2000年期间，越美主要通过香港的贸易公司进行出口，年自营出口额不足300万美元。由于贸易公司相对强势，越美集团董事长因贸易公司拖欠货款而常常飞往香港，无意中发现越美的产品主要销往非洲的尼日利亚等国。由此，越美初步有了直接开拓非洲市场的意向，2000年，越美首次将产品带到非洲进行销售，由于拥有1.5亿人口的尼日利亚纺织品奇缺，此次产品销售状况极好。非洲大陆上的首次销售换来了企业的高成长，让越美在海外掘到了"第一桶金"。不过，在进入尼日利亚的最初几年，越美通过设在当地的销售部进行销售的模式遭遇了当地政府设立的贸易壁垒。几经挫折后，越美决定把工厂设在非洲，以此来保证贸易端的利润。

第二阶段，设立境外工厂，绕开贸易壁垒，利用所在国的优惠贸易政策。境外办厂的模式让越美在海外掘到了"第二桶金"。2004年，越美集团投资188万美元，在尼日利亚兴建7000多平方米的厂房，成立了金美（尼日利亚）纺织品有限公司。2006年8月，越美又在西非塞内加尔投资500万美元，创建了第二家境外加工贸易企业。随后越美又在喀麦隆、迪拜等地设立了自己的子公司。这种模式使越美顺利越过了尼日利亚对纺织品进口的限制，还享受到了当地政府的免税优惠政策。更重要的是，利用欧美国家与非洲各国签订的国际贸易条约，越美将自己的产品顺利地推入欧美市场。

第三阶段，完善产业链条，形成工业集群。尼日利亚当地的服饰习俗和炎热的气候使得尼日利亚实际的纺织品市场规模远远高于1.5亿人口的常规市场，而相当于中国5亿人的纺织品需求量。尼日利亚纺织产业现状却与如此大的市场规模形成巨大反差：棉纺企业为零，纺织产业链不齐全，上、下游产品不衔接，这使得越美在尼日利亚的工厂办厂成本过高，而国内的一些中小企业虽有出去办厂的愿望，却因人生地疏，无从着手。2007年越美计划在尼日利亚开设纺织品工业园区，2008年越美集团投资5000万美元设立的越美（尼日利亚）纺织工业园正式开建，工业园一期占地600亩，拥有厂房28万平方米，至2012年年底，园区已有20家来自中国的企业入驻，涉及棉纺、织造、印染、服装等纺织类上下游配套企业，形成完整的产业链。

二、援外带动"走出去"的中石油苏丹项目

境外能源资源的合作开发是对外投资重要领域。由于全球资源能源合作开发条件较好的地区大多被西方国家控制，发展中国家尤其是非洲等艰苦地区是中国境外资源开发的重点地区，由此对外援助扮演着不可或缺的角色。本节以中石油苏丹项目为例，说明援外对企业"走出去"的重要引导和推动作用。

1995年9月，苏丹时任总统巴希尔访华会见时任中国国家主席江泽民时提出，希望中国公司到苏丹勘探开发石油，帮助苏丹建立自己的石油工业，江泽民同志当即表示支持。经中国当时外经贸部批准，1995年，中石油集团采用政府援外贴息贷款（后简称优惠贷款）与苏丹政府签订了6区石油合同，该项目第一口探井即获高产油流，进一步证实苏丹具有良好的石油勘探前景，从此拉开了中苏双方合资合作开发石油项目的序幕。

1997年，中石油成立了大尼罗河石油公司，负责开发1/2/4区油田的石油，中石油占40%的股份。

2000年，中石油集团联合苏丹石油公司以及马来西亚、海湾地区的其他公司共同成立了石油集团公司，负责开发3/7区油田的石油，中石油占41%的股份。目前，以上石油区块的日产原油占苏丹全部原油产量的重要组成部分。

在进行石油上游勘探开发的同时，中石油帮助苏丹铺设了一条1500公里的输油管道。从1997年开始，中石油还在苏丹投资建设了喀土穆炼油厂等石油下游项目。目前，中石油公司在苏丹的业务范围已经涵盖了勘探、开发、炼油、化工、销售等领域，已经形成了一套完整的石油工业体系，可以说，该项目作为中国在海外最早、重要的石油合作开发项目之一，对中国开发两个市场、利用两种资源具有里程碑式的意义。

第一，大大带动了中国国内石油物资装备和技术出口。由于在苏丹石油项目中中方是主要投资者，联合作业公司中中石油集团又占主导地位，因此在项目实施中优先使用了中国的石油技术和工程承包。工程承包又带动了中国国产的机电产品出口。

第二，促进相关工程承包和劳务合作。工程承包带动了大量劳务出口，施工期间中方在苏施工人数超过6000人，一定程度上缓解了中国国内石油企业下岗待业的压力。由于苏丹石油项目建设采用国际标准并使用国际第三方监理，这对公司转变观念、锻炼队伍、改进施工方法和提高施工质量起了重要作用。

第三，促进了苏丹经济社会发展。中石油在苏丹石油工业的发展中起着关键性的作用，而石油工业的发展对苏丹经济发展起到了重要推动作用，使苏丹经济在各种不利因素下仍多年保持总体增长，石油也已经成为苏丹外贸支柱性产品和外汇收入的主要来源。

三、经验启示

当然，不论是中石油苏丹模式或是浙江"越美模式"，都是企业积极依托海外平台进行拓展的成功典范。事实上，目前中国企业根据其自身主客观条件，在国际化平台的运用上存在多种方式。

（一）与大企业配套型

中国一些大型企业或者专业外贸公司已经在东道国建立了稳定的跨国经营渠道，而期望"走出去"的企业可以为这些大企业供应原料和所需的零配件，进而与大企业进行生产链和价值链的融合，形成协作关系，借此融入已经实现国际化经营的大型企业的生产链和价值链上，实施国际化经营战略。这种战略联盟的方式，对于双方来说是一个双赢的模式。在此过程中，企业减少了对目标投资地的市场需求、原材料供应等方面的初步调查，减少了国际营销的风险和费用，同时也能充分利用大型企业和专业外贸公司的信息、销售渠道、人才、信贷、管理等方面的便利，产品的销量也得到了一定的保证。中小企业的产品随着大企业的产品走向世界，也带动了企业的国际化。这种方式就像一艘小船跟随航空母舰出海远航。它有利于培养中小企业的国际化经验，开拓国际化发展的视野，有利于规避市场风险，增加对外直接投资的积极性。对于较少涉及国际市场的中小企业来说，这是比较合适的选择。

（二）境外平台带动型

企业走出国门寻找市场，如果单打独斗，不仅势单力薄，还会面临政治、经济、社会、文化等诸多方面的风险。而通过一定途径，建立企业"走出去"的国际市场平台，可使企业以较少的成本和风险、较快的速度进入国际市场。这种以专业市场的发展带动中小企业的国际化拓展，也促进了企业进行对外直接投资。比如，在国外设立以名、优、特产品为主的商品专业市场，以这些市场为中心在当地建立相应的企业，进行直接投资。事实上，中国企业近年来已在许多国家、特别是发展中国家开设了一系列专业市场和境外经贸合作园区。

（三）集群推进型

企业集群作为企业与产业组织的一种形态，不仅能为企业带来设施同享的外部规模经济，快捷获取技术、信息和服务的便利条件，而且使企业在不牺牲大企业所缺乏的柔韧性条件下，提高集群内企业的生产率。从目前企业集群"走出去"的形式来看，大体有以下几种类型：

一是产业链集群。产业链集群是指依照企业所处的产业链关系而组成的企业集群。本章案例中提及的越美集团带动浙江绍兴市当地企业在尼日利亚发展就是一例。它们并不是一般的"小而全"的企业，其分工非常精细，相关业种发展相当成熟。大量的中小企业通过分工协作降低了纺织品的生产成本，从而为绍兴纺织生产企业走出国门，开展跨国经营奠定了成本优势。以某种产品的生产为核心而组合在一起的中小企业采取这种产业链集群的方式，整合每一家企业的优势，这成为中国企业跨国经营的重要途径。

二是优势互补集群。优势互补集群是指几家企业虽然不存在产业链上的供需关系，但各自优势具有较强的互补性，从而组成联合体或某种利益共同体，共同跨国经营和开拓国际市场。例如，早期的无锡飞马纺器有限公司、中国纺织机械和技术进出口公司及无锡纺织机械器材工业公司等三家企业优势互补，共同出资在巴基斯坦建立了飞马纺织器材（巴基斯坦）有限公司。其中，无锡飞马纺器有限公司的优势主要在于技术和管理；中国纺织机械和技术进出口公司则在当地经营多年，具有当地营销渠道优势；无锡纺织机械器材工业公司也与当地企业有多年业务往来。三家企业均具有一定的优势，而且这些优势具有较强的互补性，从而得以联合起来，以企业集群的方式在海外建立合资企业，开展跨国投资。

　　三是地域集群。地域集群是指同处某一地域的大量企业通过特殊的地方文化和人文情结在海外结成的企业集群。经过了数年的磨炼，企业在境外投资中的积聚性开始显现，基于产业链上中下游整体转移的模式进一步铺开；基于"亲缘""学缘""地方缘"等拉、帮、带"走出去"运行模式已经基本成熟。

　　四是援外模式推动型。六十多年来，中国的对外援助活动从无到有，援助的规模由小到大，一方面促进了中国与受援国的关系，树立起了中国负责任大国的形象，另一方面有效推动了"走出去"战略和"一带一路"倡议实施。国内众多的企业单位就受益于政府主导的对外援助项目，在这一活动中壮大了自身的实力，开阔了眼界，积累了经验，如前文所述中石油苏丹项目。

第二章 跨国并购与
资源整合

　　随着跨国并购数量增多和案值增大，中国企业在跨国并购中积累的经验也日益增加。中国企业在跨国并购的总体原则把握、并购前尽职调查、科学设计交易流程、处理复杂的资产关系以及整合安排等方面形成了独特的经验，深入分析其中特点和规律，有利于提升中国企业跨国并购的成功率。面对世界经济复苏、全球产业结构深度调整的新形势，海外投资并购作为高水平"走出去"参与国际分工合作的方式，应遵循跨国并购的基本发展规律，有所作为。相关人员可仔细研读本章中案例，以便在实际工作中灵活使用。

第一节　精准把握跨国并购明规则及潜规则

一、北京第一机床厂收购科堡公司

　　2005年10月24日，北京第一机床厂（以下简称北一）全资收购了德国著名的瓦德里希·科堡公司——后者以生产龙门铣闻名世界。到了2008年，科堡公司已脱胎换骨、焕然一新：销售收入达到收购前的3倍，订单合同是收购时的10倍，利润增长是收购前的8倍，员工增加到700人（收购前500人）增长率40%。通过卓有成效的资源整合，北一2009年上半年销售收入和利润分别增长13.1%和28.4%。在收购整合的过程中，北一管理层针对管理模式失灵、劳资关系紧张等突出问题制订解决方案，同时努力发挥收购的协同效应，使科堡公司进入了快速发展期。总体来看，北一成功经验有如下两方面：

（一）量体裁衣，制订针对性解决方案

1. 坦率交流沟通，建立互信关系

初始，德国政府及社会各界对北一能否运营比自己大得多、技术也更先进的科堡公司没有信心，也担心中方大幅裁员，或把设备、图纸等转移到中国生产，从而危及当地的就业岗位。

为了消除疑虑，收购后北一立即召开科堡公司员工大会，明确表示不会大批裁员，强调科堡公司就像大树深深扎根在德国这片土地上，只有在德国才能更加茂盛地生长。坦率的沟通稳定了人心，消除了误解，使公司迅速恢复了正常运行。同时，北一向客户和市场及时通知了科堡公司的变化，强调产品品质不变，科堡公司仍是可靠的合作伙伴。上述努力赢得了客户的信任，客户、市场积极回应，也得到了银行等合作伙伴的有力支持。

2. 改变管控模式，参与而不主导

科堡公司此前一年曾两度更换股东，原股东忽视科堡的长期发展需要，强行改变其产品策略，给科堡管理层和员工留下了巨大的心理阴影。

北一管理层采取了参与管理、加强监控的做法，保留原有管理层和运营体系，主管财务、人力资源，生产、制造、技术，销售、市场的都是德国人，而唯一的中国人则负责整个公司的协调。另外，根据科堡公司的决策需要，制定了决策矩阵，从对外宣传、人力资源管理、产品开发、市场销售、财务决策及报表、重大生产活动决策、资产处置与利用等各方面明确了三方（北一控股公司、北一与科堡）的决策权限和责任，有力地保证了正常运营，降低了经营风险。管理层实行月度和年度经营情况汇报制度，按月向北一与控股公司上报经营情况，年底重点就与预算偏差较大的项目做出解释并提出改进方案，对下一年度的经营目标提出预算并申请批准。

北一的营运策略增强了德方管理人员的信任感、信心和责任心。同时，由于维持工资结构、工作时间、进修及提升机会等不变，在员工中产生了积极反响。

北一还成立了由业界资深人士、合作银行和客户代表组成的顾问委员会，每年召开两次会议，了解公司的经营情况，对公司决策进行咨询。顾问委员会起到了公司与股东之间再认识的桥梁作用，特别是能就双方不容易统一认识的事项提出客观的建议与意见，增进了相互信任与协调。

3. 妥善协调劳资，解决工时问题

德国工会组织借助《企业组织法》维护劳动者权益，行使决策参与权，代表雇员与雇主协会进行劳资谈判，在员工中有很大的影响力。许多企业还成立职工委员会，以保障就业岗位，改善劳动条件和环境，对职工的加班、工资调整、职业培训等都有发言权。能否与工会进行良好沟通，并使其成为推动企业发展的积极力量，是并购欧洲企业的关键之一。

北一认真了解了德国相关法律法规，重新加入雇主协会（原股东赫库勒斯集团曾宣布退出），并与工会及职工委员会坦诚沟通，得到了工会和员工的完全理解，顺利解决了原股东和管理层非常棘手的延长工时问题。自2006年11月起，在不增加工资的前提下，每周工作时间延长两个小时至37小时。

4. 积极借助外脑，应对财税差异

中德两国会计规范体系在方式和内容上有较大差异。北一连续三年委托国际审计公司对科堡公司的德国商法报表按照中国会计准则进行调整，与北京第一机床厂中国境内公司的会计报表合并后，出具最终报表。

此外，德国税务法律规定纷繁芜杂，而且还在不断发展变化，即便是设有法律、财务等职能部门的大企业也需要聘请专业会计公司做税务顾问。北一在认真研究德税务体制和法规的同时，根据业务发展的需要，聘请了专业税务咨询机构担任税务顾问。

5. 务实兼收并蓄，建立特色企业文化

北一收购领导重型机床技术的世界知名企业后，国外媒体和市场用严格、审视的目光高度关注，怀疑和偏见在所难免。北一没有主动宣传，而是用科堡公司良性运转、快速发展并和北一并肩协作的事实，证明了中国公司并购国外企业和跨国经营的实力，赢得了媒体的肯定和市场的积极反馈。

德国企业文化以基督教理性精神和人文主义思想为基础，注重科学与法制，中国企业文化的基础则是儒家文化，注重"人情"和"精神"。虽然目前中国文化还不是主导型强势文化，中国企业还没有一套独特的、世界认可的先进管理模式，但北一一直在如何建立具有中国文化特色、又吸纳包括德国在内的先进文化成果的管理文化模式而探索。

（二）多管齐下，充分发挥协同效应

北一积极鼓励双方发挥各自优势，在以下方面形成协同效应。

1．产品和技术协同

收购完成后双方合作获得了36台机床的订单，销售额超过12亿元人民币。为了消除用户担心科堡产品质量下降的疑虑，正在联合开发满足科堡公司质量要求的新产品，并将利用科堡的品牌效应，面向全球市场销售。由科堡公司设计、北一生产并调试的重型立车于2009年4月举办的国际机床展上成功展出。通过引进科堡技术，北一增加了产品系列，技术水平和自身研发能力得到提高。

2．采购协同

北一和科堡公司利用对方的采购渠道，绕过中间环节，取得了更理想的价格和供货期。北一通过科堡公司购买了西门子数控系统和海德汉精密测量仪器等，科堡则通过北一的内部渠道及其子公司购买铸件和少量普通配套件，缓解了铸件供应瓶颈，降低了采购成本。

3．销售协同

双方努力实现销售网络和信息共享，提高在中国国内和国际市场的影响力，增加双方的销售量。为此，双方商定了信息交流的时间、形式和内容，特别是就北一产品在国际市场认可的情况下，如何通过科堡公司销售网络，迅速进入国际市场做出了详细规定。

4．服务协同

科堡公司希望由北一承担在华的所有服务业务，以降低高额的人工成本；北一则希望通过服务来培养和提高员工的素质。2007年10月，北一成立科堡产品售后服务部，专门承担科堡产品在中国及亚洲市场的售后服务工作。

5．人力资源协同

北一已选派多批技术研发及生产人员赴德技术交流和培训，同时请科堡公司的技术人员来北一现场指导。及时沟通，解决了项目中的问题，推动了设计、装配水平的提高。既提高了国内研发创新能力和生产技术水平，也为联合开发、协同售后服务、共同制造等提供了人员保证。

二、经验启示

企业在进行海外并购过程中，应把握并购的一些基本规律。比如按照"用得着""买得起""管得住""养得活"原则实施并购。"用得着"指根据企业发展战略确定并购的必要性；"买得起"指除财务问题外，重点考察投资国的政策及法律环境是否有增加收购成本的障碍；"管得住"是要制定适合的管控模式；"养得活"，指能使目标企业保持自身活力，并源源不断创造财富。除了以上之外，一些源自企业跨国并购实践的明规则和潜规则也要高度关注：

第一，包容。用尊重理解和主动适应达成文化的融合，中西方文化存在很大的差异，而这种差异会成为国际并购整合中的重大障碍。消除障碍最需要的就是包容，想让别人理解，首先去理解别人，想要达成共识，首先去换位思考，只有跳出固有的思维海涵他人，才能融合东西方文化的差异。

第二，共享。成果风险共担，打造利益的共同体。国际化不是经济殖民，不是征服，而是要在共同的愿景下，建立一个利益共同体，实现共同的发展。一个行之有效的方法，就是在企业并购后，对管理团队进行股权激励，在绑定利益的同时凝聚人心。

第三，责任。用负责的行为赢得当地的尊敬。"走出去"的中国企业应当具备的基本素质是对员工负责，对企业的未来负责，认真地对待财源。只有企业对员工负责，员工才会对企业负责，只有负责的员工，才能成就受人尊敬的企业。

第四，规则。现代市场经济的契约精神，只有建立规则、认同规则、遵守规则、管理才有章法，做事才有规矩，评价才有标准。对被并购的企业需要将其纳入同一个管理体系，由同一种标准形成统一的管理语境，处理问题一视同仁，信任而不放任。

第五，共舞。定好角色、定好流程，各就各位。共舞是收购之后的整合行为，更是持续的经营行为，只有共舞才能实现战略上的统一，管理上的一体化，技术上的协同，市场上渠道共享和文化上的和谐。

第二节　做好并购中的尽职调查

中国企业并购成功率不高，尽职调查等关键环节被忽视或流于形式是其中一个重要原因。尽职调查是评价目标公司价值的重要环节，尽职调查不到位，往往会导致并购失败。本节通过中国移动通信集团公司（简称中国移动）收购卢森堡电信运营商Millicom的案例来分析公司并购尽职调查的基本经验。

一、中国移动收购Millicom公司的尽职调查

（一）基本情况

卢森堡Millicom公司前身可以追溯到1979年，瑞典媒体和出版集团Kinnevik收购了当地一家小型移动电话公司，后改名为ComviqGSM，同年在美国成立了Millicom公司。1982年，Millicom获得了美国联邦通讯委员会（FCC）颁发的蜂窝牌照，并和Racal电子公司成立合资公司，该公司后来被Vodafone收购。Millicom总部位于卢森堡，在全球16个国家开展业务，于1993年在纳斯达克上市。Millicom的业务主要集中在东南亚、南亚、中美、南美和非洲，在柬埔寨、越南、萨尔瓦多、危地马拉、巴基斯坦和斯里兰卡等国家拥有近1000万用户。Millicom定位于新兴国家和高成长地区的移动通信领域，发展战略是以更低的价格为用户提供更有价值、更高质量的移动通信服务。

Millicom成长性市场扩张的思路符合中国移动海外扩张的战略意图。收购Millicom有助于实现两者的合作共赢，中国移动规模庞大，用户群巨大，现金流充裕。Millicom作为新兴公司，虽然发展迅速，但是资金受限，中国移动收购Millicom后，有助于实现优劣互补，这样中国移动的充裕现金流得以释放，Millicom同时也有了强劲的资金支持，互利共赢；另外也有助于获得更强的规模经济效应，降低成本；还有助于中国移动在新兴市场中推行3G标准TD-SCDMA。

2006年5月以来，中国移动一直就并购事宜与Millicom探讨商谈。根据Millicom的市值和盈利状况，中国移动的收购价格估计高达53亿～56亿美元。

2006年5月底，基于Millicom运营范围广阔、跨越多个国家的现实，中国移动提出

要在签订协议之前对Millicom各国业务进行现场尽职调查。

2006年6月中旬，中国移动派出了一个包括15名高级主管、银行家、律师、顾问等组成的小组，到Millicom拥有业务的各个国家做市场调查。

2006年7月2日，中国移动召开董事会会议，对收购进行最后评估表决，最终的决议推翻了之前的判断，决定放弃收购。其中有4位董事投了反对票，理由是收购溢价过高、电讯资产估值分歧、管理外国业务及相关管理层困难等。

2006年7月3日，Millicom公告称，由于潜在收购方无法在可接受时间内提供有吸引力的报价，公司决定停止有关出售全部股本的所有谈判。

2006年7月3日，Millicom宣布谈判破裂当天，其在纳斯达克的股价暴跌26%，至每股33.33美元，证实了市场对Millicom困境的担心以及之前对中国移动收购的良好预期。

中国移动最后放弃对Millicom的收购，最主要的原因在于签订协议前的现场尽职调查。经过深入的调查后，查明Millicom的市值仅为34亿美元左右，其前一年的总收入也不过11亿美元。中国移动当初53亿美元的基准价格确实有点高，报价已经超过其市值的1.5倍和收入的5倍。而且并购这家公司的实际风险也很大，特别是要在收购后运营并整合这样一家公司相当困难。而之后，Millicom的股市表现也证实了中国移动的推测。

（二）中国移动的尽职调查过程

公司并购尽职调查主要方式包括收集书面资料、管理访谈、实地观察以及分析性程序等其流程如图2-1所示。中国移动在并购收购卢森堡Millicom公司案中的尽职调查经验值得研究。

1. 实地考察和分析，获取并购目标真实经营状况

在中国移动并购案中，Millicom宣称自己的业务范围覆盖760万平方公里，覆盖人口4亿，且当地移动通信普及率很低，类似于中国10年前的状态，发展潜力巨大。但事实上，Millicom仅拥有1000万用户，遍布在萨尔瓦多、乍得和柬埔寨等16个较落后的国家。而且Millicom在卢森堡总部的员工仅40人左右，总部办公室设在一座别墅简朴的地下室内。一位国外电信分析师曾经形容说，Millicom就像一株缺水的植物。这个巨大落差，如果仅仅听信Millicom的描述，而没有深入的了解和发掘，是不可能知晓的。

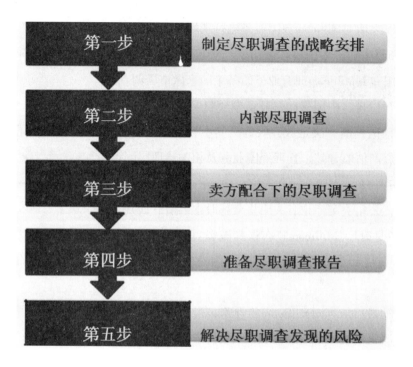

图 2-1　尽职调查的工作流程

2. 深入分析目标公司的基本经营环境

Millicom提交给美国证监会的一份报告中，对其面临的风险和困难进行了详细的披露表述："我们在世界上16个国家拥有移动电话牌照，我们运营的大部分国家市场是新兴市场，因此面临着比发展中国家市场更大的政治和经济风险。其中一些国家正在遭受政治更迭和城市动荡，比如斯里兰卡和乍得，而且这些问题可能还将在未来继续恶化和升级，因此我们面临着在一些国家市场网络可能中断的风险，这将会影响我们运营的业绩。"这份报告是Millicom真实情况的写照。事实上16个国家中，有5个国家还未正式与中国建交，企业所面临的政治风险也是巨大的。

3. 调查技术多元化，结论相互印证

尽职调查的时间一般为20天至两个月左右，内容包括与公司管理层、公司员工进行详细交谈，了解职工对公司并购的看法，熟悉有关企业的工作流程、核心技术等。有市场人士认为，Millicom是一家1993年上市、有十几年上市经验的公司，因此对投资者来说几乎是"透明"的，把CEO、CFO等叫在一起，双方谈一下就可以了，不进行现场尽职调查的现象在海外上市公司并购中是非常普遍的。同时由于Millicom

的业务横跨亚非拉16个国家，其中还有与中国没有建立外交关系的国家，尽管现场尽职调查相当困难，但中国移动也是通过深入的实地调查才得以清楚了解Millicom的真实情况。

二、经验启示

中国移动因尽职调查终止对卢森堡Millicom公司的收购引起了业界的极大关注。但是，中国移动在这次并购案中所进行的一系列尽职调查行动，正是企业在并购过程中应有的认真谨慎态度的体现，值得国内并购企业进行借鉴。

企业在并购活动中，仅仅通过文字资料收集的数据和访谈的结论作为投资决策的依据是远远不够的，应像中国移动那样，进行实地考察分析。例如要想了解企业的市场情况，一定要看其销售的现场情况，甚至向运载货物的司机了解情况；要想知道其财务的真正状况，需询问普通员工的收入等等。只有这样，才能从多方面、多角度地了解企业的基本情况，达到对目标公司进行全面了解和调查的目的。只有这样，才能把尽职调查工作落到实处，保证收购目标的实现。表2-1为企业并购前进行尽职调查的报告内容。

表2-1　尽职调查报告内容

主要项目	具体内容
介绍及背景	解释报告的目的
	尽职调查范围
	工作流程及假设
报告概要	重点关注问题
	主要结论及建议概要
详细报告	按照尽职调查的类别详细介绍调查结果（例如：目标公司详情、股东结构、交易结构问题、政府审批及第三方同意、监管法规、目标资产、融资、人力资源、不动产、诉讼等方面）
附录	定义
	尽职调查文件清单
	重要协议概述
	管理层访谈等

总之，尽职调查作为公司并购前的重要一环，是并购决策正确的重要保障。公司并购尽职调查需要注意以下问题：

第一，尽职调查应涉及并购目标公司的深层次问题，避免流于形式。根据国际惯例，交易过程更多侧重买方"责任自负"原则。买方要通过尽职调查以确定披露函的完整及准确，保护自身的利益。一般来说，并购交易中，卖方将发出披露函，向买方披露已经存在的不利情况，规避自身承诺与保证的责任。卖方披露函（Disclosure Letter）中可能包括的内容及范围有一般披露函（general）、特别披露函（specific）等信息。

第二，在调查过程中，要保持必要的谨慎和怀疑。注意考察各环节的相关关系，不可孤立地看待问题。为增长尽职调查的准确度和可靠度，可借鉴财务审计测试程序与流程，建立一套完善的内部控制机制。一般来说，买方在项目筹划阶段通过内部团队获取公开信息，进行第一轮尽职调查，信息获取的主要渠道为：公司注册处、土地注册处、知识产权检索、诉讼检索、上市公司在自己的网站或证券交易所网站等。在卖方配合下的尽职调查环节，卖方要开放网络资料室，将技术、商务、财务、法律、人力等资料分类上传至网络平台；第三方服务商则按照买方要求提供登录信息。

第三，积极采用趋势分析、结构分析等分析程序对目标企业的资料进行分析，从而发现可能存在的重大问题。应关注的评价、量化风险主要有：目标公司及实际控制人的信息和管理团队；目标公司的产品或服务类别、市场竞争力；目标公司的经营数据和财务数据，尤其是财务报表反映的财务状况、经营成果、现金流量及纵向、横向（同业）比较；银行同业和竞争对手对目标公司的态度等。

第四，尽职调查对不同行业有不同的针对性。例如，对于石油行业和矿产资源行业，宜重点关注储量报告，因为其核心资产是地下矿藏；对于化工行业和医药行业，应对专利和技术进行尽职调查，因为其业务的核心竞争力正是专利技术、研发能力、Know-how等；而对创业阶段的企业，财务尽职调查较为不重要，因为初创阶段的企业利润一般都是费用和亏损，资产规模一般也较小。

第五，给出风险控制的方法。对于一些风险点，宜选择合适方式控制风险，比如通过调整交易结构、调整目标资产/公司、实施协议条款保护等（见表2-2）。

表2-2 解决尽职调查发现的风险

问题	风险	对策
是否可继续交易	业务、资产严重不符合商业目的；违反法律法规；财务报表作假	放弃并购交易
发现的风险是否可管理	不可管理	放弃并购交易
	可以管理	选择对策
估值/价格是否需调整	估值风险	重新就价格进行谈判；可能影响交易，需决定否继续
是否需调整支付方式	卖方信用风险	对价进行托管安排，在完成交割后待相关问题得到解决再支付该部分对价；分期付款
是否需额外法律或商业安排实现交易目标	法律审批要求；重大资产所有权的纠纷	并购协议中规定先决条件；谈判破裂费；重新确定目标资产的范围
是否需调整陈述与保证内容	未知风险	并购协议中的保证（Warranty）条款
是否需单独订立赔偿协议	已知风险但无法估值，或在价格中反映，或以其他方法解决的某些特别关心的具体风险	单独订立赔偿协议；并购协议中的弥偿（Indemnity）条款

第三节　精心安排并购交易流程

公司并购流程有其相对固定的程序（见图2-2），宜通盘统筹考虑，本节通过北京王府井国际商业发展有限公司（简称王府井国际）并购中国春天百货集团（简称春天百货）案例来分析公司并购交易流程管理的基本经验。

一、王府井国际要约并购春天百货交易流程安排

王府井国际并购春天百货成为中国内地百货零售企业全资收购香港上市公司并完成私有化并下市的第一个成功案例。王府井国际在经历了寻找和探索交易机会、设计交易架构、安排融资、私有化退市等一系列交易流程之后，成功实现了并购目标。

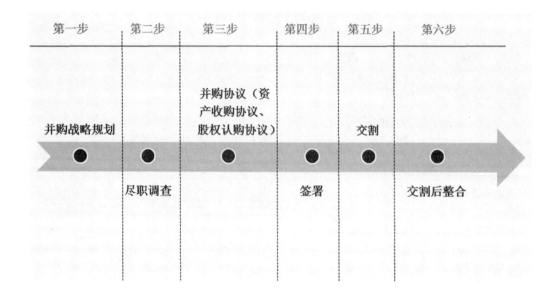

图 2-2　并购交易流程概览

（一）研究立项阶段

本次并购交易的主角之一的王府井国际是一家国资控股公司，也是A股上市公司王府井百货的控股股东。2010年，王府井百货果断引进国内一流私募股权投资基金作为战略投资人，搭建投资平台——王府井国际，组建和多方面培训团队，开启了通过并购方式拓展项目的大门。相比于A股上市公司王府井百货，王府井国际作为并购主体的优势在于不存在信息披露、资产重组审批等方面的诸多困难。

经过深入研究，广泛接触了20多家业内企业，春天百货进入了王府井百货视野。春天百货是一家在开曼注册，并在香港上市的百货公司。春天百货的大股东为外籍人士，其通过境外持股公司持有香港上市公司春天百货39.53%的股权。确立目标后，经过分析认为春天百货在业务层面符合王府井国际的战略需要，在股权并购层面具有一定的可操作性。

在业务层面，首先，春天百货的门店布局填补了王府井国际的空白区域，符合王府井国际的战略布局方向；其次，奥特莱斯业态运营经验丰富，拥有优秀的管理团队；再次，春天百货物业自持比例高，有利于经营的稳定和费用控制；最后，春天百货储备项目多，物业位置优良，发展潜力大。如果合并成功，王府井体系不仅将成为百货销售额最大的百货公司，而且在完善门店布局、新业态开发、项目储备、高级管理人员储备等方面获得长足的发展。

在并购的可操作性方面存在有利因素和较大挑战。有利的是，首先春天百货因为新开门店较多导致利润水平下降，同时受到证券市场整体环境的影响，股价处于低水平，较IPO价格有显著折让，为并购打开机会窗口；其次，大股东持股比例较高，其他股权较为分散且多为财务投资人，只要与大股东达成协议后就可以控制春天百货。挑战在于香港下市和融资。由于家族控股的上市企业较多，香港鲜有下市案例。另外，香港的法律法规和香港联交所规则均侧重于保护小股东利益。最后，王府井国际自身资金有限，必须寻求外部资金的支持。

经公司董事会讨论，春天百货具有收购价值，虽然困难较大，但是为了企业的发展和实现中国第一百货的梦想，决定正式立项，全力推进。

（二）交易收购过程的四个步骤

1. 第一阶段——交易结构的确定

完成外部调研和资料分析后，该公司于2012年6月初开始与春天百货的大股东进行接触。经多次磋商和调整交易结构，双方决定由王府井国际采用协议方式收购春天百货大股东所持有的39.53%的股权。该收购协议完成后，王府井国际将按香港证监会的要求发出强制性全面收购要约，实施春天百货私有化。

方案设计除了要与大股东达成协议外，还要满足香港证监会的要求和内地对境外投资审批的要求。基于当时的情况，该公司采用了"先签署协议并公告，再履行境内审批手续"的方式。为了增加交易的确定性，双方同意在协议中加入分手费条款，即无论是卖方还是买方，如果要终止协议，需要向对方支付分手费。

2. 第二阶段——境内核准

由于沟通和资料准备都较为充分，境内核准程序较为顺利。王府井国际于2013年6月21日拿到了境外投资所需的全部核准，并发布公告，宣布王府井国际与春天百货大股东的股权收购协议正式生效。双方于2013年6月28日办理了股权交割手续，确立了王府井国际在收购竞争中的有利地位。

3. 第三阶段——私有化要约

根据香港法律法规的规定：股权收购达到30%后，需在7日内向剩余股东发出全面要约，收购剩余股份；要约收购第一个截止日为发出要约公告后的第21天，之后要约方可以选择是否延期。该公司在获得39.53%的股权后，于2013年7月2日向全体股东发布了全面收购要约公告，23日为第一个截止日。

发出全面强制收购要约是港交所的规定，但收购方可以通过制定要约价格，控制时间期限，公关宣传等方式来影响股东决策，控制获得的股权比例，达到既定收购目标。在项目初期，该公司即对私有化的必要性和可能性进行了论证，最终确定以实现春天百货的私有化为最终目标，制定了工作计划并实施。

（1）私有化退市是该公司的最佳选择

完成与原春天百货大股东的交易后，王府井国际已经成为春天百货的控股股东，但能否顺利实现对春天百货的私有化退市对于该公司的后续工作具有重要影响。如果保留春天百货香港上市资格，不仅该公司要面对作为公开上市公司所必须承担的信息披露及监管方面的要求，同时也会制约该公司在收购后对其业务进行整合的广度和深度。因此，实现春天百货的私有化并从香港联交所下市是该公司的最佳选择。

（2）虽然难度高，但实现私有化的可能性较大

在制定要约价格时，该公司综合考虑了春天百货的增长潜力、自有物业价值、现有和未来盈利能力、历史股价、当时股价走势、香港资本市场收购溢价平均水平以及未来与王府井百货整合的估值因素，最终将要约价格确定为1.2港元/股。虽然要约价格比春天百货低迷时股价有较大溢价，但这个价格既在该公司的评估价值范围内，又对那些因股价长期低迷而饱受困扰的小股东而言具有吸引力，加上分手费以后，还对潜在的竞购对手设置了较高的竞争壁垒。

在实际操作中，在给予投资者合理要约价格的同时，为防止少数投资者抱有持股待涨的幻想，该公司在发布的公告中首先明确表示不会再提高要约价格，并且不保留提价权利，同时表示如果春天百货仍然是上市公司，王府井国际会考虑通过配售等形式向全体股东募集资金降低债务。由于要约之后股价走势有不确定性、追加投资对于小股东而言并非好的选择，所以接受要约是一个理性的选择。如果拒绝出售股份，他们很可能丧失最佳套现时机。

此外，该公司投资团队还积极展开投资者关系工作，和中国香港、美国、英国、新加坡以及欧洲大陆的机构投资者展开全面沟通，介绍该公司的战略投资者角度、要约价格的吸引力和下市的决心，争取他们的理解和支持。同时，通过公关公司，拜访香港本地的证券研究员介绍情况，并通过当地媒体进行宣导，推动和影响

小股东接受要约。

（3）能否说服竞购方成为关键

在任何并购交易中，都会有竞购公司的出现。本次交易也不例外。

根据开曼法规的规定，如果要达到强制收购所有剩余股东的股份，需要在强制全面要约阶段购买到大股东以外的独立股东所持有的不少于90%的股份。换句话讲，在强制全面要约完成后，没有被收购的股份不得超过总股本的6.05%，否则，王府井国际将被要求在一定的时间内把控股比例稀释到75%以维持春天百货的上市地位。

就在该公司与大股东进行交易谈判阶段，有一竞购方在香港股市公开收购春天百货的股票，最高持股比例超过8%。该竞争对手是一家香港上市、内地领先的百货公司的控股股东，其未来动向不仅关系私有化的成败，同时由于其本身具有行业专家背景，其选择对于小股东而言具有示范效应。能否说服竞购方接受要约，成为春天百货私有化成败的关键。

早在2012年11月王府井国际获悉竞购公司的收购行为之初，就开始追踪该竞购方的持股比例变化情况，并对其收购意图和应对措施进行了专门研究。对方买入股权时，春天百货股价处于历史低位，在2012年12月17日持股比例达到8.02%，已经成为第二大股东。但在2013年1月王府井百货发布协议收购公告后，竞购公司并没有进一步增持的迹象。通过分析研究，王府井国际认为，对方是一位有战略眼光的投资人，而且长于资本运作。其初期在二级市场收购春天股权的行为，既可以达到财务投资的目的，也可以进一步谋求春天百货的控制权。但随着该公司获得控股权，加之要约价格和分手费条款提高了竞购门槛，其获得春天百货控制权的难度已经非常大，因此很可能转向谋求财务回报。根据对竞购方收购春天百货股权成本的计算，王府井国际给出的要约价格应该具有吸引力，接受要约会有满意的财务回报。反之，如果拒绝，竞购方的投资会由于股价的不确定性可能遭受损失。因此，王府井国际判断竞购方接受要约的可能性较大。

在要约发布的最初日子里，竞购方并未马上接受要约，可能还在观望。为促使其下定决心，王府井国际领导拜访了竞购方的实际控制人，阐述了王府井国际收购春天百货的目的和总体规划，最终获得了对方的支持，并接受了要约。这一行为对其他小股东具有示范作用，产生了积极的影响。

自7月2日发布要约公告到23日第一阶段结束，王府井国际共获得92.7%的股份，距离退市要求的94%的比例相差不多。经过研究，继续收购达到94%股权的可能性非常大，因此王府井国际决定延长要约期。到8月30日，王府井国际已经获得96.7%的股份，达到退市要求。至此，春天百货退市的大局已定。

4. 第四阶段——履行退市手续

获得退市所需股权比例后，春天百货于2013年11月2日结束要约，启动强制挤出的流程，开始下市手续。2013年12月4日春天百货发布公告，宣布正式退市。

二、经验启示

获得控股权后，王府井国际已经参与到春天百货的经营管理中。春天百货私有化以后，通过投资、重组等多种手段，壮大企业规模，实现公司既定目标。回顾本次收购的全过程，有如下经验启示：

第一，积极获取国家各级政府部门的"走出去"支持。企业在筹划及实施对外投资事项时，加强与政府部门的沟通、获得相关部门的支持将对项目的推进产生较大的积极作用。同时，国家给予的政策支持对企业的境外投资有一定帮助，如本例中进出口银行的政策性贷款的参与。

第二，充分与战略投资者进行合作。本次并购中，王府井国际的战略投资者，中信产业基金、新天域基金以及北京市国管中心，起到了至关重要的作用。企业应充分和这类投资者进行合作，有效借力他们的宝贵资源、丰富经验和广泛的行业及资本市场人脉关系。

第三，选择合适的中介机构。熟悉境外法律法规、按照当地惯例开展工作是对外投资的重要原则，应选择专业能力强的中介机构，特别是聘请熟悉当地法规的律师和财务顾问。

第四，针对上市公司股权的收购需要对可能出现的情形进行预估，并制定相应的行动预案。任何借助第三方的尽职调查和资产评估都是基于目前材料对原有事实的推断，其复原的程度囿于资料的完整性、专业素养等因素。而对于企业价值的判断要充分考虑未来的宏观经济走势、国家政策变化、行业发展趋势、企业的基本面等多方面，并从保守考虑出发，管理风险。

第四节　妥善处理并购中复杂的资产关系

作为一项庞大而复杂的系统工程，中国企业在境外并购的过程中常常要面临各种复杂的资产关系，有效识别并善于处理应是企业需要重点考虑的问题。

一、帕希姆国际机场收购项目案例

（一）收购背景

河南林德国际物流有限公司是一家以提供国际物流服务和物流解决方案为主要业务的综合性集团。美克伦堡巴尔蒂克机场有限公司（Baltic Airport Mecklenburg GmbH）是德国帕希姆国际机场的运营管理公司。

河南林德国际物流有限公司以5647.37万欧元的价格收购德国帕希姆国际机场产权、全部资产、美克伦堡巴尔蒂克机场有限公司100%股权、机场周边土地永久产权，收购资金全部来自中国境内。并购后，美克伦堡巴尔蒂克机场有限公司作为河南林德国际物流有限公司的子公司独立运营，德国帕希姆国际机场资产全部划归河南林德国际物流有限公司名下。通过对帕希姆国际机场及物流设施的并购，河南林德国际物流有限公司建立了在国际物流中心欧洲的发展基地，获得了国际物流供应链的核心资源及竞争优势。

（二）并购后的运营亮点

河南林德国际物流有限公司深入调研后认为，管理好一个机场并处理好劳资关系、法律规定是巨大的挑战。在完成收购之后，面对机场公司工会结盟的为机场全部员工增加30%工资的要求，机场管理公司在母公司的支持下，合理利用德国劳工法规，成立了新的工会，避免了人力成本剧增的风险。公司还赢得了TOTAL石油公司的法律诉讼，获得了帕希姆国际机场在机场运营、货站、航空食品、保税物流园、机场广告、油料供应、地产开发等全部业务的专营资格，为在德国站稳脚跟打下了坚实的基础。

清理帕希姆政府在帕希姆国际机场的历史遗留问题是帕希姆国际机场收购后面对的最大难题。帕希姆政府与德国的Cargologic机场货站公司签署了长达20年的独家合作协议，Cargologic凭借其一定的市场垄断地位，在帕希姆国际机场货站对货物处理费用偏高，使得帕希姆国际机场尽管采取了对飞机起降费等费用的减免政策，但价格优惠并不明显。再加上TOTAL的高油价又约束了帕希姆国际机场的竞争力，这也是帕希姆国际机场虽有很好的硬件条件，但多年来在帕希姆政府管理之下难以发展的症结所在。2007年年底，机场采取了长达半年时间的内部整顿，逼迫Cargologic主动撤离帕希姆国际机场货站，归还了帕希姆国际机场的货站运营主权完整。而将国际石油巨头TOTAL公司请出帕希姆国际机场的办法则是充分依据德国的法律，林德公司在强行将TOTAL石油公司请出帕希姆国际机场后，经当地法院判决连续两次胜诉TOTAL公司对帕希姆国际机场的违约起诉，结束了TOTAL石油公司在帕希姆国际机场的垄断地位。

河南林德国际物流有限公司根据其业务能力强、资金力量弱的自身条件，与德国美福州政府达成以运营资本及投资资本代替收购资本的组合投资方案，经过旗下东方中天航空服务公司包机运营，历经三年时间，运营与收购同步进行，独立完成了帕希姆国际机场及全部资产的收购与整合，成功获得了帕希姆国际机场全部股权及附属850公顷土地永久产权。既完成了内部梳理，又完成了外部资源整合配置，机场员工重新竞聘上岗，目前已经有4位欧洲全境高级职业经理人加入帕希姆国际机场管理团队，帕希姆国际机场主营业务实现扭亏为盈，国际定班航线继续增加，帕希姆国际机场价值得以实现，促进了当地经济发展，又为公司获得了难得的物流高端资源。

二、潍柴集团灵活选择资产或股权方式并购法国博杜安公司

（一）项目介绍

潍柴集团创建于1946年，是目前中国综合实力最强的汽车及装备制造集团之一。近年来，公司抓住机遇，积极整合全球优势产业和技术资源。2009年1月，公司并购法国博杜安公司，2012年12月，战略重组德国凯傲集团和林德液压业务，2016年，凯傲集团又收购了美国的德马泰克公司，进一步完善了公司的全球业务布局。

2008年11月，潍柴获知博杜安公司濒临破产，法国当地政府拟对其资产进行处置。在对其产品、市场、财务状况等进行充分研判基础上，潍柴组织技术、资本运营、市场、采购等部门人员组成项目组，迅速派往博杜安进行实地考察。项目组最终

给出肯定意见并上报公司董事会，潍柴决策层决定坚定推进该项目。2008年12月，潍柴聘请境内外律师、会计师等中介机构，全面展开并购博杜安工作。2009年1月，在报价处于绝对劣势的条件下（潍柴报价299万欧元，最高报价为1500万美元），凭借完善的并购要约和商业计划书，潍柴从众多强有力的竞争者手中成功夺标。2009年2月，潍柴顺利完成博杜安资产交接，正式展开对博杜安的运营管理工作。

（二）关键收购环节

自2007年开始，博杜安经营状况不断恶化并出现亏损，股权并购模式将使潍柴面临复杂的财务风险和法律风险，而资产收购是规避或有风险的有效手段和途径，力争采用资产收购模式是并购博杜安首选方案。

潍柴在积极争取资产收购模式过程中面临多重制约因素，既要面对来自竞争对手高出价的压力，又要面对工会、员工、破产管理人、法院法官及社区等利益相关者的评判，他们支持与否直接关系到并购成败。经过充分论证，潍柴认为，在收购模式选择过程中，法官和破产管理人起着决定作用，应就他们关注的问题做好充分沟通。为此，潍柴主动出击，与当地法院及破产管理人进行积极沟通。在沟通中，潍柴重点突出，既有对潍柴公司本身优势的介绍，又有对对方关心的员工就业、企业发展问题的承诺，同时直陈了不同并购方式的优缺点。通过沟通，极大地增强了马赛商事法院及破产管理人对潍柴实力的信任和认同，并最终同意潍柴采取资产收购模式收购博杜安。

三、经验启示

中国企业在境外并购的过程中常常综合考虑企业的并购动机、负债风险、税收、对第三方权益的影响等因素，灵活选择资产收购或股权并购的方式。

第一，并购动机的差异常会影响企业的选择。一般来说，选择资产收购方式并购的主要动机是为了获取被并购企业的实物资产和技术、品牌、市场渠道等无形资产。而选择股权收购方式并购的，主要动机不是为了获取目标企业的实物资产和无形资产，而是为了对目标企业进行控股或参股，获取目标企业的股权。中国企业选择资产收购还是股权并购进行境外并购同并购动机密切相联系。比如，近年来兖州煤业本着产业运营和资本运营并重的运作思路，早期的六次海外兼并主要都是资产收购模式，但是在菲利克斯公司收购案中，则采用股权收购的方式。改变了以往以资产收购为主的模式，标志着公司资本运营思路更为多元化。

第二，对并购对象负债风险的考虑也是企业重要选择因素。资产收购的主要优势在于能够获取目标公司的实物资产或专利、商标、商誉等无形资产，操作较为简单，一般不涉及公司股权、股权变更等，资产收购中除了一些法定责任，如环境保护、职工安置外，收购公司基本不存在或有负债的问题，只要关注资产本身是否存在产权纠纷就基本可以控制收购风险。资产并购的不足在于涉及资产的评估，需要办理资产过户手续，需要花费一些费用和时间；资产的转让必须得到相关权利人的同意，或者必须履行对相关权利人的义务。而在股权收购中，对于目标公司的原有债务仍然由目标公司承担，收购公司仅需在出资范围内承担责任。对于目标公司的或有债务在收购时往往难以预料，因此，股权收购存在一定的负债风险。部分企业基于负债风险的考虑灵活选择了收购方式。比如，潍柴集团在并购法国博杜安公司的过程中，就用资产收购的方式规避了或有风险。

第三，税收方面差异可能改变企业选择。实践中，资产收购的交易主体是并购方和目标公司，股权收购的交易主体是并购方和目标公司的股东；在境外资产收购中，纳税义务人是中方收购公司和外方目标公司。根据目标资产的不同，纳税义务人需要缴纳不同的税种，主要有增值税、营业税、所得税、契税和印花税等。而股权收购中，纳税义务人是中方收购公司和外方目标公司的股东，而与目标公司无关。除了印花税外，外方目标公司股东可能因股权转让而缴纳企业或个人所得税。

第四，第三方权益影响差异也是重要因素。资产收购中，影响最大的是对该资产享有某种权利的人，如担保人、抵押权人、商标权人、专利权人、租赁权人。对于这些资产的转让，必须得到相关权利人的同意，或者必须履行对相关权利人的义务。股权并购中影响最大的是目标公司的其他股，因此股权收购可能会受制于目标公司其他股东。

海外收购时采用资产收购或股权收购，其差异如表2-3所示。

表2-3 海外收购选择资产收购和股权收购的主要差异

	资产收购	股权收购
交易主体的差异	资产并购的交易主体是并购方和目标公司,权利和义务通常不会影响目标企业的股东	股权并购的交易主体是并购方和目标公司的股东,权利和义务只在并购方和目标企业的股东之间发生
交易性质的差异	资产并购的性质为一般的资产买卖,仅涉及买卖双方的合同权利和义务	股权并购的交易性质实质为股权转让或增资,并购方通过并购行为成为目标公司的股东,并获得了在目标企业的股东权如分红权、表决权等,但目标企业的资产并没有变化
并购动机差异	为了获取被并购企业的实物资产和技术、品牌、市场渠道等无形资产	为了对目标企业进行控股或参股,获取目标企业的股权
负债风险差异	除了一些法定责任,如环境保护、职工安置外,基本不存在或有负债的问题;关注资产本身的债权债务情况就基本可以控制收购风险	收购公司仅在出资范围内承担责任,目标公司的原有债务仍然由目标公司承担。对于目标公司的或有债务在收购时往往难以预料,因此,股权收购存在一定的负债风险
税收差异	纳税义务人是收购公司和目标公司本身。根据目标资产的不同,纳税义务人需要缴纳不同的税种,主要有增值税、营业税、所得税、契税和印花税等	纳税义务人是收购公司和目标公司股东,而与目标公司无关。除了合同印花税,目标公司股东可能因股权转让所得缴纳所得税
第三方权益影响差异	资产收购中,影响最大的是对该资产享有某种权利的人,如担保人、抵押权人、商标权人、专利权人、租赁权人。对于这些资产的转让,必须得到相关权利人的同意,或者必须履行对相关权利人的义务	股权并购中影响最大的是目标公司的其他股,因此可能会受制于目标公司其他股东

资料来源:商务部研究院中国海外投资咨询中心整理。

此外,鉴于收购交易中资产所处状态的复杂性,还需要重点关注以下因素:

第一,理顺各种错综复杂的产权关系。不同类型的企业集团可以采取不同的持股方式,既有垂直持股方式,也有环状的相互持股方式,还有环状持股与垂直持股混合的方式,致使并购方与被并购方的产权关系十分复杂,宜对此有充分认识。

第二,识别各种经常化的关联交易。关联交易是在关联方之间发生的转移资源和义务的事项。通常,在纵向并购中,并购双方要发生较多的关联交易。在横向并购中,并购方与被并购方之间也或多或少会出现一些关联交易,假如这些关联交易能够以市场作为交易的定价原则,则不会对交易双方产生异常的影响,但事实上有些公司的关联交易是协议定价原则,交易价格高低在一定程度上取决于并购方的需要,使利润得以在各公司之间转移。即对关联交易的利用可以成为并购方实现其发展战略与经营策略的重要手段。

第三,形成多层次的财务决策。并购方作为核心企业,与被并购方及其他下属子公司分别处于不同的管理层次，各自的财务决策权利、内容大小也分别处于不同的管理层次，各自的财务决策权利、内容大小也各不相同，导致其内部财务决策的多层次化，并购方在牢牢确定母公司主导地位的基础上，必须充分考虑不同产业、地区、管理层次的企业不同情况，合理处理集权与分权的关系，从而最大限度地减少内部矛盾，真正调动被并购方及各子公司的积极性和创造性。

第五节　充分发挥中介机构作用

一、中钢并购Midwest过程中投资银行的作用

投行在并购中的作用有着不可忽略的重要性。在此，通过中国中钢集团有限公司（简称中钢）并购Midwest的案例介绍投行在其间的作用。

（一）友好要约收购阶段

2008年2月5日，Midwest宣布默奇森金属公司收购建议因未能成功延期而将失效。在这一阶段中，摩根大通作为中钢的财务顾问策划了该次并购，提出了许多具体的收购建议，包括选择收购方式和支付工具，对Midwest的估价，确定要约收购价格，协助中钢公司与Midwest进行谈判等。

1. 选择收购方式

投资银行作为专业的企业并购顾问，往往会在考虑目标公司的态度、收购成本和市场对收购的预期反应后，给出收购方式的建议。

在本案中，鉴于中钢是应Midwest之邀作以白衣骑士的身份最先参与收购活动的，因此摩根大通在此基础上建议中钢选择友好收购，直接同对方董事会成员洽谈，而未在市场上采取任何大规模举动。

2. 对Midwest公司予以估价

在估价方面，投行不仅具有超过公司的人才和专业性，同时由于独立于交易双方之外，更能客观地对企业价值进行评估，既可以避免为节约成本而出价过低从而丧失收购可能，也可以避免收购公司因急于收购而出价过高造成得不偿失。目前使用最为广泛的方法通常是自由现金折现模型，该方法通过对目标企业未来净现金流入的合理

折现来估计企业的内在价值，是较为可靠的一种估价方法。但该方法的难点在于准确估计公司未来的现金流量和资本成本的确定。因此，在实际操作中，往往会结合市场的情况综合其他方法加以考虑，例如了解同类可比的公司在市场上交易的比例等。该案中，摩根大通对Midwest的总估价在12亿澳元左右，从而给出了每股5.6澳元的收购价。

（二）敌意收购阶段

2008年2月20日，Midwest突然宣布，经过深思熟虑，并且在公司财务顾问和法律顾问的建议之下，公司认为中钢每股5.6澳元的收购价格低估了公司的价值和前景。

2008年3月14日，中钢正式向Midwest提出了价值12亿澳元的敌意收购。

2008年4月29日，中钢宣布把收购Midwest的报价从5.60澳元／股提高到6.38澳元／股，总金额升至13.67亿澳元。

2008年5月24日，默奇森公司提出新的换股收购要约，1股默奇森股票可换得0.575股中西部公司股票，相当于每股中西部公司股票作价7.17澳元，超过了中钢出价。默奇森公司与中钢的方案同时获得董事会认可。

2008年6月6日，中钢将持有股份增至40.09％，而且在4日后直接对默奇森公司的资源质量合并协同效应前景提出质疑。

2008年9月底，Midwest被强行摘牌，中钢正式完成收购。

1．作为目标公司的反收购策略

在并购交易中，目标公司为了防御和抵抗敌意收购公司的进攻，往往请求投资银行设计出反兼并和反收购的策略来抵抗并购，常见的包括寻求股东支持股份回购、诉诸法律（主要是反垄断法）、白衣骑士、毒丸计划等等。而本案的这一阶段，Midwest的用意已经逐渐显现出来。作为其顾问的摩根士丹利显然给出了引进白衣骑士粉碎默奇森的收购，事成之后再以种种理由踢开中钢的反收购建议。于是有了Midwest邀请中钢谈判收购事宜，又在谈判几个月后突然说价格低估这种反常的行为。

在中钢报出每股5.6澳元的收购价后，Midwest在摩根士丹利的建议下，迅速做出反应，希望广大股东面对邀约不要做出任何反应，想以此来阻止中钢的收购。

2．法律顾问

面对Midwest的这种用意，摩根大通也继续执行其向收购方建议收购方式的职能，适时调整了收购方式，由友好收购转变为强硬的敌意收购。

除在第一阶段已述的摩根大通作为财务顾问种种职能之外，该阶段它更多地担当了法律咨询顾问，对中钢进行策略抉择和法律上的帮助。

在2008年5月24日之后，中钢面临强大的提高收购价格的压力，面临是否继续加价的艰难选择。对此摩根大通给出的建议是不加价，逼一逼。这是个危险的决定，如果公开承诺不加价，在澳大利亚的法律中，就永远不能再加价了，而且台面下也不可能给股东变相的好处。

敌意收购永远是博弈。这种博弈下，最重要的就是决断。中钢做出不加价的姿态后，股东很惊讶，Midwest股价从7块多跌到6块多。

（三）经验启示

一般来说，跨国并购中投行可发挥如下功能：

第一，确定并购战略。一个企业要并购总有一定的动机和目的，有的是为了拓展销售渠道，有的是为了取得技术，有的是为了消灭一个竞争对手。其后目标企业的寻找、收购合同的谈判、并购完成后的整合都要围绕这个目的和战略而进行。

第二，帮助委托方寻找目标企业。不是每一个希望海外并购的企业都有确定的目标。投行往往接受企业的委托，根据要求有针对性地扫描市场，确定哪些企业客观上符合委托企业的要求，可以作为下一步接触的对象（确定所谓的"long list"）。

第三，同可能的企业联系并谈判。在初步确定了相关企业之后，投行通过进一步的分析和接触，了解哪些企业有兴趣出售，哪些经过进一步调查不适合委托人的情况，确定所谓的"short list"。之后，在投行领导下，与最终确定下来的若干家（一般2至3个）最有可能的目标企业进行谈判。

第四，为企业并购安排融资。中资企业早期并购因为标的较小，所以一般都使用自有资金进行。随着并购项目规模和标的额的增加，企业不大可能全部用自有资金进行，这样就需要投行通过各种可能的方法为企业安排融资，包括银行贷款、联合战略投资者或者金融投资者、发放债券、增发股票等等。

二、中色地科善用境外证券交易机构完成并购Canaco公司

加纳克资源公司（Canaco Resources Inc.，简称Canaco公司）成立于1987年，2003年加拿大多伦多上市，是典型的通过多伦多股票市场风险板块融资的初级资源公司，总部位于温哥华。公司致力在全球勘查和开发矿产资源，其主要矿权资产分布在坦桑尼亚（金矿和钻石矿）和墨西哥（金银矿）。2008年金融危机爆发后，公司股票价格一路下跌，最低价短期跌破0.04加元，面临严重的经营危机。2009年6月，中色地科矿产勘查股份公司（简称中色地科）通过定向增发的形式，以每股0.05加元的价格，投资160万加元，成功收购Canaco公司35.2%的股权，成为其第一大股东。

中色地科进入后，通过专注于坦桑尼亚Handeni金矿项目的勘查，取得重大找矿突破，截至2010年12月10日，在一年三个月的时间内公司股价一路上涨至6.05加元，成长了100余倍，公司市值也从中色地科进入时的200多万加元，上升至10亿加元左右，成为多伦多证交所创业板成长性最好的股票之一，受到投资者的追捧，在当时被业界誉为"最成功的投资案例之一"。本节详细介绍中色地科对Canaco公司的并购及运作过程。

（一）签订合作意向书

2008年9月金融危机爆发，矿产品价格跳水，海外资源类上市公司市值大幅缩水。中色地科敏锐地感觉到可能会出现良好的海外投资机会，在香港设立全资子公司，作为海外项目的投资运作平台。

2009年2月24日，Canaco公司就双方合作和定向增发股票事宜进行了友好商谈，并与中色地科公司签署了投资框架协议。协议规定：在完成必要的尽职调查后，中色地科将以私募形式购买Canaco公司定向增发的3200万股股票，其中每单位股包括一个普通股和半个行权股（认股权证，warrant）。普通股股票价格为0.05加元，行权股的定价为：如果在第一年内行权，每股为0.07加元；如果在第二年内行权，则每股为0.10加元。私募投资完成后，中色地科将委任两位董事进入Canaco董事会，其中一人出任董事长，并将有权委派两人进入高管层任职，对今后公司的投资具有优先权。上述规定确保了中色地科能有效参与公司管理，并在有利情况下避免股权的稀释。

中色地科当时决定投资Canaco公司，主要是基于以下考虑：一是投资风险不大。从介绍的情况初步判断，公司已发行的普通股只有44981236股，在当时金融危机的大背景下，公司的股价已降到了低位，是中色地科进入的良好时机；二是公司有优秀的管理团队，其董事会成员均是加拿大勘查和金融等方面的成功人士，公司CEO Andrew Lee Smith先生有30年的勘探经验，在多家上市公司担任董事，有丰富的公司运营管理经验。初步接触感觉其为人坦诚，易于合作；三是通过并购途径可获得境外融资平台，并能在国际合作实践中学习国际化经营，打造国际化团队，以加快中色地科国际化经营步伐。

（二）尽职调查

2009年3月16至26日，中色地科公司组织了两个尽职调查组，分赴Canaco公司矿权所在国——坦桑尼亚和墨西哥，对其所属矿权进行现场考察，之后在加拿大温哥华公司总部会合，完成了对该公司的全面尽职调查。

尽职调查内容分为商务调查和技术调查两部分。商务调查主要包括：企业设立的相关文件、资产（矿权）状况、业务发展情况及商务合同、债权债务、诉讼与或有诉讼事项以及其他可能对企业收购后产生重大影响的事项等，商务调查委托国内某律师事务所和加拿大温哥华布雷克律师事务所（Blake，Cassels & Graydon LLP）完成。技术调查着重对Canaco公司所属矿权区的找矿潜力和勘查开发环境做出调查判断，由有色金属矿产地质调查中心和中色地科的技术团队完成。其中，对找矿前景的判断成为中色地科并购Canaco的关键因素。

尽职调查中发现，Canaco公司在墨西哥的ELORO金银矿区是一个老矿区，虽有较大的找矿潜力，但矿权沿革历史复杂，开发利用难度大，勘查投入大。在坦桑尼亚的矿权主要有Magemhe钻石矿项目、Morogoro金矿项目、Magamhazi金矿项目和Kilindi金矿项目。在这些项目中，Kilindi金矿项目矿权面积196平方公里，公司拥有100%的权益，紧邻的Magamhazi金矿区（面积4.5km²）为只授予当地人开采的初级采矿权（PML），Canaco拥有100%的选择购买权，二者空间相连，合称为Handeni金矿项目。尽职调查组认为，Handeni金矿项目外部勘查开发环境较好，找矿潜力大，很可能短期内取得找矿突破，是Canaco公司的核心资产。

尽职调查结果表明：Canaco公司自成立以来，管理规范，没有诉讼和担保，是一个比较干净的公司；公司董事及管理层均具有多年的勘探开发经验，拥有高素质的专家团队，熟知国际市场上的公司运营及资本运作规则；公司核心矿权资产所在国坦桑尼亚政局稳定，是非洲的第四大黄金生产国，也是世界上黄金产量增长最快的国家之一，管理层熟悉当地矿业政策，与当地政府关系融洽。公司在坦桑尼亚的矿权归属清晰，找矿潜力大，且Magamhazi矿带的找矿潜力大于Semwaliko矿带，可立即开展钻探验证工作。基于以上总体判断，中色地科与Canaco公司在温哥华签署了正式投资协议，同意按照框架协议的规定，以中色地科（香港）公司的名义对该公司进行投资，并提供技术帮助。

（三）公司管理与运作

2009年6月26日，中色地科按协议完成交割，成为Canaco公司的第一大股东。鉴于当时金融危机的严峻形势和尽职调查对矿权找矿前景的判断，中色地科进入后对公司的项目进行了收缩调整。出售了墨西哥ELORO项目，换取了130万加元的现金和拟上市公司500万股股票，补充了公司运营资金；放弃了需要继续追加投入而又找矿前景不明的Magembe钻石矿项目和Morogoro金矿项目的选择权；集中所有的资金和力量开展Handeni金矿项目的勘查工作。按新的找矿思路，调整勘查计划，重点开展Magambazi矿带的勘查工作，优先验证"大采坑"的金矿体，所施工的第一个验证钻孔即打到了厚度59米、平均品位4.28×10^{-6}的厚大金矿体。消息披露后，公司股价从0.05加元左右大幅上涨到0.57加元，市场反应热烈，公司出现转机。

2009年11月18日，公司以每股0.35加元的价格完成了535万加元的融资，以支持Handeni项目的勘探工作。2010年4月28日，中色地科以每股0.07加元的价格，对其所拥有的1600万股认股权证行权，总持股量增至4800万股，持股比例增加到35.9%。2010年8月，Canaco公司又以每股1.40加元的价格，完成了2506万加元的融资。此次融资款将继续用于公司在Handeni项目勘探以及项目并购。由中色地科公司继续承担在Handeni矿权区的地、物、化找矿技术服务工作。

截至当年9月底，坦桑尼亚Handeni项目已完成钻孔87个，见矿率达92%，控制的金矿化带延长至11公里，黄金资源/储量已达特大型规模，并具有超大型的远景。Handeni金矿的找矿突破，开拓了坦桑尼亚绿岩带型金矿找矿的新区域。随着利好钻探结果的不断发布，配合卓有成效的投资者关系活动，公司股价屡创新高，引起了海外投资者的广泛关注，也为中色地科带来了显著的投资效益。

三、经验启示

在国际市场上，企业出售信息来源不仅决定着信息的可靠性，而且在一定程度上决定着交易的质量水平。特别是能源矿产、装备制造等重要行业的并购交易信息来源和交易场所，更为重要。事实上，海外矿业权等收购风险较大，尽管中国企业在地质调查手段、商业背景调查等方式有了长足进步，但在海外矿权消息"满天飞"的情况下，要做出相对高水平的决策仍非易事，各种不利情形依旧重复上演。2012年，国内500强企业大冶有色金属集团控股有限公司在没有进行前期地质勘查的情况下，贸然在蒙古国直接购买了一处矿权，并大搞矿山建设，损失惨重。

研究发现，近年来国内矿业公司越来越重视在全球范围内运用一些重点交易市场达成交易，重要的有纽约证券交易所、伦敦证券交易所、多伦多证券交易所、澳大利亚证券交易所和约翰内斯堡证券交易所。以多伦多证券交易市场为例，其主板已有近1600家上市公司，创业板有近2300家上市公司，其为矿业公司筹集到的股权资本占全球的60%左右。在多伦多交易所，发行人分布于各不同发展阶段的矿业公司。以全球资源勘探开发的阶段性高峰2013年为例，截至2013年年底，初级勘探阶段公司为1211家，高级勘探阶段公司890家，开发阶段公司122家，生产阶段公司为227家，这些公司所拥有的矿权更是遍布全球各地。2014—2017年间，尽管有少数资源勘探公司由于勘探效果不如预期而退市，但总体来看，多伦多交易所仍是全球矿业投融资最重要的市场。同时，由于经受了上市前较为严格的审核，项目更加有保障。基于此，中国矿业企业非常注重利用这个平台收购矿权。例如前文所述中色地科公司案例。再如前期五矿集团尝试收购Equinox的项目，Equinox公司是一家在加拿大证券交易所挂牌上市、在澳大利亚证交所以存托凭证方式交易的中型矿业公司。Equinox资产包括赞比亚西北部省区的Lumwana铜矿，沙特阿拉伯JabalSayid铜金矿项目，以及大量位于赞比亚、沙特阿拉伯、澳大利亚等国的勘探项目。当然，值得关注的是，由于Equinox公司同时在澳大利亚和加拿大两地上市，五矿的收购还得到了澳大利亚和加拿大两国政府审批同意。

第六节　科学实施并购后整合

一、上工申贝重组后发挥全球协同作用

上工申贝（集团）股份有限公司（简称上工申贝）作为在境内公开发行A、B股并在上海证券交易所上市的中外合资股份制企业，是中国缝制机械行业第一家上市公司。上工申贝的主业为工业缝制设备和家用缝纫机的研发、生产和销售，在缝制机械行业拥有全球知名的高端品牌：杜克普爱华、百福、KSL，以及国内家喻户晓的著名品牌：上工、蝴蝶。公司主要业务领域除传统服装、箱包、皮鞋加工，延伸至

汽车领域，并扩展至航空航天及新材料领域，主要客户包括LV、GUCCI、HERMES、BOSS、ARMANI等知名品牌商，奔驰、宝马、奥迪、通用汽车等知名汽车制造商，以及波音、空客、中国商飞等。上工申贝总部位于上海浦东陆家嘴，现有分、子公司30余家，其中包括海外企业15家左右。在中国、德国、捷克及罗马尼亚拥有7家生产企业，销售网络遍及世界各地。

（一）并购背景

进入21世纪，工业缝制设备市场竞争激烈，在民营企业和外资企业的夹击之下，上工股份逐渐走下坡路。当时，民营企业凭着低成本优势占据低端市场，不断挤压上工股份的市场空间和经营收益。

2004年时，上工申贝的前身上工股份在中国缝制机械行业的排名已跌出前十之外，当年销售收入接近10亿元人民币，但缝纫机销售占主营业务的比重从原来的74%下降至47%，扣除非经常性损益的净利润为-7794万元[①]。到2005年，上市公司主营业务已处在被其他业务整合的边缘，迫切需要产业升级。

用上工申贝董事长张敏的话说，"实际上当时就只有两条路：要么上市公司被借壳，我们放弃缝制主要和上工、蝴蝶等老品牌；要么就是通过海外并购寻求生机。"也就是指2002年就发现并一直关注的一个跨国收购机会，目标是德国缝制设备企业杜克普·阿德勒公司（Durkopp Adler AG，简称DA公司）。

DA公司是一家拥有150多年历史的德国缝制设备制造企业，在全球缝制设备行业享有极高声誉，是国际服装机械尖端技术的领跑者，在法兰克福、柏林和杜塞尔多夫三地证券交易所挂牌上市，进入中国市场也已有15年。但是2002年以来经济效益不佳，原控股股东FAG Kugelfischer AG（简称FAG公司）是一家生产轴承为主的工业集团，不愿意再投入，出于剥离非核心业务的战略考虑，有意将DA公司出售。DA公司在欧洲有很好的销售网络和品牌影响力，但只做高端产品。用DA公司的首席执行官维纳·黑尔的话来讲，"我们在全球纺织行业从欧洲向亚洲转移的过程中，失去了先机。"亚洲市场开发乏力，导致DA公司市场萎缩、收入下滑。有数据显示，彼时DA公司虽然已进入亚洲市场多年，但所占份额不到10%；而2004年销售收入仅为13亿元，较2000年相比大幅下降了7亿元。

---

①根据上工申贝2004年年报。

2002年，上工申贝的前身上工股份在一次与DA公司的业务合作时，偶然得知DA公司的大股东FAG欲出让其全部股份的消息。这让当时任上工股份董事长的倪永刚非常兴奋，上工想抓住这个机会，扭转上工股份在缝制设备市场中的地位。在与FAG的初步沟通后，双方一拍即合。

（二）并购过程

2002年10月，上工股份向中国证监会递交申请，拟增发10000万股B股，以募集资金，与上海轮胎橡胶集团共同收购德国DA公司的控股股权，并开展电脑特种工业缝纫机项目。2003年11月，证监会签发133号文，核准该申请。上工股份于2003年11月增发并募集资金计32264万元人民币。

2004年5月3日，上工股份与FAG在德国总理府签订了收购意向书。随后，在意向书的基础上，双方就股权收购事宜达成一致。

在此期间，根据上海市委、市政府"市区联手，抓大放小"推进国资国企改革的精神，上工股份原控股股东——上海轻工控股（集团）公司，将其所持有全部国家股无偿划转给上海市浦东新区国有资产管理办公室，2004年10月18日，双方签订了股权划转协议书。

2004年10月29日，上工股份与德FAG公司就收购其所持有的DA公司94.98%股份签订了正式收购协议。根据德勤的审计报告，DA公司2003年末总资产为12584.3万欧元，净资产2093.5万欧元，2003年营业收入14567.1万欧元，净利润－1006.2万欧元。

收购战略确定后，上工股份委托普华永道为并购总顾问，进行尽职调查和方案设计。根据上工的收购方案，上工股份在德国成立上工欧洲公司，作为收购DA的平台公司，上工欧洲注册资本为1000万欧元。收购项目涉及的初期投资总额预算为1700万欧元，其中500万欧元用于收购DA公司股权（包括94.98%股权和5.02%的流通股权）及其控股的捷克MINERVA公司的17.3%流通股权、支付前期费用和预备费；800万欧元用于支付FAG公司转让其对DA公司的股东贷款的首期转让价款，其余400万欧元用于经营性流动资金。

上工股份此项跨国收购项目，审批程序相对繁多。2004年11月1日，国家发改委以发改外资［2004］2403号文批复，核准公司在德国投资收购DA公司股权项目调整方案。11月25日，国家外汇管理局上海市分局就收购DA公司股权项目进行外汇资金来源审查向总局请示并获准同意。上工股份跨国收购涉及外汇投资1700万欧元以增发B股所募集资金全额出资。2004年12月21日，上海市对外经济贸易委员会允许上工股份在德国独资设立上工（欧洲）控股有限责任公司（简称上工欧洲），注册资本为1000万欧元，项目总投资为1700万欧元。2005年3月25日，经国家外汇管理局上海市分局核准，公司将1000万欧元注册资金划入上工（欧洲）控股有限责任公司。

回过头来看，当时中国企业"走出去"进行跨国并购完全是个新鲜事，更何况上工申贝面对的是一次"蛇吞象"的并购，风险比较大。上工申贝董事长张敏曾坦言："（收购要）拿出全部家当，搞得好皆大欢喜，搞不好就很麻烦，我是主要责任人。我们开了五次董事会，最终一致决定坚决'走出去'。但其实，我当时心里也没有百分之百的把握，就是要试一试，形成一个突围。"

回顾收购进程，也并非一帆风顺。历经了收购合作伙伴上海轮胎橡胶集团中途退出、上工股份更名上工申贝、上工前董事长倪永刚因病逝世等诸多变故。

2005年7月1日，上工欧洲完成与德国FAG公司的全部股权交接手续，上工欧洲正式受让FAG所持有的DA公司94.98%的股份。至此，作为国家"走出去"战略的积极响应者，上工申贝通过全资子公司——上工欧洲成功完成收购德国DA公司，开始了国际化经营之路。

此后，上工申贝通过不断跨国并购、整合资源、内外联动，成功实现了公司的突围——转型升级。

（三）并购效果——"乌鸦变凤凰"

从并购一开始，上工申贝就为做好欧亚两地的业务整合专门成立了项目协调小组，上工申贝与DA公司人员一起，就双方合作生产、经营、开发、采购等具体事务，做了大量的准备工作，为后续并购完成后的整合工作打下了较好基础。

收购DA公司后，上工申贝将其欧洲生产布局进行了梯度调整，并将DA高端产品引入中国市场，很快海外的主业就由亏损变为盈利。上工申贝借助DA公司在工业缝纫领域的高端技术和产品，整合国内外技术和市场，终于打破了公司多年徘徊不前的困难局面。到2013年，上工申贝下属的企业全部扭亏为盈，公司实力大增。

此时，DA的竞争对手百福公司，被上工申贝的欧洲整合挤压得濒临破产。于是2013年上工申贝顺势收购了百福。同年，上工申贝还收购了具有50年历史的德国家族企业凯尔曼特种机器制造商（简称"KSL"）。2015年上工申贝又投资2850万欧元收购了电脑针织横机制造商——德国H. Stoll AG & Co. KG（简称"Stoll"）26%股权。收购后，上工申贝将DA、百福、KSL和Stoll整合在全资子公司——上工（欧洲）控股有限责任公司的平台上。2015年当年，上工欧洲的销售收入达到1.8亿欧元，净利润达2500万欧元。

如今，上工申贝已成为世界缝纫机行业巨头，产销规模国内第一、全球领先。2017年，上工申贝公司实现营业收入约30.65亿元，同比增长11.06%，其中缝制设备收入同比增长18.21%；营业利润约2.9亿元，同比增长34.3%（同口径比较）；归属于上市公司股东的净利润约为1.97亿元，同比增长36.92%。[①]

上工申贝这家上海老牌国企，通过跨国并购和整合，实现了"乌鸦变凤凰"。

（四）整合分析

上工申贝通过持续的跨国并购和整合，使原来濒临倒闭的企业重新焕发生机，成功走出了一条制造业转型升级之路。其成功之道，可以归结为以下几点。

1. 市场导向、借梯登高，横向一体化发展

进入21世纪，中国下游纺织服装业投资增速下滑，缝制机械行业面临市场增长动力偏弱、总体需求疲软的局面。2004年，上工股份的主业遭到重创，销售收入下跌近一半，这使得上工股份管理层痛定思痛后决定，除非上工申贝决心放弃缝制设备主业，否则一定要产业升级，以跳出民营企业和外资企业的围追堵截。

随着中国经济的发展，中国消费升级需求日益明显，产销适合生产中高档消费品的高端缝制机械，是市场需求方向。高端缝制机械，首先技术要先进，其次品牌要有影响力、有市场。上工申贝董事会之所以做出收购DA公司以求突围的决定，就是为了针对上述市场形势变化，主动出击，通过收购，整合先进技术和国际市场，进入世界缝制技术高地，摆脱低端市场的成本竞争。

为此，上工申贝在4个月的时间里5次派员赴德国DA公司考察，发现DA公司亏损主要是由于全球化战略失误导致市场萎缩，但DA公司凭着技术与品牌的优势仍然占据着行业高端市场，有强劲的生命力，而其他同类公司大都已倒闭。

上工申贝收购了DA公司后，将其欧洲生产布局进行了梯度调整，并将DA高端产品引入中国市场，很快海外的主业就由亏损变为盈利。盈利能力在工业缝纫机行业处

---

① 根据上工申贝2017年年报。

于领先地位。2013年收购百福后，DA公司与百福从竞争对手转为合作伙伴，大大增强了彼此在中高端市场上的全球竞争优势。同年收购KSL后，又获得了3D缝纫机机器人和带旋转机头程控花样机等高端技术，进一步扩充了公司产品线。公司产品在消费类奢侈品（箱包、鞋类）、汽车座椅等缝制机器领域名列前茅。2015年收购了德国Stoll公司26%的股权，成为其第一大有限合伙人，又使公司业务拓展延伸至电脑针织横机制造领域，继续扩展产品线，并寻求在纺织品产业、工业4.0和自动化等创新领域的开发机会。

通过并购，上工申贝构建了较为完整的自动工业缝制设备技术组合，在中厚料缝纫机、制鞋机、自动缝制单元、3D缝纫机器人等多个产品领域形成全球领先优势。通过并购，上工申贝走横向一体化发展之路，不断扩展产品线（工业缝纫机、绣花机、电脑横织机等），并获得领先的智能技术，向高附加值产品升级发展。目前，欧洲几乎所有的奢侈品公司都使用上工申贝旗下的自动化缝制设备，全球中高端汽车座椅90%由上工申贝旗下品牌缝纫机缝制，几乎中国的每一家飞机制造商都买了上工申贝的缝纫机。

2. 重组整合，发挥全球协同作用

2005年到2013年是上工申贝最为艰苦的几年，这一时期的工作重点就是重组上工、整合DA。上工申贝首先实施分流重组：关闭和注销亏损企业60余家，分流安置富余员工6500人，重置和精简内部机构。同时，上工申贝在生产、销售、品牌管理、研发等方面对被收购企业进行整合，按照各自核心竞争力对其进行分工，发挥全球协同作用。

在生产方面，上工申贝按照人力成本水平对欧洲工厂布局进行调整。充分考虑各国各地区要素禀赋优势，合理安排生产。所有的零部件从中国采购，生产放在罗马尼亚；捷克工厂制造缝纫机机头，总装集成放在德国工厂并按WTO的"原产地规则"贴上"Made in Germany"的牌子。

在销售方面，所有销售归到平台公司（上工欧洲）管理。每个企业不得各自为政，以免相互之间打架。公司推行专业化多品牌的市场营销战略，不断扩大品牌影响力，提高各分类产品的市场占有率。

在研发方面，实施资源共享、协同开发战略。由集团技术中心制定研发战略，并领导欧亚四大开发中心。集团内研发，按照谁的专利多研发就交给谁的原则处理，其他企业一律不再重复劳动，但技术和专利内部可以有偿交换。这样，形成各个公司多项技术各领风骚的局面：DA公司研发出M-type平台后，又研制出新一代H-type厚料机，模块化厚料机研发也取得初步成功，并在衬衫自动缝制单元上取得新突破；百福在牛仔服装类自动缝制单元研发上取得进展；KSL在切割工艺自动化、轻质碳纤维缝制技术和3D缝纫技术方面全球领先；Stoll公司则在自动化针织横机领域拥有先进技术和专利。通过整合全球生产、销售、研发和服务网络，公司产销规模国内第一，并不断扩大国际市场份额。

不过，整合是一个长期过程，应根据战略目标持续进行。上工申贝在2016年年报中表示，公司将继续推进上工欧洲及其下属企业进一步整合，尽早实现对DAP营销平台的直接管理和对DA、百福、KSL研发和生产的直接管理，以落实公司对海外子公司在研发、生产和销售上的战略部署。其在2017年年报中亦表示，公司按计划实施欧洲企业的内部整合，推进对DA公司约6%股东的强制性合并排除，从而充分利用DA公司及其子公司、百福公司及KSL分公司的技术、生产、采购、销售、资金和人力资源等。

3. 先人一步，技术和产品创新

上工申贝的发展，基于其"先人一步"的发展和竞争策略。领先技术升级和研发新工艺，发展智能制造；领先进入新行业，不断拓展业务领域。

第一，研发超前于市场，技术创新。当日本和国内的竞争对手还在单机（一人一机）服装厂中厮杀竞争时，上工申贝已经悄然转到特种机——把做服装的每一道工序设计成一个特殊动作（半自动化）。这样做出的服装经久耐用，箱包更是优美，欧洲奢侈品品牌如LV、Prada、Gucci等都使用上工申贝的缝纫机。金融危机时，竞争对手跟上来搞特种机，上工申贝又领先一步，转到自动缝制单元（全自动化）。2015年整个缝制机械行业下滑20%，但上工申贝依然保持盈利，归根到底是走了一条自动化升级道路。而自动化道路，其实就是发展智能制造，开发智能化新产品。比如，上工申贝获得第17届中国国际工业博览会发展论坛"工业设计创新大奖"铜奖的蝴蝶牌JX550L-W无线操控缝绣一体机，只要通过WiFi与手机APP连接，用户就可以用手机从云端数据库上下载自己喜欢的花样，让缝纫机自动绣出想要的图案。

上工申贝已经从3D向"工业4.0"发展，也就是自动化、模块化、智能化发展

（AMS）。上工的收购目标对象多为产品技术含量高且在业内领先的企业。上工欧洲投资的三家德国企业中，DA和百福公司是欧洲工业缝纫领域的领先企业，其机器的速度和精密程度世界一流；KSL公司规模稍小，擅长软件控制，是个性化缝纫解决方案的提供商。上工欧洲研发的M2M（机器到机器）系统，目前全球领先。未来，整个缝制工厂可以空无一人，机器和机器之间，相互感知，灵活协作。控制人员在电脑屏幕上远程控制，生产新的式样，只需系统在线升级。

第二，领先进入新领域、新行业，产品创新。现在，公司把精力和重点放在新材料、新工艺、新产业上。新材料的代表就是碳纤维；新工艺，就是把缝纫延伸为自动化连接技术，应用于实际生产制造；新产业则包括飞机、航天领域等。上工申贝认为，中国未来10年，飞机制造将是接替汽车制造的重要行业，公司发展智能制造，希望在航天领域分一杯羹。

KSL公司已掌握最前沿的3D缝纫技术，通过在机械臂上安装缝纫机头，像焊接车身一样，从各个角度进行缝合。这项技术可用于航空航天领域碳纤维材料的加工，中国商飞公司是其最新客户。

二、万华化学收购整合匈牙利BC公司

（一）并购背景

万华化学集团股份有限公司（简称万华化学）曾隶属于原轻工部，在1988年下放烟台市。万华化学从亏损到上市，销售收入从1亿元到200亿元，税后利润从亏损到超过30亿元，整个集团靠改革逐步走向了一个良性发展循环。万华化学决定在欧美拥有自己的制造基地，并实现"中国万华"到"全球万华"的转变。

（二）收购过程

2009年全球金融危机爆发，万华化学果断地停止了新建厂的绿地投资计划，转向收购可能有财务危机的行业内企业，几经周折，匈牙利BC公司最后被万华化学锁定为收购目标。

BC公司位于匈牙利东北部，1954年开始化肥生产，1963年开始生产PVC，1991年由BVK改组为现在的BorsodChem有限责任公司（简称BC公司），并于1996年正式上市。2006年，欧洲最大的私募基金Permira在公开市场上要约100%收购BC公司的股票，并将其退市。当时公司拥有3200余名员工，是当地最大的雇主。

2009年，由于国际金融危机冲击，BC集团陷入财务危机，急需债务重组。而行业内的欧美巨头由于受反垄断法的限制不能对其收购，行业外其他投资公司更不敢贸然出手，这为正在实施全球化战略的万华提供了极好的机遇。起初BC公司原股东Permira不愿在经济危机时卖给万华化学，万华化学通过在公开市场购买BC公司夹层债的方式，拥有了对重组方案优先于原股东的否决权，迫使Permira不得不和万华化学谈判。经过多轮艰苦谈判，终于在2009年10月达成了获得了该公司36%的股权和进一步股权收购优先意向；2010年年初，万华化学又抓住匈牙利开发银行难以兑现贷款承诺、BC公司再次陷入现金流危机的契机，决定以提供BC公司所需缺口资金为条件，最终取得BC公司96%的股权的买入期权，并签署了投资协议。2011年1月31日，万华实业在中国银行为牵头行的银团的支持下，完成对BC公司的全面收购，连前期夹层债收购及债务转移，该收购总额为12.6亿欧元。这是目前中国在中东欧16个国家中最大的中方投资项目。

（三）以核心价值观为导向进行全方位整合

跨国收购难，整合更难。万华化学收购BC公司后也历经曲折，2011年1月31日完成收购交割后，欧债危机进一步恶化，欧洲经济成为全球的重灾区，市场需求一直萎靡不振。在整合上也走过一段弯路，开始为求稳定，留任原私募基金聘任的CEO，万华化学集团总经理兼任BC公司董事长，每季度去欧洲开一次董事会，但一年下来实际运营每况愈下，2011年亏损额达1.5亿欧元，现金流难以为继，随时面临破产的风险。企业如一盘散沙，员工对前途失去信心，核心员工流失急剧上升。2011年年底，万华化学总经理兼任CEO，才真正开始了全方位整合。

公司组织各级管理层进行SWOT分析并讨论，不仅要清楚看到BC公司面临的严峻形势与挑战，更重要的是要看到收购后的机遇以及双方的优势和可能发挥出潜在的协同效应。

公司提出"一年现金流打平，两年盈利，到2020年把BC公司发展成为在EMEA地区最有竞争优势的前三位企业"的愿景目标，使BC公司员工在最困难的时候能够看到希望，看到光明，有助于凝聚人心。与原私募基金不同，万华化学购买BC公司不是为了再卖出，而是万华化学全球战略布局的一部分，把BC公司看作自己的一分子，扎扎实实地培育提高BC公司的竞争实力。万华化学没有任何退路，只能和BC公司员工同甘共苦，务必要把BC公司转危为安，进一步实现愿景目标。

1. 建立核心价值观体系

首先，BC公司全体员工深受计划经济体制下"大锅饭"观念的影响，视野狭窄。匈牙利人对中国人印象一直停留在20世纪八九十年代在国外闯荡的勤劳的小商贩，普遍对中国企业进入持怀疑态度。针对这种情况，万华化学首先广泛宣传，该公司专门请媒体公司制作了中国文化的专题宣传片和介绍万华化学的宣传材料，通过当地电视台和各种媒体广告进行宣传，使BC公司员工了解中国，了解万华化学，争取更多骨干认同中国，认同万华化学。

其次，改变BC公司员工观念。通过邀请管理层、工会和员工代表到万华参观交流，介绍万华化学如何从计划经济"大锅饭"体制下，通过改革和创新逐渐走出困境并培育起全球竞争力，实现了企业和员工共赢。

最后，对BC公司员工进行危机教育，使他们逐渐意识到在全球经济一体化以及竞争对手快速发展的背景下，如果不抛弃计划经济"大锅饭"体制，不适应市场，故步自封，没有全球竞争力，那么企业必然面临死路一条。

2. 销售体系全面整合

销售管理方面，重新充实整合了销售队伍，打破"大锅饭"机制，加大考核和奖金收入部分比例，将利润、销量、应收账款等指标分解，指标完成情况与个人奖金收入紧密挂钩，上不封顶。

优化市场布局，开拓新市场，堤内损失堤外补。欧债危机使欧洲成为全球经济重灾区，BC公司主导产品在欧洲市场需求量非但没有增加，甚至还有少量萎缩，BC公司审时度势，加大了主产品在中东、非洲、美洲市场的开拓力度。

3. 对生产装置进行优化改造，并引入精益体系

在资本投入、技术投入的同时，借鉴万华化学经验进行管理输出引入了精益体系，并通过员工合理化建议项目发动全体员工，两年来提出了6000多条合理化建议并逐条落实，2012年制造成本降低1300万欧元，2013年预计比2012年再节约1500万欧元；物流采购方面，2013年通过提高联运比和原料尽可能就地供应可降成本600万欧元。

4. 实施综合绩效管理体系（CPM）

实施以预算管理为龙头、以目标管理（Key Performance Indicators，KPI）为主要手段的综合绩效管理体系（CPM），强调一切活动都要有利于公司绩效提高。公司、

部门、个人指标层层分解并严格根据考核办法进行季度、年度考核与收入挂钩，激发员工积极性。

5. 实施全球对口人体系

为了挖掘并发挥万华大家庭下的协同效益，在各个职能、装置方面任命对口人，加强万华化学总部和BC公司之间的沟通、协调，最大化发挥协同效益，其实质是打造一套全球知识共享体系。

6. 创造良好企业生存环境

与中匈双方各级政府和中国驻匈大使馆保持良好沟通，尽可能取得双方政府的理解和支持。同时，万华化学是一家对社会负责任的公司，尽管BC公司运营还在改善阶段，但公司一直强调并坚持安全、环保、职业健康的核心理念。公司花费100多万欧元建立了新的医疗中心，为职工和承包商提供高质量的体检和应急服务；引进高标准的杜邦安全管理体系，持续提高安全和环保管理水平；建立一体化应急调度中心，追求零伤害的高目标；持续改善现场，定期开展开放日活动，邀请当地社区和政府参观厂区。这一系列措施以及公司在安全、环保、职业健康方面取得的改善，得到了当地社区和政府的充分肯定和好评。

7. 良好的发展规划

进攻是最好的防守。一方面带动实业发展。万华化学在匈牙利站稳脚跟后，BC公司自身投资发展使公司竞争力大幅度提高，还依托现成的良好的公用工程和配套服务设施（交通、物流、安全、环保、消防、水电气、医疗甚至中餐），吸引中国化工等在欧洲有较高出口份额的中国企业进园发展。另一方面带动中国金融服务业海外共赢发展。万华化学的成功带动了中国金融服务业在海外的发展。中国银行匈牙利分行（这是中国目前在中东欧16个国家中唯一的金融机构）原业务主要限于小商贩的华人圈，在万华化学带动下，以BC公司及上下游客户为切入点带动中国银行稳固前进，进入了欧洲主流业务。

三、中交国际收购约翰·霍兰德公司财务协同整合

随着中国企业，尤其是建筑企业"走出去"步伐的加快，跨国公司并购交易日益增加，并后整合是决定并购成功与否的重要因素，中交国际（香港）控股有限公司（简称中交国际）不断通过实践来摸索和总结，根据被并购企业不同经营管理情况，

采用不同财务管理模式，做到既能保持企业活力和创新力，又能有效防范经营风险，同时也能与母公司中国交通建设股份有限公司（简称中国交建）的管理要求相融合，真正实现并购战略和效益。

在中国交建的支持下，中交国际于2015年4月顺利完成对约翰·霍兰德公司股权的收购。该收购是中国交建首次在传统发达国家大型综合类工程领域实施的并购，也是继成功收购美国F&G公司后的第二次跨国并购。约翰·霍兰德公司的收购是落实中国交建"海外优先发展"和"五商中交"战略的体现，也是中国交建"转产、转商、转场"政策的落地，有助于中国交建国际化程度的进一步提升，以真正实现突破市场壁垒、实质性进入发达国家工程承包市场。

经过三年的投后管理实践，该公司逐步摸索控股股东对并购后公司财务管理模式，一是形成了"以风险管控为核心，以财务管控为抓手"的财务管理理念；二是深入了解约翰·霍兰德公司经营管理模式，掌握管控平衡；三是努力做到"有理念、有方法、有工具、能落实"，在方法和落地上下功夫。保证并购后企业自主经营能力和经营活力，实现与中国交建管理目标有效对接，管控同时也加大公司总部对约翰·霍兰德公司支持服务力度，确保企业的持续健康发展。

（一）并购财务管控整合措施

约翰·霍兰德公司在澳大利亚已有六十多年的经营历史，拥有强大的工程产业资源、商业网络和品牌优势，完全具备独立自主经营能力，管理自成体系，因语言、企业管理制度、企业文化、员工思维方式等各方面存在的差异，融入中国交建各项管理体系的过程需要时间磨合。为了有效地与约翰·霍兰德公司对接，在尽可能地减少对其经营上的干扰、避免增加额外工作量的原则上，该公司一直在努力寻求抓住财务管理工作中的关键点和切入点，帮助解决其实际问题，逐步建立起信任、和谐、合作的工作关系，具体管控措施如下：

1. 建立双方协同工作机制，实现零距离沟通互动

为了将中国交建的财务管理要求与约翰·霍兰德公司实际经营管理有机地结合，确保中国交建管理信息及时传递，该公司向约翰·霍兰德公司派出两名既清晰了解中国交建管理制度，又有澳大利亚本地工作经验、可流利使用中英文双语协调沟通，且了解中澳双方文化的财务管理人员，作为公司与约翰·霍兰德公司间联系沟通的桥梁和纽带。派出人员较高的专业素养、敬业的工作态度和畅通的沟通机制，形成了上下

良性互动，既给予约翰·霍兰德公司经营信心，也给中交国际的管控带来自信。

2. 建立英文报表体系，保证财务信息及时获取

约翰·霍兰德公司每年30亿澳元的经营规模，按照国资委要求及时准确地上报财务数据是公司投后管理需要第一时间解决的问题。约翰·霍兰德公司为澳洲本土公司，系统软件和语言的差异使其无法直接使用有关填报系统。在中国交建财务资金部的大力支持下，公司与系统开发商经多次协商，合作开发了全英文版的月度、季度、年度财务报表填报系统。经过不断地测试、改进和培训后，目前已实现由约翰·霍兰德公司财务人员自行填报系统财务报表、公司进行复核检查的填报流程，避免了不同系统语言在转换过程中的错误，大大提高了工作效率，保证了财务信息上报的及时性和准确性。据了解，目前中国交建为第一家实现其境外子公司使用英文版财务报表系统自行填报的中央企业。

3. 创建资金管理系统，有效防范资金风险

资金管理风险是企业最大、最直接的管理风险。为了及时掌控约翰·霍兰德公司现金存量情况，由公司来统筹安排调剂资金使用，通过资金的最优配置、高效循环和流动平衡，使资金在流动中创造更多价值，中交国际与国际知名软件开发商合作，将互联网技术与金融机构数据信息有机结合，创建了符合公司实际需求的全球资金管理信息化系统（Treasury Management System），实现了子公司全部资金的可视、可控、可调。该系统共六个模块，一是资金余额管理模块，可实现境外子公司所有账户，包括自营项目、联营项目账户资金每日查询，以及按照币种、地区、子公司、历史变化等多维度进行统计查询，全面掌握第一手资金状况信息。二是现金流预测与分析模块，以每一个在建项目现金流预测为基础，构建以日、周、月为时间节点的滚动资金预测管理，通过每日、每周实际现金流与预测现金流的对比分析，提高资金管理的精准度，为短期流动性管理提供重要依据，以月度为时间节点的资金滚动预测管理，为长期资金流动性管理提供管理信息。三是保函管理模块，包括保函额度使用情况管理和未来保函额度使用预测，为保函额度安排提供数据支撑。四是融资授信管理模块，管理公司银行授信额度的使用情况管理，为统筹流动性管理提供有效信息。五是公司间借贷管理模块，为跨境资金归集提供参考。六是外汇管理模块，统计公司所有外汇交易业务，及时掌握外汇业务风险情况。TMS系统强化了总部资金监管职能，实现了对子公司资金业务实时监控，有效防范资金风险。TMS系统将对公司常态化的并后管

理做出独特贡献，其成功推行为国有企业实施跨国并购树立了可借鉴性样板。

4. 加强风险管理体系建设，内控制度保障有基础

按照并购后业务发展规划，约翰·霍兰德公司进行了组织结构和经营战略的调整。为了建立并完善适应调整后业务发展的风险管理体系，该公司协同约翰·霍兰德公司对原有风险管理体系制度重新修订，主要文件包括投标阶段管理手册、工程合同管理手册和公司风险管理矩阵等。规定约翰·霍兰德公司对外投资、对外担保、重大融资和出具母公司保证函等事项均需中交国际审批同意后方可实施，以确保风险事项得到有效监管。

为了避免约翰·霍兰德公司因内控流程缺失或执行不力而给其经营带来风险，该公司在收购完成后即聘请了德勤会计师事务所对其内控流程进行了审计，并形成了内控审计报告。为了使内控审计成为对约翰·霍兰德公司管理的一项日常工作，中交国际在澳大利亚当地聘请了有着多年行业内控审计经验的内审经理，确保内审工作能够有效实施，结合德勤会计师事务所出具的内控审计报告，制定了约翰·霍兰德内审工作章程、内控审计三年工作计划等，重点关注内控审计发现的风险点，向约翰·霍兰德公司管理层提出整改建议，督促完善内控流程，实现风险管理全面覆盖。

（二）约翰·霍兰德公司财务管理体系与流程安排

为了更清晰地了解约翰·霍兰德公司财务管理现状，为管控提供支撑，该公司详细地整理了财务管理体系和管理流程，其主要特点包括以下几个方面：

1. 以成本和资金管理为核心的业务、财务一体化的财务管理系统

约翰·霍兰德公司使用的财务核算系统（Project Cost Reporting）为根据工程管理需要自行研制开发的系统。该系统是基于工程数量清单的精细化项目成本核算，以成本管理为核心，是集项目预算、项目成本核算、项目成本报告、项目管理风险报告、资金管理等为一体的项目综合管理系统。在业务流驱动下，绝大部分业务账务处理将由系统自动生成，避免手动操作的出错率，且有效地降低了财务人员的工作量。

2. 以区域财务共享中心为基础的项目成本管理架构

约翰·霍兰德公司实行公司总部和区域总部两级财务管理体制，公司总部统管公司层面报表、资金集中、税务管理，区域总部负责各区域内项目的财务管理，除了特别复杂的大型项目，一般项目上没有财务人员。在进行内部管理时，所有工程项目根据其所在地被划分归入相应的区域总部。区域总部作为主要的业务管理单元，设置

完整的管理人员结构，包括区域总部经理、各产品线管理人员、投标人员、财务人员等。区域总部的财务人员作为总部财务和各项目间的信息中转站，既负责将总部分摊至区域的、需计入工程项目成本的成本费用进一步分摊至各项目，又负责统一归集、审核及上报其区域辖下所有项目的汇总财务信息。该举措将工作量在各级财务间进行了有效合理的分配，提高了工程财务信息的有效性和准确性。

3. 资金高度集中管理，有效提高资金使用效率

为了规避资金管理上的风险和提高资金集中使用的效率，约翰·霍兰德公司将所有非联营项目的工程款收支集中在其公司总部负责，总部统一集中管理所有账户。各区域总部按要求每周汇总其所有管理项目现金预测，制定出未来六周内具体到每一天现金流预测并上报公司总部财务。总部财务资金人员每天核查银行存款变动情况，并根据公司历史用款趋势和现金流预测判断资金状况，就盈余资金获取较高收益提出管理建议，在保证流动性和资金安全的基础上将盈余资金存放于高息无风险账户，获取最大化价值。

4. 强大信息化团队为高效的财务管理提供支撑

为保障经营管理系统有效运行，约翰·霍兰德公司设有专业的信息化团队提供技术支持，负责管理系统软件的开发和维护。除财务管理系统外，约翰·霍兰德公司还外购了一系列管理系统来提升公司管理水平，如薪酬部门记录员工信息及工资计算的人员劳资管理系统，工程物资采购管理系统，项目投标成本计算管理系统，固定资产管理和维护系统，而且在所有系统上线时设置了与财务管理系统间的数据接口，最大限度地实现了信息传递数字化，进入到财务管理系统后自动进行转化为相应的成本费用，不仅减少了重复的工作，降低了系统间由人工传递信息造成差错的几率，而且保证信息在不同系统间以相同形式被记录，提高了信息的可追溯性。

5. 多角度、多维度的管理报表为管理者和股东提供详细经营数据和信息

约翰·霍兰德公司每月编制管理报表提交给管理者和股东，全面反馈公司经营状况，其中包括职业健康、安全、环保情况报告。运用管理会计手段，按照区域总部维度反映五个区域总部实际盈利情况与预算的对比分析，并具体到区域总部负责管理的每一个项目的收入、毛利变化情况，项目的机会与风险，投标情况及项目执行中主要问题等；按照业务板块维度反映三个业务板块实际盈利情况与预算的对比分析，公司管理费用实际发生与预算的对比分析，新中标项目、本年收入和毛利、在手合同的行

业分类、工程分类、区域分布等。管理报表通过多个角度分析经营数据，提供详尽的经营情况说明，为改善提高经营管理提供支撑。

四、经验启示

企业海外并购所追求的协同效应不会自然产生，必须进行有效的整合才能达到，使目标企业与母公司及各相关企业在营运、组织和文化等各个方面加以融合。

完成收购仅仅是进入新市场、开展新业务或扩大原有业务的开始，只有根据市场情况和企业实际状况对并购企业等人力、财力、物力等资源进行整合，充分利用集团范围内技术、生产、采购、销售、资金和人力资源等整体优势，才能使并购发挥出1+1>2的效应，才能产生新增效益和价值，真正提高企业的核心竞争力。

整合是一个持续的过程，跨国整合尤其需要克服文化、体制、机制等的障碍。整合的目标是实现跨文化的全球统一管理、协同发展，重点是建立行之有效的管理机制，健全激励和约束。同时，跨国并购整合是一项技巧性极强的工作，没有可供套用的通用模式。对并购整合企业，应关注以下两点。

第一，跨国并购整合成功需具备的要素主要包括：

（1）从发现并购机会开始；

（2）由专门的整合经理负责；

（3）有明确的整合计划；

（4）进行全方位的沟通；

（5）提出更高的业绩标准。

第二，跨国并购应该避免常见误区，主要包括：

（1）整合与并购是两个分立的过程，并购协议签订之后，整合过程开始；

（2）只注重资产财务整合不注重人力资源的整合；

（3）并购前不进行文化兼容性的调查；

（4）仅凭被并购公司的业绩决定其高层主管的去留；

（5）缺少系统评估和全面挽留其他管理和技术人员计划；

（6）以慢速整合来促进双方的融合。

第三章 | 风险甄别与
防控管理

跨国运营面临着与国内经营完全不同的环境，不同国家间的经济、政治、法律、文化和习俗等存在很大差异。由于中国企业海外经营的历史短、经验还不够丰富，伴随着中国企业境外投资的快速发展，投资风险问题也日益凸显，由此带来了各种损失和不利。同时，当前世界经济增长也依然存在诸多不确定因素，国际政治、经济、安全格局给中国对外投资合作造成诸多威胁，传统和非传统风险隐患还在增加。部分地区的安全形势依然严峻，部分国家针对中国企业的投资合作还制造了一些政策障碍，投资风险较大。

总之，企业国际化并不是一条平坦之路，如何"出海挖矿"并最终获益，需要企业做好风险的甄别和评估，强化风险管理和控制能力，采取有效措施、妥善防范及应对。以下从中国企业案例实践入手，重点探讨企业在"走出去"过程减少风险的一些经验规律，供读者参考。本章中，我们选取了中信泰富澳大利亚铁矿项目、浙江凡尔顿集团瑞典投资项目、葛洲坝集团利比亚房建项目、莱州鼎铖矿业公司投资印尼等案例。读者通过研读相关案例，可初步掌握中国企业在风险防范方面的一些经验。

第一节　商业合同风险首当其冲

一、中信泰富澳大利亚铁矿项目建设一波三折

（一）项目简介

中信泰富集团（现名中信股份，00267.HK），港交所上市公司，红筹股，香港

恒生指数成分股之一。2014年，中信泰富收购中信股份100%股权后，更名为中国中信股份有限公司（中信股份），是国务院直属央企首次借壳香港子公司实现整体上市。截至2017年年底，中信股份是中国最大综合性企业集团，业务遍布全球，涵盖金融、资源能源、制造、工程承包、房地产及其他领域。旗下有多家港交所和上交所上市公司。

2006年，中信泰富斥资4.15亿美元从澳大利亚富豪克莱夫·帕尔默（Clive Palmer）拥有的Mineralogy公司收购了西澳Sino-Iron和Balmoral Iron两个公司的全部股权和另外40亿吨的认购权，这两个公司分别拥有10亿吨磁铁矿开采权。该项目位于西澳卡拉沙镇西南的普雷斯顿海角，被称作"中澳铁矿项目"。

中澳铁矿项目是2006年中国最大的海外绿地投资，也是截至当时中国企业在澳大利亚最大一笔投资，更是少有的中方100%控股的资源类项目。项目计划投资42亿美元，2006年开工建设，预计于2009年建成投产。项目建设主承包商为中国冶金科工股份有限公司（以下简称"中国中冶"）。中澳铁矿项目设计有6条生产线，设计年产能为2400万吨，是国内最大铁矿的4倍，相当于澳大利亚对中国年出口铁矿石总量的10%～15%。生产的矿石将供应或出售给中国钢铁企业，首先供应中信泰富旗下的中信特钢。整个工程包括建设选矿厂、球团厂、泥浆管线及港口设施和发电站海水淡化厂等。

2007年，中信泰富转让20%项目股权给项目总承包商中国中冶，中信泰富持有80%项目股权。中澳铁矿项目于2013年建成2条生产线，同年12月装运首船矿石运回国内；2016年中，六条生产线全线竣工并进入全面生产调试阶段。现由中信股份在澳大利亚的子公司——中信矿业国际负责开发和运营。

（二）中澳铁矿项目遭遇不少挫折

企业国际化并不是一条平坦之路，如何"出海挖矿"并最终获益其实一直是个大难题。作为曾经的中国最大的资源类对外投资项目，中澳铁矿项目自2006年起建设，至今已有12年，但一路走来，遭遇不少困难和挫折。

1. 项目建设推进一波三折

中澳铁矿项目开工后，由于多种原因，工程建设难度和项目复杂程度严重超出之前规划，项目遭遇多种困难，进展缓慢，曾几度陷于停顿。

首先，项目进度不断推延。项目原计划2009年建成投产，但实际至2013年12月才装运首船矿石运回国内，比原计划推迟了整整4年。并且，2013年年底还只投产了两条生产线，直到2016年年中，6条生产线才全线竣工、进入全面生产调试阶段。2016年当年，中澳铁矿项目共出口1100万吨精铁矿，2017年完整年度生产1600万吨（折合1700万湿吨），还未达到2400吨的设计产能。如需达到2400吨的设计产能，公司需进一步追加投资，包括增加设备投入、港口改造。

其次，投资预算屡次追加。项目投资预算原为42亿美元，但实际投资一涨再涨，成为中信泰富的沉重负担。截至2013年12月，项目累计耗资已近100亿美元。截至2016年，项目建设费用耗资已达120亿美元，超支约80亿美元。中澳铁矿项目的持续输血需求，导致2008年中信泰富金融衍生品交易巨亏。此后，也一直累及母公司中信股份连年作巨额减值拨备，截至2018年3月，中信股份已为此拨备50多亿美元。

2. 项目导致中信陷入长期法律纠纷

原矿主Mineralogy公司及其控制人克莱夫·帕尔默与中信泰富不断纠缠，就专利费问题等向中信泰富发起诉讼，中信也有提起反诉，截至目前，中信股份与Mineralogy公司之间已互告好几轮。

纠纷的焦点是采矿的专利费。中澳铁矿项目的专利费有A和B两种，A为开采使用费，B是根据铁矿石的长协价来计算的，此前几十年都是供应商和生产商谈判来协定一个价格。

帕尔默的Mineralogy公司曾就矿山的开采使用权费向西澳法院提起诉讼，要求中信泰富按其要求的每吨0.3澳元的单价支付自2006年以来的开采费，若中信泰富拒绝付款，则将终止Sino Iron铁矿项目，并要求法院判决中信泰富将已经投入百亿美元的矿山恢复至原始状态返还。不过，帕尔默的这一起诉并未得到法院的认可。

因2010年后国际铁矿石长协价取消，无法确定专利费B，没有长协价就要跟合作伙伴重新定一个价格，但Mineralogy公司不配合，双方无法就专利许可费B取得一致。帕尔默又再次以中信泰富未履行合约拖欠数亿美元专利费等缘由，向法院提起诉讼，并试图阻止中信泰富使用港口。

2017年11月，西澳大利亚最高法院就中信泰富中澳铁矿项目的专利案做出了判决。西澳法院称，中信需向帕尔默的Mineralogy公司赔偿2亿澳元（约合人民币10亿元），此外还要在未来30年每年向Mineralogy公司支付2亿澳元（约合人民币10亿元）特许使用费，合计下来，中信将损失300多亿元人民币。

如果判决生效，将给项目铁矿石成本增加10美元/吨。2018年1月，中信股份已上诉，希望以公平合理的方式解决问题。目前看，官司有很大的不确定性，对此，中信股份采取了冻结投资的策略，在情况明朗前，不再追加投资。

（三）中澳铁矿项目失利原因分析

中澳铁矿项目投资过程中，建设进度一再延误、投资预算节节攀升、生产成本高企不下。究其原因，主要是公司忽略了海外投资的风险，或者说，未能很好地预防、管理和控制风险。

1. 不重视投资环境调研，投资成本远超预算

第一，主承包商不了解东道国投资环境，EPC总价一再上调。中冶是中国最大的冶金工程承包商，拥有黑色和有色冶金工程完整产业链，在海外也有不少工程建筑项目，但没有在发达国家（包括澳大利亚）做项目的经验。中资工程承包企业的习惯做法是先报低价、再随着项目开展追加预算，即所谓的"边施工、边设计、边修改"。中冶的工程总承包（EPC）合同总价最初为11.06亿美元。2007年，中信泰富向中冶出售了该项目20%的权益，EPC总价调升至17.5亿美元。后来中冶又几易其价，到2011年12月底，合同总价增至34.07亿美元（但仅指两条线而非6条线）。

第二，西澳工人短缺，人力成本异常昂贵。西澳矿工短缺，据2010年《澳大利亚金融评论》报道，当时预测西澳短缺的矿工数量可能高达3.5万人。短缺意味着价格昂贵。就中澳铁矿项目来讲，矿区开挖掘机和矿车的司机年薪约在12万澳元至15万澳元不等，按照2010年年末澳元对人民币1∶6.7左右的汇率折算，矿工的年薪约合100万元人民币。这么昂贵的薪资显然大大超出了投资方原先的人员成本估算。

第三，澳大利亚员工福利及设施成本高昂。西澳工人都住独立宿舍。在中澳铁矿矿区伊纳沐营地，建有1750套宿舍，宿舍都安装了空调、电视，配备独立的卫生间、沐浴设施。营地还需要建设健身房、游泳池、娱乐室、超市和酒吧等设施。这些设施是澳大利亚工人的标准配置，企业必须要配备。矿上员工，不论是中信自己的员工，还是其他工程分包商的工人，在矿上的吃、住、行都需要中澳铁矿负责。这一切，都只是为了能在当地雇用并留住好的工人。中信股份副总经理张极井表示："中国承包企业根据国内经验，设想几个工人住一间宿舍，对（营地宿舍建设）给出了3000万美元的报价，最后却足足花了近3亿美元！"

第四，当地安全、环保标准严苛，配套基础设施投资超预算。中澳铁矿项目属于

绿地投资，需要配套包括港口、道路、管道、海水淡化厂和发电厂设施。这些基础设施由中信泰富矿业负责建设，投资规模都是数亿美元的规模。澳大利亚安全环保标准严格，政府在工程质量、安全、环保等方面规定非常严格。所有进口设备，不仅要符合欧洲的CE标准，还要符合澳大利亚标准。每一张建设图纸都要有具备澳大利亚资质的工程师的签名。安全方面，"刮5级风吊车都得停下来"，这导致工期难以保证，即使想组织加班加点抢工期也无从实现。环保方面，"中澳铁矿的公路要通过当地一片螃蟹保护地，按规定必须造桥，桥洞还得足够大，不能影响螃蟹爬来爬去"，光这座桥就花了6000万澳元。如此种种，相应投资预算自然是不断刷新。

2. 遭遇社会文化风险，项目进度严重延误

（1）签证和职业资质要求筑起门槛，不能使用中国工人

中澳铁矿项目建设施工高峰时用了4000多名工人，其中中国工人不到200人。在投资决策之初，总承包商想当然以为可以使用中国工人来降低成本。但是，澳大利亚政府规定，赴澳签证要求英语雅思6分以上，电工、焊工等专业人员必须获得澳大利亚专业资质才能上岗工作，这对大多数中国工人是难以逾越的门槛。更"要命"的是，澳大利亚要求中国工人必须与当地工人同工同酬。因此，使用中国工人的计划难以实施。

（2）对中澳文化差异估计不足，工期无法保证

中澳铁矿项目雇员的构成中，90%以上员工都是当地的外籍员工。观念问题是最困扰中国海外管理人员的问题。中国海外工程项目管理中，中国员工加班加点、赶工期很正常。但在澳大利亚，员工的工作时间是工作9天、休息5天，到点就下班。到了点，员工放下手里的工作就走人，不管手里的问题是否已经解决。由于"9＋5"模式，项目建设工期被一拖再拖。面对这些文化差异，项目管理者估计不足，也没有好的解决办法。以上这些大大增加了项目投资成本，投资预算一再追加，项目工期也不断延长，由此还相互影响并产生多米诺效应。

（3）当地对土著遗迹保护规定严格，搬迁时间长

澳大利亚不仅对环保、劳工、安全等方面的规定严苛，对当地土著文化保护的相关要求也相当严格。在西澳铁矿项目矿区，"矿区的每一处土著遗迹都要和土著人协商、搬迁，光这件事就用了一年时间。这些，在原来的'计划'中压根都没考虑到。"为满足当地要求，矿区涉及的搬迁工作就长达一年多，项目建设工期自然也因

此被延误。

3. 遭遇法律风险，陷入官司难以脱身

（1）交易对手难缠，合作伙伴难以合作

中信泰富的交易方——Mineralogy公司的实际控制人为澳大利亚富豪克莱夫·帕尔默，自由国家党发言人，曾被指具有强烈的表现欲和被关注欲，在澳大利亚矿业人眼中是"难缠的角色，爱打官司"。在交易之时，中信泰富对他的了解并不充分。

克莱夫·帕尔默从房地产行业发家，后转投资源业。2006年中澳铁矿项目使他成为澳洲第五大富豪。2009年，他收购了布里斯班的Waratah煤矿，当时评估价不到1亿美元。2010年，中电公司与他达成协议，20年内每年购买Waratah煤矿3000万吨煤炭（价值达600亿美元），这一交易使他荣登澳洲首富。

从2006年买下两个铁矿的采矿权开始，中信泰富与帕尔默之间的矛盾就在后者多次要求变更合同条款中升级。双方在合同履行过程中就分歧进行协商时，帕尔默不断改变立场，要价越来越高，双方几度因沟通无果而僵持不下，最终皆选择了诉讼。

中国资源型企业海外并购，多数以获得参股权或部分控制权为主，一方面，企业可以规避东道国对于资源型投资外资准入限制，另一方面，可以利用合作伙伴的当地资源。中澳铁矿项目由中信100%控股，虽然也有其优势，但在当地天然就缺乏合作伙伴支持。

（2）合同表述不明确，埋下纠纷隐患

2006年，中信泰富购买帕尔默拥有的Mineralogy公司的磁铁矿开采权时，合同表述并不十分明确，许多用语模棱两可；合同设计的交易结构也十分复杂，为后来其诉诸法律埋下了不少隐患。

帕尔默曾就矿山的特许使用权费向西澳法院提起诉讼，要求中信泰富按其要求的每吨0.3澳元的单价支付自2006年以来的开采费用，否则将终止铁矿项目，并要求中信泰富将已经投入百亿美元的矿山恢复至原始状态返还。

中澳铁矿项目涉及两项开采使用权费——A和B，对于A，双方没有争议，中信泰富一直在付；专利费B是双方的争议所在，B是根据铁矿石的长协价来计算的，2010年前几十年都是供应商和生产商谈判来协定一个价格，但自2010年起，国际铁矿石谈判议价机制被废除，三大矿商根据市场变化按季度调整价格。没有长协价就要跟合作伙伴重新定一个价格，但Mineralogy公司不配合，双方无法就专利许可费B取得一致。帕

尔默又再次以中信泰富未履行合约拖欠数亿美元专利费等缘由，向法院提起诉讼。

2017年11月，西澳大利亚最高法院判决中澳铁矿需向帕尔默的Mineralogy公司赔偿2亿澳元，并在未来30年每年向Mineralogy公司支付2亿澳元特许使用费。这直接增加产品成本，铁矿成本增加10美元/吨。

2018年1月，中信股份已上诉。目前看，官司有很大不确定性。但是，中信股份也希望能通过法律诉讼，把原来不明确的问题确定下来，然后才可制定下一步工作计划，决定未来方向。

4. 难以回避的市场风险，盈利有压力

（1）项目工艺复杂但技术论证不足，工期延误、投资增加

中澳铁矿项目设计产能非常大，年产量2400万吨磁铁矿的规模，在澳大利亚磁铁矿开发史上是首次。与必和必拓、力拓、FMG等矿业巨头在西澳运营的矿山规模相比，中澳铁矿项目毫不逊色。但是，前者在西澳开发的都是工序简单、成本低廉的赤铁矿，而中澳铁矿项目的磁铁矿含铁量较低，须经过选矿后才能用于钢铁生产，且矿石硬度大，在采选方面技术难度很高。

选矿工艺包括破碎、筛选、研磨、分选、过滤等，生产流程长。按照正规程序，项目第一步应先将若干吨矿石样本运回国内进行大规模工业化试验、论证。但在中澳铁矿项目中，这个重要环节缺失。由此，主承包商中冶原先选定的工艺方案并不适合；几经实验和挑选后，中澳铁矿项目最终被迫使用了全新的技术和设备组合，可以解决硬度极高的矿石打磨，但是，相关技术和设备投入远高于原先的投资预算，工期也因此被延误。

（2）铁矿石市场行情波动大，产品成本高、盈利有压力

中澳铁矿项目2013年末投产，2016年中所有生产线才全部建成投产，当年产量1000万吨，2017年，产量才达到1600万吨。但是，项目投资成本高，当地开采生产成本也很高，资金投入大，由此导致的利息成本就达10美元/吨，诉讼可能将导致成本增加10美元/吨，总的来说，产品单位成本很高。

2004年起，由于中国市场的需求，国际铁矿石价格从20美元/吨一路飙升，2010年起长协价取消后，国际铁矿石价格随现货市场价波动，2011年一度达到每吨170美元左右，但随后一路下跌，至2015年跌至60美元以下，近几年也一直在低位徘徊，直至2017年方有所起色，重新站上每吨90美元的关口。

中信泰富是看准铁矿石价格攀升而"走出去"投资的最早一批企业之一。如果按照原先计划，项目于2009年前后开始投产，也能赶上铁矿石价格高位而获取很好收益。但项目工期延误，错失了好收益。目前看，国际铁矿石价格行情波动不断，虽然难说会再大幅上涨，但只要能增加产量、降低单位成本，产品也能有利可图。2018年3月，中信股份董事长常振明表示，按照目前铁矿石价格，项目依然面临盈利压力。

5. 持续的资金输血要求，拖累母公司

（1）对冲汇率风险失当，母公司金融衍生品交易巨亏

中澳铁矿项目投资建设规模大，且一再追加投资，给母公司中信泰富带来了巨大的资金压力。因投资都需要以澳元支付，并且当时澳元兑美元的汇率处于持续上升通道中。为降低和对冲澳元继续走高带来的汇率风险，中信泰富与包括花旗银行等在内的机构投资者签订了若干杠杆式外汇期权合约（Accumulator），其中主要为澳元外汇期权产品。但这种产品止盈不止亏，风险极大，可是，中信泰富低估了外汇衍生品市场的波幅和风险。

2008年10月20日，中信泰富公告称：公司澳元外汇期权合约导致巨额亏损。截至10月17日，实际已亏损8.07亿港元，仍在生效的杠杆式外汇合约公允价值变动损益为亏损147亿港元。这意味着公司杠杆式外汇期权合约导致已变现及未变现亏损总额已高达155.07亿港元。

（2）涉嫌信息披露违法，母公司遭遇法律风险

中信泰富金融衍生品巨亏，导致其股价暴跌。标准普尔和穆迪随即下调了中信泰富信用评级。由于中信泰富涉嫌延迟披露、非法称述，2008年10月22日，香港证监会对中信泰富展开调查。12月24日，香港商业罪案调查科搜查中信泰富总部取证。2009年4月，荣智健被迫辞去中信泰富董事及主席职务，荣氏家族黯然退出中信泰富。

管理层风格激进、内控失灵、风险控制不当或许是中信泰富衍生品交易巨亏的根本原因。但中澳铁矿项目的持续输血需求，是累及母公司巨亏并遭遇法律风险的重要因素。

二、中国商贸城折戟瑞典

本案例重点剖析浙江凡尔顿集团在瑞典投资的中国商贸城项目。项目启动之时，在瑞典反响较大，瑞典副首相曾出席凡尔顿中国商贸城的揭幕仪式，卡尔马地方政

府、瑞典投资促进署对中国企业来瑞典投资表示出极大的热情和支持。在重大外交国事活动中，瑞典国王也给予中国投资者较高礼遇。

但目前来看，投资项目并不成功，中国商贸城项目在瑞典社会各界产生了较长时间的负面影响。仔细分析其中存在的问题，有助于规避中国企业海外打造商贸城经营风险，提升其经营效益，更灵活地在海外复制中国"义乌模式"。

（一）项目概况

2006年，凡尔顿集团开始在瑞典中南部小城卡尔马（Kalmar）市兴建中国商贸城，计划投资10亿元人民币，容纳1000个摊位，建成瑞典乃至北欧地区的中国商品批发和集散中心。由于该公司没有进行认真的可行性研究，过度进行投资移民方面的宣传，在国内没有履行必要的赴海外投资手续，导致资金不到位，负债增加。2008年春节后该项目停工，原计划在购得的10万平方米地皮上建设5万平方米展厅、4.9万平方米公寓，现仅建好3万平方米展厅，其余待建。该项目当时已拖欠卡尔马市政府500多万瑞典克朗、NCC建筑公司1000多万瑞典克朗，已与国内近70家客户签了投资合同并收取全款或部分款项。迫于以上压力，凡尔顿集团不得不于2008年年底与国内中强瑞德科贸发展有限公司签署了转让意向书，拟将商贸城项目低价转让给后者。目前该项目面临破产。

（二）失败教训

第一，缺乏对人流、交通以及市场的可行性研究。瑞典全国人口仅926万，是欧洲人口密度最小的国家之一，且大部分人口集中在斯德哥尔摩、哥德堡和马尔默三大城市。凡尔顿集团投资的中国商贸城地处瑞典南部小城卡尔马，人口只有7万人，距斯德哥尔摩500公里，距哥本哈根200公里，此小城可以说"三无"：无码头、无高速公路、无大型机场，既非交通枢纽，亦非经济重镇。就瑞典全国市场容量和卡尔马市的实际情况而言，在卡尔马大规模投资兴建批发商贸城并非明智之举。尽管中国驻当地经商参处在其投资初期就多次提醒、敦促凡尔顿认真做好商贸城项目的可行性研究，包括市场条件、投资政策、劳工法规和盈利风险等，但遗憾的是，凡尔顿集团并未对项目的发展前景进行认真、专业评估，错误地将瑞典低价土地和较为宽松的移民政策作为项目重要卖点，贸然投资，仓促上马。项目最终成为"沙滩楼阁"，在进行了3年多开发、花费2亿多元人民币后，半途而废，低价转让。

第二，东道国政府热情并非项目成功决定性保证。凡尔顿集团之所以选择到卡尔马投资，一个重要动力是卡尔马政府和瑞典投资促进署对中国企业投资兴建中国城的热情和支持。但瑞典中央和地方政府希望的是以投资拉动就业，但不能提供优惠政策，也不具备超越法律、法规的特权。因此，当该项目遇到困难时，卡尔马市政府的态度是非常明确的，即希望凡尔顿或接手的中国企业偿还债务。

第三，早期广告过度宣传引发质疑。2006年年底，凡尔顿集团在北京、上海、杭州、福建、宁波、温州和义乌等地设立瑞典中国商贸城招商中心，并大张旗鼓地在中央电视台、凤凰卫视、环球时报等媒体做广告推介，以投资移民为幌子吸引投资者。在凡尔顿最早的推广中，把"全家移居瑞典"放到了核心位置。但广告语无法阐述复杂的签证和永久居留问题。一些销售人员对移民的过度承诺更加重了瑞典媒体和公众的担忧。由于瑞典并非一个公开的可投资移民国家，因此国内开始出现了一些对该项目产生怀疑的声音。瑞典投资促进署也随即对此表示关注，并要求凡尔顿撤销招商宣传中有关投资移民的过度承诺。尽管凡尔顿之后就广告词进行了修正，但企业在诚信问题上已先行失分。

第四，缺乏对东道国劳工法规的了解。在商贸城建设过程中，由于凡尔顿给中国工人工资仅相当于瑞典工人工资的1/4，引起瑞典工联抗议，根据调查，发现凡尔顿没有履行和瑞典工会签署的工资合同。按照合同，企业必须支付给工人160克朗/小时（当时价格1克朗约合1.1元人民币）的工资。但事实上，中国工人领取的工资大大低于法定水平。企业无视瑞典劳动法对于瑞典工人和赴瑞工作的外国劳务同工同酬的法律规定，以为自己带出来的工人自己说了算。尽管后期企业对此进行了补救，但对该企业形象已造成不利影响。

第五，忽视安全技术性问题影响声誉。工资问题解决后，《南瑞典日报》很快又爆出新的新闻。后来被中国某媒体引用就成了"瑞典中国商贸城因安全问题受阻"。其真实的情况是，因为中国工人建筑习惯和瑞典标准不一致。工地上几个坑的深度超过了1.5米，但没有加安全护栏，就被瑞典环保安全组织给予警告，并让工地停工了几天。待凡尔顿公司把坑都加上护栏后，工地才继续施工。后来公司虽然聘请了瑞典人作为安全顾问把关建筑安全方面的问题，但客观上已对项目声誉和工程进度造成一定影响。

第六，忽视与当地媒体的有效沟通。移民疑问、工资风波，再加安全问题，这些本来仅仅是一个正常的国际大项目在运作过程中发生的小问题，但被瑞典媒体曝光后，对凡尔顿在瑞典的形象多少造成了一些负面影响。在信息全球化的今天，国内外媒体就这些问题又进行了引用，成了被炒作的对象，增加了项目经营难度。

第七，忽视与国内相关部门的有效沟通。此外，因凡尔顿忽视有关赴海外投资项目须报批的规定，国家发改委的立项批文未下，就无法获得购汇许可，导致资金迟迟不能到位。尽管企业后期匆忙补报，但也因为欠款增多，资金链断裂，最终项目停滞、失败，并在瑞典各界引起长时间的重大负面影响。

三、经验启示

（一）增强管理人员风险意识

企业"走出去"跨国运营，面对的是更复杂多变、更难应对的国际经营环境，稍有不慎，可能给企业带来巨大损失。因此，首先要增强企业管理者的风险意识，避免企业因盲目决策、管理不善而造成损失。为此，要配备高素质的国际化管理团队，建立现代高效的管理机制，激励和激发员工的积极性，真正做到责、权、利相结合、相统一。

（二）投资前要做好做足功课

系统分析研究海外市场环境，在对外投资初期对海外市场的具体情况有一个准确详细的了解，包括东道国经济政治文化法律环境、经济政策、投资壁垒、市场供需现状及发展趋势、产品前景及成本收益分析等；做好项目尽职调查，据此制定项目的可行性分析报告，对海外经营的潜在风险做足准备。

（三）用好第三方咨询服务机构

面对不熟悉的市场，企业可充分整合利用各种资源，自身能力不及时，可使用第三方咨询中介等服务机构，做好前期尽职调查，全面了解当地市场、准确评估项目可行性和可操作性，协助企业投资决策。

（四）善于与当地伙伴合作，互利共赢

在不熟悉的市场经营，要遵循本土化战略，全方位根植当地，尤其要找好找对合作伙伴，并建立顺畅良好的合作机制，整合各方资源为我所用，争取各方互利共赢；同时积极培养企业自身的全球资源整合能力、跨文化管理能力，不断提升国际化经营水平。当企业不具备条件和能力、时机尚不成熟的时候，可以不急于控股，以免陷于孤军奋战的境地。

第二节　有效识别政治风险

一、X公司某国设备服务工程事件

X公司是综合性制造业上市公司和全球解决方案提供商之一。自20世纪80年代年成立以来，从默默无闻到在国内市场崭露头角，再到成功入围国际主流市场，其成长过程成为中国设备制造业发展的缩影。然而，其在"走出去"过程中也并非一帆风顺，其在东南亚某国的工程服务就曾遭遇重大挫折，这一特殊案例值得我们认真回顾、思考和总结。

（一）事件概况

2007年4月，X公司与某国签署总金额3.29亿美元的政府项目商务合同。令人始料未及的是，该合同的成功签署却引发该国国内政治动荡，导致项目夭折。

自签约伊始，该国议会、教会和民间组织等政府反对派即轮番向X公司发难，公开指责其通过巨额行贿，获得高额合同。参议院召开听证会，对相关人员进行密集式调查，矛头直指该国总统。西方敌华势力暗中推波助澜，当地媒体更是大肆炒作，直闹得沸沸扬扬，满城风雨，令时任总统执政地位岌岌可危。无奈之下，总统在2007年9月宣布取消该项目。

该事件引发的骨牌效应还波及其他项目，政府还成立中国项目审查小组，对中国政府贷款项目进行审查监督。此次风波不仅给中国公司以及中国国家形象造成负面影响，而且使前些年迅速发展的中国同该国经济合作面临崩盘的危险。

（二）风波原因探究

造成该事件的主要原因包括以下几个方面。

第一，卷入高层政治内斗。X公司与该国众议长之子拥有的公司之间项目之争逐渐演变成为总统和众议长的政治对决。政坛的这两位灵魂人物尽管曾为政治盟友，但为了各自利益集团的政治主导权和经济利益，不惜撕破脸皮，走向决裂，殊死一战。而参议院等政府反对派不失时机地参加到"倒总统"阵营中，掀起全面政治混战，大演政治秀，提高出镜率，谋取政治利益。该项目将伤及现有既得利益集团的固定巨额经济收益，使得这些利益集团加入反政府阵营，对其极力攻击、破坏，誓将项目扼杀在摇篮中。总统虽然最终赢得这场政治争斗，成功地将政坛常青树众议长赶下台，但也被该事件搞得声名狼藉，大伤元气，迫于压力取消该设备和工程服务项目，使X公司公司和中国国家形象成为这场政治内战的牺牲品。

第二，对当地国情认识不足。该国采用三权分立政体，反对派占据参议院多数席位，在众议院也有相当势力，对政府掣肘频频。当地媒体高度自由，喜欢揭政府的短，揪政府的错，将新闻放大，制造轰动效应，与政府大唱对台戏。而政府执政能力较弱，口碑很差，相对弱势，政令时常不通，实用主义至上。而中方对此普遍研究不深，认识不足，轻视反对派力量，误以为政府同意、总统支持的项目势必通行无阻。结果，东道国政府被反对派穷追猛打，节节败退，穷途末路之际，不惜牺牲中方利益，以求自保。

第三，规避招标做法授人以柄。因长期受西方影响，该国法律体系比较完备，政府项目有《政府采购法》和《招标法》约束。为排斥其他企业竞争，确保项目到手，赚取较高利润，中国企业往往希望规避招投标程序。项目商谈过程中，X公司和该国政府未给予招投标制度足够重视，对有关法律视而不见，希望以政府间协议的名义逃避约束和争议。然而，这种"有法不依"的做法授人以柄，成为软肋，被反对派死抓住不放，攻击项目存在严重腐败问题。由于该国腐败泛滥，反对派观点得到广泛认同，被认为是无须争辩的事实，导致该国政府成千夫所指，中国企业和国家形象严重受损。

第四，第三国公司暗中推波助澜。该国战略地位重要，美国视其为亚太地区一颗重要棋子。该国国内拥有一大帮亲美势力，美对其政治、经济、文化等各方面都具有相当影响力。近年来中国和该国关系发展迅速，打破传统势力格局，危及美国独大的战略地位。此外，同时参与该项目竞标的第三家公司即为美国公司，若X公司与相关公司相争造成两败俱伤，美国公司则可渔翁得利。

二、中能建葛洲坝利比亚房建项目风险识别和规避

2008年4月，中国能源建设股份有限公司的子公司中国葛洲坝集团股份有限公司（简称中国能建葛洲坝股份公司）与利比亚房屋与基础设施建设委员会在利比亚首都的黎波里草签了房屋建筑合同。该合同工程包括：利比亚境内距离首都120公里至260公里的提季、卡堡、法萨、达合也任、贾多阿尔贾第达及瓦第伽德瓦等六个区域共

7300套住房的设计与施工，总建筑面积156.9万平方米。其中一层房建95万平方米（约占整个建筑的60%），二至四层房建41.4万平方米（约占整个建筑的27%），公共建筑（配套设施）20.5万平方米（约占整个建筑的13%，包括诊所、学校、商店、医院等）。工期为36个月。

在利比亚项目运作过程中和该项目合同签订后，中国能建葛洲坝股份公司即对该项目的风险情况进行了认真细致的调研和分析。随着项目的逐步实施，公司总部和利比亚项目部坚持风险跟踪，不断加强风险的识别、分析和控制，有效地避免和减少了损失。

（一）风险识别

中国能建葛洲坝股份公司始终把风险控制放在重要位置。公司通过内外调研，了解项目进展情况，对项目履约情况进行反复论证分析，认为该项目存在以下风险。

1. 较大的政治风险

2008年，中国能建葛洲坝股份公司进入利比亚市场。在项目跟踪阶段，中国能建葛洲坝股份公司向商务部、中国驻利比亚大使馆、经商参处等机构及其他中资公司了解该国政治风险，并进行了一系列调研，在此基础上形成了对利比亚政治风险的最终结论：尽管卡扎菲政权稳定，但利比亚政府腐败，不愿遵从国际惯例，政府相关部门和业主（业主也是政府部门）工作指令随意性强，政策连续性较弱，正常批准手续复杂，因此政治风险较大。

2. 合同条款潜藏风险

该项目合同采用的是业主国内通行版本，非国际通行版本。中国能建葛洲坝股份公司在进行合同评审时就发现了几个突出的难点和问题：

（1）语言问题。合同生效版本采用的是阿拉伯语，对于中国能建葛洲坝股份公司来说，在合同的理解和解释方面存在一定的困难。虽经多个翻译公司校核，但仍有一些条款不容易理解或者难以达成一致理解；

（2）合同条款苛刻。合同过分强调业主的权利，对承包商却设置了较为严苛的义务，如对承包商的变更索赔权和合同额变更的条件进行了不当限制；

（3）相关施工细节（如合同场地移交等）的边界条件不清，阻碍了项目顺利施工；

（4）合同标准过高。合同采用的是英美标准，再加上工程师有英美背景，要求严格，使项目部在施工前期一度十分被动；

（5）合同争端解决机制选择不当。合同选择的是在利比亚法院进行诉讼，利比亚事件发生之后，依靠这种途径解决争议的难度太大。

3. 较高的结算风险

项目实施过程中，项目部发现，除预付款的支付是按合同规定进行的之外，其他付款通过业主的审批比较困难。具体原因如下：

第一，业主计划实施的工程项目规模大，而且多处房建工程同时开工，需要巨额资金支持，难免存在支付方面的风险；

第二，中国能建葛洲坝股份公司拿到预付款后，近一年再未得到任何结算，表面上看是因为业主结算审批程序不健全，实际却暴露了业主支付方面存在的问题；

第三，利比亚政府为独裁政府，业主HIB作为半官方机构，在项目实施过程中表现强势，再加上人员更替带来的政策不延续性，更是增加了结算支付的不确定性。

（二）风险规避

为规避上述风险，中国能建葛洲坝股份公司针对性采取了以下措施。

1. 谨慎对待利比亚市场，不再接新项目

中国能建葛洲坝股份公司拿到7300套房建项目后，表面上看，利比亚市场仍然呈现蓬勃发展的态势，而且不少中国公司仍在疯狂储存项目，以扩大其在利比亚的市场份额。

2009年，中国能建葛洲坝股份公司与HIB就利比亚首都的黎波里旧城改造项目进行议标，并签订项目合同。但接下来却是漫长的审批程序，最终该合同也未能获得批准。之后，HIB对该项目重新招标。中国能建葛洲坝股份公司经研究认为，利比亚政府政策随意性强，承包商面临诸多不可预知的风险，因此最终决定不对该项目进行投标，并谨慎对待利比亚市场，撤回利比亚分公司的市场开发人员。

2. 购买信用保险，规避业主违约风险

根据该项目的实际情况，为规避利比亚较高的政治风险和业主HIB的支付风险，中国能建葛洲坝股份公司一直在积极寻找应对措施。

2008年，考虑到利比亚房建项目业主HIB支付意愿不强，以及预期支付能力可能欠缺，中国能建葛洲坝股份公司开始和中国出口信用保险公司接触。经反复论证，中国能建葛洲坝股份公司最终决定购买中信保的短期出口信用保险，并于2009年9月25

日与中信保签订了《利比亚房建项目短期出口信用保险合同》，以确保一旦发生有关风险，能在一定程度上减少和弥补损失。

3. 慎重开工，避免垫资

利比亚房建项目开工后，因合同条款对场地移交的边界条件界定不清晰，很长一段时期内，业主未能移交新加都和比尔艾阳工区场地。考虑到利比亚实施项目风险较大，且已开工项目存在结算难问题，公司领导研究决定坚持"谨慎开工、不垫资"的原则，以从业主处实际收到的预付款和结算资金为限开展施工。根据该决定，一方面，项目部在已开工工区要求分包商集中资源，加大投入，积极展开施工，做好施工进度工作；另一方面，推迟未开工工区分包商进场时间，在不实际开工的前提下，按照合同进度要求做好设计工作，避免该区域投入增大。

至项目部撤离利比亚，两块未开工工区虽完成了设计工作，但现场未实质性开工，未开工的工区共涉及房屋3800套及其配套公建项目，合同金额5.153亿利第（折合人民币约27.311亿元），极大地降低了履约风险。

4. 加强商务管理，避免合同风险

考虑到利比亚项目的业主比较挑剔，且项目管理公司和监理公司均为英美背景，合同风险较大，中国能建葛洲坝股份公司精心挑选了熟悉英美规范、语言能力突出的楷博工程集团股份有限公司作为该项目的管理公司，并从公司内部调集商务经验丰富的人员组建项目商务合同团队，以加强商务管理。

项目开工初期，因业主的管理公司和监理公司与项目部在设计理念方面存在不同，所以双方在进度、施工标准、质量等方面出现了一系列分歧，项目部积极利用商务途径较好地解决了这些问题，有效地规避了风险。

5. 加强与当地部落联系，采用劳务国际化配置管理

根据项目合同，中国能建葛洲坝股份公司有培训业主推荐的当地工人和雇佣、妥善安排当地工人的义务，但实际情况是项目部难以招聘到当地工人，而且当地工人成本太高。为了满足此项要求，同时也为了践行中国能建葛洲坝股份公司资源国际化配置的理念，项目部以向业主支付培训费的方式替代履行这项义务，同时大量使用非当地工人。

同时，项目开工后，为了满足业主对形象进度的要求，项目部加大人员和设备进场力度，但实践中却发现利比亚驻华大使馆不仅办理签证费用远高于其他国家，

而且审批速度慢，不能满足项目需求。为此，中国能建葛洲坝股份公司加强与当地部落的关系，根据需要使用当地雇员处理当地事务，同时大量引进第三国劳务，项目部共使用了4000多名来自孟加拉国的工人，不仅降低了用工成本，而且很大程度上避免了劳务纠纷。

（三）总体效果

因中国能建葛洲坝股份公司准确识别了风险，采取措施得当，在2011年利比亚局势发生动荡后，和其他在利中国公司相比，该公司遭受的损失最低。

第一，中国能建葛洲坝股份公司对利比亚市场风险认识到位，没有在利比亚新签合同。因此该公司在此次利比亚爆发武装冲突后，面临的风险较小，解决问题的难度也不是很大。相对而言，在利比亚继续大肆扩张的其他中资企业，在此次撤退过程中面临的风险则较为突出，损失也较大。

第二，中国能建葛洲坝股份公司就利比亚项目业主违约情形针对性地购买了信用保险。利比亚武装冲突发生后，中信保及时赔付，于2011年3月18日向该公司赔付第一笔款项1.62亿人民币，极大地减少了公司的损失。其他在利中资企业除中建材集团进出口公司也获得4815万元人民币的赔付外，均未购买保险，使企业风险未能转嫁，损失难以弥补。

第三，中国能建葛洲坝股份公司利比亚项目部不存在垫资施工的问题。截至利比亚武装冲突发生，该公司将工程投入始终控制在业主已结算支付的范围内，有效控制了风险。

第四，项目部大量使用第三国工人，撤退规模相对较小，因此项目部在撤退中遇到的困难也相对较少。另外，项目部使用的当地雇员也为该公司顺利撤退和撤退后相关事务的处理做出了积极的贡献。

三、科伦坡港口城项目化解危机面面观

科伦坡港口城项目是由中国交通建设股份有限公司（简称中国交建）在斯里兰卡最大城市，全国政治、经济、文化和交通中心，印度洋重要港口——科伦坡投资开发建设的港口综合体项目。斯里兰卡国家港务局（简称斯里兰卡港务局）是该项目合作方。该项目建设中遭遇的政治风险在"一带一路"沿线国家颇具代表性，中方当事企业的应对之策既践行了丝绸之路精神，又体现出足够的灵活性，对中国相关企业应对政治风险具有借鉴意义。

（一）案情回放

2009年，斯里兰卡结束长达26年的持久内战，急需发展经济，兴建基础设施，推进城市化和工业化。斯里兰卡和中国关系友好，两国经贸合作关系密切。近年来，中国企业在斯承建了很多基础设施项目。中国提出"一带一路"倡议后，斯里兰卡积极响应，时任总统表示丝绸之路经济走廊建设对斯里兰卡经济社会发展至关重要，愿与中国共建"一带一路"。2013年11月11日，中国交建和斯里兰卡港务局在科伦坡签署了港口城项目投资协议，项目由双方共同开发建设。

科伦坡是斯里兰卡政治、经济、文化和交通枢纽，全国最大城市与商业中心。科伦坡地理位置非常重要，位于斯里兰卡岛的西南岸，濒临印度洋，是海上进入斯里兰卡的重要门户，也是东西方交通要塞，素有"东方十字路口"之称。

科伦坡港口城位于科伦坡中央商务区的核心，由于其宏大的建设规划和产业定位，被誉为斯里兰卡的"未来城市"。该项目规划建筑面积多达530万平方米，其中填海造地约276公顷。这块土地的1/3（108公顷）将由中国交建拥有并开发，其余2/3土地由斯里兰卡开发。中国交建将吸引包括中国在内的全球投资者参与项目开发。计划建设周期长达25年。第一阶段计划耗时5年至8年初具规模，第二阶段计划在20年到25年内全部竣工。项目基本信息见表3-1。

表3-1　科伦坡港口城项目基本信息

信息	具体内容
项目名称	斯里兰卡科伦坡港口城项目
项目意义	加强中斯两国合作关系；践行国家"一带一路"倡议；把握优质投资机会，实现国有资产保值增值。
运作方式	BOOT
合作期限	长期
规划内容	项目完成后，将形成269公顷土地，其中用于公共建设土地面积约91公顷，包含公共道路、公共绿化及公共管道（给排水、供电、通信、网络）等；用于商业开发的土地可售面积178公顷，包括住宅（含公寓和别墅）用地、办公楼用地、酒店用地、商业零售用地、文教卫生设施用地及娱乐康体用地等。
项目内容	项目分两期，一期主要内容为：填海造地陆域面积约269公顷，一条长约2000米、宽约70米的运河，一条总长3245米的防波堤（两侧含沙堤）和10公顷面积沙滩，并完成一期规划区域内的道路、绿地、给排水、供电、通信及其他管线等基础设施建设运营维护、土地销售及开发。二期主要内容为：二期规划区域内的道路、绿地、给排水、供电、通信及其他管线等基础设施建设。

续表

信息	具体内容
总投资额	约13.96亿美元。其中，一期投资11.50亿美元；二期投资2.46亿美元。
项目工期	一期于2014年9月开工，原计划工期4年，现计划2020年4月建成（2015年3月因政府换届停工，2016年8月复工）；项目二期计划2022年3月开工，工期2年，2024年4月建成。
项目公司	中国交建子公司中国港湾在斯里兰卡注册项目公司，由项目公司负责该项目的融资和实施。

　　该项目一期建设投资可带动二级开发投资130亿美元，是斯里兰卡最大的外国投资项目。项目内容包括在科伦坡港附近填海造地，建造高尔夫球场、文化中心、购物中心、五星级酒店、水上运动区、国际游艇码头、多座超高层高档写字楼和30000套高档公寓，项目建成后可容纳16万人，给当地带来83000个就业岗位。港口城规划效果图见图3-1。

图 3-1　科伦坡港口城规划效果图

　　2014年9月17日，科伦坡港口城项目举行开工仪式。中斯两国元首共同为项目奠基剪彩。中交"浚海2号"挖泥船鸣笛开机，吹沙填海造地。标志着"21世纪海上丝绸之路"南亚明珠——科伦坡港口城项目进入实质性的工程建设阶段。

　　然而，2015年1月初，斯里兰卡前总统拉贾帕克萨竞选连任失败，殃及其大力支持的科伦坡港口城项目。随后发生政府更迭，新当选总统西里塞纳上任不到两个月，就以存在环保不力、账目不清情况为由，叫停了港口城项目。中国政府、中国交建乃至国际社会都感到非常震惊。显然，中国交建在这次政府更迭中遭遇了政治风险，接踵而至的是停工造成直接巨额经济损失。据中国交建评估计算，突然停工每天给中方造成直接损失38万美元。这些直接损失包括：银行贷款形成的财务成本；项目上的人工支出；业已完成的部分工程在突然停工后没有时间进行防护，造成部分工程被海浪冲蚀，工作量清零。此外，停工造成的间接损失也很惊人。

面对每天多达38万美元的直接损失，以及印度和西方国家媒体幸灾乐祸的炒作，舆论压力增大，复工前景渺茫。但中国交建决策层认为，该项目关乎两国友好关系。更为重要的是，该项目能够给斯里兰卡带来实实在在的利益，刺激经济增长，新增就业机会，提高人民收入，提升斯里兰卡国际形象。因此，相信斯里兰卡政府能够慎重做出决定。基于上述判断，中国交建决意从容应对突如其来的政治风险，不轻言放弃。

第一，及时启动应急机制，向集团总部和中国驻斯里兰卡大使馆汇报情况，寻求支持。

第二，积极配合斯里兰卡新政府的评估审查，对该国政府审查机构提出的出具环保和财务文件的要求逐项落实，并主动与对方沟通交流，期待斯政府能够得出对港口城项目有利的结论，使政治危机尽快得到化解。

第三，随时做好复工准备，没有因停工而马上解聘项目上的人员，而是继续发放工资，等待政府的复工指令，以减少遣散员工和复工后再度招聘员工可能造成的时间和经济成本。

第四，着手准备通过法律程序捍卫自身经济利益，经过总部调查组的财务测算，向斯里兰卡政府提出约1.4亿美元的赔偿要求。

第五，秉持"和平合作、开放包容、互学互鉴、互利共赢"的丝绸之路精神，在遭遇停工后几日内，友善地提示斯方对正在遭受海水吞噬的工程采取保护措施，以免季风来临造成更大损失。

第六，对斯政府防波堤建设指令快速响应，立即动工。2015年3月18日斯里兰卡政府宣布，批准对此前被暂时叫停的港口城项目进行防波堤建设，保护已填好的土地，减少对已完成护岸、防波堤冲刷。中国交建得到通知后，立即启动施工，显示出顾全大局的大国胸怀。

　　由于斯里兰卡出口疲软，政府债务巨大，经济持续下滑，叫停港口城等项目后外国投资基本停滞，斯里兰卡政府的经济压力陡然增加，迫切需要外资。

　　2015年3月25—29日，应中国国家主席习近平邀请，斯里兰卡总统西里塞纳对中国进行国事访问，并出席博鳌亚洲论坛年会。两国首脑会谈中，习近平主席指出，中、斯双方要积极共建21世纪海上丝绸之路，充分利用丝路基金、亚投行等融资渠道，推进大项目建设和产能合作。中方愿鼓励企业在斯投资，帮助发展制造业，实现可持续发展。希望斯方保护好中国企业合法权益。西里塞纳总统表示，完全同意习主席对两国关系的主张，丝绸之路是斯、中两国共同的历史遗产，斯方希望在21世纪海上丝绸之路框架内加强同中方合作，"港口城项目的情况是暂时的，短期的，问题不在中方。斯方欢迎中国企业更多赴斯投资，并将向投资者提供健康投资环境"。

　　在此政治背景下，经过几个月的反复磋商，斯、中双方终于就重新调整港口城项目建设方案达成共识。一方面，中国交建决定放弃1.4亿美元索赔款项，同时得到斯方2公顷补偿建设用地，使中方占地面积增加到110公顷；另一方面，斯方决定将前政府签署协议中赋予中方20公顷土地永久使用权改为租赁期99年。

　　2016年3月，在港口城项目停工延宕1年之后终于迎来转机。3月9日晚，斯里兰卡内阁批准了该国中央环境局提交的《港口城项目增补环评报告》，并同意对即将到期的港口城项目政府协议延期6个月，以便有足够的时间达成新的协议。此间，斯里兰卡国际贸易部长马利克公开表示："港口城项目存在的问题已经完全排除，该项目很快将重新启动。我们下周会正式通知中方企业。"3月14日，斯里兰卡总理维克勒马辛哈向中国驻斯里兰卡大使馆确认，"中国公司投资开发的科伦坡港口城项目恢复施工条件已经满足，中方企业现在即可复工"，并希望中国加大对斯基础设施投资力度。中国交建科伦坡港口城项目公司当日收到斯政府复工决定："3月9日举行的内阁会议同意科伦坡港口城项目立即重启。从即日起，取消对港口城项目暂停决定，港口城项目管理方即可恢复项目建设。"随着中国港湾公司拥有的亚洲最大型挖泥船的加入，停工18个月的港口城项目终于重新启动。

　　2016年8月12日，中、斯签署科伦坡港口城项目新协议。按照斯里兰卡政府的建议，科伦坡港口城项目更名为"科伦坡国际金融城"，以便把斯里兰卡打造成环印度洋地区的国际金融中心。根据新协议，吹沙填海造地面积由原协议的233公顷变更为269公顷，其中公共面积从63公顷增加到91公顷，含45公顷公园绿地和13公顷公共沙滩。中国交建科伦坡港口城项目公司、斯里兰卡大都会及西部省开发部、斯里兰卡城市发展局代表共同签署了这份三方协议。

2017年5月，"一带一路"国际合作高峰论坛在北京举行。期间，斯里兰卡驻华大使表示："在印度洋地区，斯里兰卡地理位置优越，有潜力成为本地区物流、信息、服务等要素交换的中心。所以斯里兰卡支持全球化，斯政府愿意在'一带一路'这种推进全球化的方案下，与中国政府加强政策沟通。"

（二）启示借鉴

"一带一路"倡议符合新时期全球化发展的方向，符合和平发展的共同利益，充满无限商机。但同时也要看到，"一带一路"横贯四大文明古国、世界四大宗教发源地，地缘政治关系复杂，国别风险挑战严峻。科伦坡港口城项目坚定不移地践行丝绸之路精神，从容应对斯里兰卡政府更迭带来的政治风险，建设"一带一路"重大基础设施项目，取得可供借鉴的经验。

1. 秉承互利共赢原则，坚守"一带一路"重镇

建设科伦坡港口城项目是一个互利共赢的项目，必须按照共商、共建、共享的原则，与斯里兰卡各方达成共识，顾全斯方的利益诉求。站在这样的战略高度看待该项目建设中发生的波折，就会理解中国交建面对项目被叫停时所表现出来的坚定信念，不轻言放弃的决心，积极配合斯方评估审查的态度，随时准备复工的自信。甚至在停工期间还能够从大局考虑，提醒斯方修建防波堤，免遭季风毁坏。

2. 规划和环评高标准，关键环节无懈可击

港口城项目市场调查，聘请了全球两大地产顾问公司——美国仲量联行和世邦魏理仕承担。项目的技术、规划及市政配套和景观绿化设计，交由世界三大知名公司负责，分别为瑞典的SWECO、英国ATKINS公司以及美国AECOM公司负责。环境评估和环保方案，则由斯里兰卡港务局委托斯里兰卡最著名工程大学莫拉图瓦大学资深海洋工程学教授负责。这些世界级项目开发顾问公司提供了高质量的服务产品。因此，面对来自新上台的斯里兰卡政府重新进行项目评估指令，港口城项目公司能够做到胸有成竹，就是因为该项目的规划和环评都是按照国际高标准执行的，程序上也符合东道国法律要求。正如公司项目部一位负责人所说："根据法律法规要求，我们的文件没有任何瑕疵。"

3.公开透明，赢得民心

鉴于港口城项目规模宏大，关乎斯里兰卡未来发展和公众利益，因此中国交建坚持应该让公众了解部分信息。比如民众颇为关心填海造城对环境可能产生的影响，因而环评报告完成之后，按规定向公众公示30天，期间公众提出的一些意见和问题，都由莫拉图瓦大学教授代表港务局——进行答复，增强了项目建设的透明度。

4.政治解决与法律程序并行不悖

科伦坡港口城项目政治风险的解除，是两国政府和项目企业共同努力的结果。中国交建作为项目投资开发企业，一方面紧紧依靠中国政府的政治斡旋，期待政治家的科学决断；另一方面积极在商务和法务层面开展工作，核算经济损失金额，提出索赔金额，准备启动法律程序。最后，当两国首脑就中、斯关系和港口城项目达成共识之后，中国交建又能够顾全大局、放眼未来，放弃巨额索赔，结果换来2公顷土地开发面积，同时赢得斯里兰卡政府和民众的尊重。

5.注意优惠承诺下潜藏的政治风险

科伦坡港口城项目遭遇政治风险的经历，再次应验了国际学术界的一个观点，即部分投资环境较弱的国家政府可能许诺超常规的优惠政策，以吸引外国投资进入。但这种超常规的优惠政策背后，通常都会隐藏一定政治风险。一旦项目签约，反对派就会把这些超高国民待遇作为攻击执政党的软肋，而在发生政府更迭之际，这些外国投资者就会涉险成为政治牺牲品。科伦坡港口城项目虽然已经更名为"科伦坡国际金融城"，但该项目在中、斯友好关系中的战略地位不会改变，其作为中国企业建设"一带一路"应对政治风险的范本，意义和作用更加久远。

四、经验启示

X公司在某国的设备服务提供项目代价沉重、教训深刻。在今后市场开发过程中，国内相关企业必须充分吸取前车之鉴，避免重蹈覆辙。有关借鉴启示如下。

（一）深入研究东道国国情

在海外承揽项目，需全面认真地开展调研，深刻了解其具体国情，研究在其经营的特点和规律。一些国家腐败盛行，效率低下，官员个人利益至上，凡事以个人私利为重，不考虑国家利益和对外关系大局。部分国家崇尚民主自由，反对人士能量大，破坏力强，政府经常受到来自议会、教会、媒体、民间组织等各方面挑战，控制力较弱，说得多，做得少，国家长期处于争斗状态，很难形成团结统一的局面。如对东道国国情缺乏深入研究，简单套用中国国情，误以为政府的承诺和决策必能顺利推进，结果发现要么招致政府反对势力的质疑和攻击，要么项目推动困难，甚至无人问津。

（二）企业必须规范、守法经营，切忌授人以柄

一些国家政治环境复杂，为避免争议，我们必须有法必依，否则，很容易被反对派抓住把柄，进行攻击。中国公司在外承揽政府项目时，一定要遵守当地法律法规，以规范、合法的方式开拓市场，推进项目，自觉遵守有关投标法规。

（三）注意当地合作伙伴和代理的选择

一些中国企业片面强调当地合作伙伴和代理的背景和能量，却忽视这把双刃剑的负面效果。在选择当地合作伙伴和代理时需进行深入了解，仔细权衡，努力减少不利条件影响。

（四）加强企业间协作和自律，避免恶性竞争

中国企业在海外承揽项目，时常出现内部恶性竞争的情况，轻则利润率下降，重则鸡飞蛋打，两败俱伤，最终导致国家形象和利益受损。政府应充分鼓励和帮助商（协）会发挥项目协调的作用，鼓励企业加强彼此协作，对于那些不遵守协调结果，蓄意破坏市场经济秩序的企业进行惩罚，维护国家和企业的整体利益。

（五）鼓励企业关注私营项目

与海外一些政府项目规模大、数量少、效率低、腐败严重的情况相比较，私营项目虽然一般规模不大，但数量多，且业主为了项目尽快建成发挥效益，通常都积极主动，实施起来效率高，具有短、平、快的特点。应鼓励公司在推进政府项目的同时，要放宽眼界，探讨多种经营方式，多关注私营项目，以此全面了解东道国市场情况，夯实经营基础，提高自身形象和知名度，为将来持续、更好地开拓海外市场创造条件。

（六）主动加强正面宣传，做好媒体公关

近年来，中国向一些发展中国家提供了相当数额的优惠出口买方信贷，切实帮助借款国加强包括基础设施在内的经济建设。但由于主动宣传不够，当地社会对此并不太了解。我们应打破过去害怕找媒体接触的观念，主动加强正面宣传，有意识地培育与主流媒体的关系。尤其是在一些新闻高度自由的国家，更应加强中国和东道国经贸合作关系以及中国政府贷款政策、原则、程序以及成功案例等方面的宣传，与当地媒体建立保持良好关系，让借款国的媒体和公众真正了解到中国贷款确实有利于借款国发展经济、改善民生，有利于两国实现互利共赢。

第三节　做好海外投资前期法律风险排查

一、莱州鼎铖矿业海外投资风险决策过程

近年来，山东莱州市鼎铖矿业有限公司（简称鼎铖矿业）积极实践"走出去"战略，把去印度尼西亚采矿列为公司工作的重点目标，调查研究了印尼国家的法律规定，论证了可行的操作方案，在采矿工作中取得了可喜的成效。

（一）选好考察重点，确定投资目标

印尼是东盟最大的国家，有着丰富的金属矿产资源。由于印尼地质勘探技术落后，统计工作薄弱，资源开发利用能力差，政府对本国的资源储备状况掌握极不完整，长期以来矿产资源主要由外国公司开发利用。

鼎铖矿业把去印尼采矿列为工作重点，主要对苏门答腊岛和加里曼丹岛的铜矿、邦加岛的钛矿和铝矿、苏拉威西岛的镍矿和铬砂矿进行考察。到达印尼考察初期，由于了解到印尼采矿使用的炸药主要由军方控制且审批复杂，因此在考察初期就将需要利用炸药开采的原生矿排除在进一步投资考察之外。公司了解到现行矿业法律和森林保护法律间有矛盾，考察后期又将占地面积较大的陆地砂矿排除于可供进一步投资的范围之外。最终将考察重点放在了海边潮间带的铬砂矿上，并委托中南大学进行铬铁矿选矿试验研究，确定铬铁矿选别技术方案和工艺流程。近年来，铬矿也是中国急缺矿种，价格始终稳定上升，风险较小。通过赴印尼考察论证铬铁砂矿项目，经过勘查实验和论证，认为印尼铬矿项目是可行项目，做出了对印尼6200公顷铬砂矿进行开采的决定。

（二）全面吃透印尼法律规定，找准切入点

为了全面掌握印尼国家对外国投资的监管政策规定，鼎铖矿业对印尼相关法规进行了全面学习研究，找出了利于公司发展的新思路、新方案，为做好印尼采矿工作打下坚实的基础。

一是落实印尼矿法，成立合作公司。在矿权问题上，印尼法律规定地下的矿产资源属于国家所有，但是按一定程序和规定，国家可以把矿产所有权授予印尼公民和全资印尼公司，不包括印尼的外国投资企业。外国公司投资印尼矿业有两种方式，一种是与印尼政府签订工作合同，另一种是和印尼具有矿产所有权的个人或者公司合作采矿，外商投资企业不享有矿产所有权，但是可以有采矿权及矿产冶炼和加工权，外资在合资企业里最高股权可达95%。按照法律要求，在印尼投资，选择好的合作伙伴是成功的前提。公司通过友人的介绍，认识了印尼林鸿泰先生，其父生前是印尼万隆及东爪哇中华商会主席。其主要进行商业贸易，对矿产不熟悉，近期才转入矿产品贸易。经了解，没有发现该人有经济或其他问题，于是选择了林先生作为合作伙伴，成立合作公司。选择林先生作为合作伙伴的主要作用是协助疏通处理当地各方面的关系，并办理各项投资事宜。林先生的三个股东是他的三个女儿，各占股份5%，他们均不参与合作公司的所有经营管理，是中方企业规避合作伙伴风险的重要条件。考虑到林鸿泰不熟悉矿产，与他合作存在一定风险，经过讨论决定将精选厂建在莱州。

二是依法注册登记，注重持证开采。在矿业开采许可证的签批上，印尼政府原则上欢迎外国投资开发矿业。印度尼西亚有关矿产资源的法律主要是《矿业基本法》以及该法的实施条例，在此两法律中，对矿产资源的管理权集中于国家能矿部，采矿许可证由能矿部长决定并颁发。印尼实行地方自治，政府相应出台了对于矿业法的政府修正令，地方政府（省及县市）被授权可批发矿业开采许可证。其具体规定是，1万公顷（含1万公顷）以下的矿区当地县长有审批权；1万公顷以上省长、地矿部审批。勘探采矿证的有效期1~2年，可申请延期。采矿许可证有效期20~30年，可申请延期。企业向当地政府提交具体勘探结果、项目可研报告、采矿计划书、环保评估以及其他相关资料后，政府若同意申请，则通常先批准一个为期3年的采矿许可证，在此期限内若未动工采矿，政府有权收回许可证。若申请者按期限动工，则当地政府再批准一个期限20~30年的许可证。若申请者实力雄厚、资信良好，则可一次性获得20~30年的采矿许可证。只是在取得矿权后必须每年向政府交纳税金，并且如果在若干年内没有开采，则政府有权收回矿产所有权。至于交纳税金的多少以及必须开采的规定期限，各省县自定。在了解了开采许可有关规定的基础上，莱州市鼎铖矿业有限公司与印尼方联合投资建立鼎铖印度尼西亚矿业合作有限公司，合作公司于2008年11月在印度尼西亚万隆注册设立，注册资金300万美元，投资总额645万美元，经营范围是铬矿资源开采、销售、进出口业务，已获得印度尼西亚政府颁发的探矿权和采矿许可证。公司位于印度尼西亚中苏拉威西岛，铬铁矿砂中含铬、铁等多个品种，铬的平均品位在5%以上，磁铁品位在4%左右。矿区面积62平方公里，控制资源总量1000万吨以上。

三是自备机械设备，节省矿建资金。印尼相关法规规定，外国公司有义务使用当地建筑承包商，尽可能多地雇用当地工人，并为其进行教育和培训。在投入生产10年内可以免税进口（再出口）自用机械设备。矿产开采出来后，若要运输出口，则要向政府申请运输和出口许可证。在资源回运上，印尼对矿产资源的出口规定总趋势是只允许矿产被加工提炼后出口。由于印尼基础设施过于落后，电力、铁路、公路、港口设施都很缺乏，矿产资源大多在偏远地区，若要开采，则当地基础设施跟不上。鼎铖合作公司建岛设计方案和费用超过亿元人民币，费用高得难以承受。为了节省资金，鼎铖矿业专家组在烟台重新考虑方案，最终决定用钢板把2000万吨的储料池在国内预制好，然后拆解运到国外组装，同时狠抓了矿区的基础建设，建起矿上用房36间，新组建采矿船2条，驳船3条，矿料输送管路110米，新建了矿运20万吨位码头，为采矿回运做好了充分准备。

四是与地方政府和居民保持良好的关系。为了使采矿工作顺利开展，鼎铖矿业在注意搞好环境保护的同时，始终不忘回报当地社会。印尼矿法及实施条例修正令出台后，矿业勘察开采证的审批、矿区的建设管理、矿产的回运一系列问题管理权都在所在的县级政府，县长话语权较大。为了争得主动，企业主动与县长接触，矿上的事经常请示汇报，朋友关系不断来往。为了解决居民就业难问题，鼎铖矿业主动雇用所在地劳工33人，聘任印尼技术人员任船长，同时还为矿区所在村每户两个月发放大米一袋，与当地政府和居民的关系进一步密切，保证了采矿工作顺利进行。

二、读懂读透东道国政策法规

以下通过两个小案例提示企业"走出去"过程中防范政策风险的重要性。

（一）公司英文缩写差异导致资质办理障碍

在对外投资中，由于国别差异，某些地区的政策与国内有较大区别。例如印度尼西亚当地有限公司英文缩写为"PT"，而国内一般用"Co.，Ltd."来表示。某公司在印度尼西亚申请办理企业资质时没有意识到这一差异，继续用"Co.，Ltd."在当地申请资质，造成了公司资质办理周期延长。

（二）了解当地土地政策，顺利开展采矿工作

若不能深入了解所在国的政策，海外经营工作就易于陷入被动局面。如柬埔寨矿权证由工业和能源部颁发，地表的种植园却由农业部颁发。若矿产位于种植园下方，种植园属私人用地，其不让进入，企业手持合法的矿权证也无法开展工作，进行协调更是遥遥无期的事情。因此，每一个项目从一开始都要了解详细的周边以及各方面资料，以备日后不时之需。

三、经验启示

俗话说，"在家千般好，出门事事难"。在国内经营不易，"走出去"跨国经营更难，但只要在前期调研以及项目建设和经营过程中谨慎调查、充分防范各方面风险，就能最大程度上保证项目的成功实施。

其一，东道国提供的数据资料只能作为参考。比如，印尼地质勘探工作落后，加上统计混乱，政府主管部门很难向投资者提供详细而准确的数据，令投资者难以决策，致使前期勘探费较高，中国公司常不愿或者无力投入。不少印尼人，特别是印尼华人，利用中国公司急于出来找矿又对印尼不熟悉的情况，到处圈地，对其矿产蕴藏量加以不实或夸张的宣传，致使不少中国公司白白投入大量前期费用。也有印尼人对某处矿藏先通过关系拿到矿权，然后提出过高的价格再与中方公司合作。中资公司不能仅依靠印尼方提供的数据资料，若要去印尼开矿，可从国内请专家或勘察队进行详勘。

其二，不能急于求成，对投资项目要有综合的考察和全面分析。对许可证等法律要求必须要搞清楚，投资过程中应遵循循序渐进的原则，在初始阶段，办理当地事宜应依靠合作伙伴，但要逐步培养自己的人员并建立与当地各方面的关系，投资后期应避免对合作伙伴依赖过大。

经验表明，专业机构的协助能够有效防范因不了解东道国政策法规而带来的投资风险。在企业进行海外拓展的过程中，专业咨询机构的提示和引导在事前、事中、事后都发挥着关键作用。海外投资中，投行、资产评估事务所、律师事务所、会计师事务所等咨询机构可以在企业"走出去"尤其是跨国并购前帮助企业提供专业的法律法规调研，并提供投资并购目标的选择、策划等多方面的指导。巧用这些专业机构可以

提高效率，少走弯路，有助于项目科学规范的进行。

第四节　国内外工程标准差异及风险管控

一、斐济水电工程项目

该项目为EPC合同模式，主要使用澳新标准，也使用美国标准（如美国材料与试验协会标准ASTM）等。

（一）标准应用主要问题

1. 设计

由于国内设计人员与国外咨询工程师关于标准的知识背景存在差异，导致基本设计报告中技术参数选用产生争议，难以获得咨询工程师的批准，严重影响项目进度。国内设计人员在强度计算、作用力计算、材料和焊接要求、防腐选材和工艺方面都存在不适应澳新标准的情况。例如，5km输变电项目设计风速要求90m/s，而中国标准最大设计风速为38m/s。

2. 采购

金属结构制造方面，永久机电设备的质量必须完全符合澳新标准，使得国产的机电设备不容易满足项目要求，而承包商要寻找到合格的国内机械设备制造商也是一个难题。例如，水轮发电机组综合效率要求达到86.5%，国内机电厂家已有的技术水平很难达到。

3. HSE管理

澳新标准对HSE方面的要求远远高于国内标准，在项目开工后第一年，承包商在HSE管理方面极不适应，例如在脚手架施工安全绳保护、炸药运输和紧急疏散预案等方面都难以达到要求，严重影响项目施工进程。

（二）解决措施

第一，加强承包商与设计方合作交流，促使设计方意识到项目的高风险性，加大设计力量的投入。项目部相关专业人员深入研究合同，加大对设计院提交文件的审核程度；组织项目部人员进驻设计院，配合设计工作并直接审核设计成果是否符合合同要求。

第二，召开专题会议，组织设计与咨询工程师面对面沟通，帮助设计人员理清思路，加深对澳新标准的理解和掌握，明白外方要求。引进第二家专业设计院作为设计咨询，进行内部设计文件的审核，解读业主/咨询工程师的批复意见，考核设计绩效，为项目部的设计管理提供技术支持。对于经验严重缺乏的设计技术难题，如90m/s输电线路的设计，引进国际化设计队伍共同解决。

第三，组织相关设备厂家与设计院进行面对面沟通，明确要求设备供应商在问题解决前不能离开设计院，以保证对采购方面的设计能满足合同及标准的要求；成立专门部门，委派专职人员负责设备采购；依据澳新标准要求，择优选取设备制造厂商；验收设备时邀请咨询工程师到厂检查，合格后再装箱发货，以解决永久机电设备的采购问题。例如，为达到水轮机组综合效率要求，承包商同厂家和设计人员反复沟通，最终通过水轮机技术创新、改善隧洞支护方式、扩大隧洞过流断面和降低发电机厂房机组安装高程等措施，保证了发电效率，规避了水轮机组通不过验收这一重大风险。

第四，聘请加拿大卑诗省劳工保护局调查官担任HSE经理，组织项目部建立符合澳新标准的HSE管理体系，采取设置现场卫生医疗站；聘请国际安全总监负责项目安全管理工作，制定安全红、黄牌警告和退场制度，进行应急安全救护演习等措施，完善HSE管理；聘请当地政府部门取得特种资格证书的隧洞爆破专家和采矿专家负责开挖工作安全。以上措施，扭转了项目初期HSE管理工作的被动局面，培养了一批适应HSE管理高水平要求的管理人才。

二、马里水电工程项目

该项目为EPC合同模式，主要使用欧洲标准和美国标准。

（一）标准应用主要问题

1. 施工

混凝土原材料中水泥采用的是EN197-1标准，骨料级配粒径尺寸采用的是中国的标准，外加剂采用中国产品，需合理确定混凝土配合比。混凝土设计龄期为90d，如果按此龄期来设计混凝土配合比，试验时间很长，对工期压力大。

2. HSE管理

马里首都巴马科于2012年3月21日发生军事政变，马里北部图阿雷格部族发起的武装叛乱占领加奥省和通布图省。项目所在国局势紧张，安全管理问题突出，承包商被迫准备应急撤离。

（二）解决措施

第一，积极与法国咨询工程师协商，通过现场试验建立了90d龄期混凝土和28d龄期混凝土的配置强度换算关系，并在现场进行了3个月的混凝土配合比试验，最终确定了混凝土配合比，缩短了试验工期。

第二，在政变期间，项目部在向大使馆汇报项目情况的同时要求业主安排宪兵保护，并通过储备应急物资、缩小施工区域、增加巡逻力量和做好撤离准备等工作，平安度过了政变期，得到了业主和政府的高度评价。项目部同时基于不可抗力条款做好索赔资料收集工作，在事件结束后展开商务索赔，获得40d的工期延误补偿和172万欧元的费用补偿。

三、埃塞俄比亚水电工程项目

该项目主要为DBB合同模式，其中金结部分采用EPC交付模式。项目主要使用ISO标准、国际电子技术委员会IEC标准、美国标准（如ASTM）、英国标准和埃塞俄比亚规范等。

（一）标准应用主要问题

1. 投标

该项目中水电站定轮门为EPC交付模式。由于投标阶段对国外材料标准要求不熟悉，项目实施时才发现定轮门延伸杆卡箍装置要求采用高强不锈钢，导致无法找到合适的材料。

2. 施工详图设计

该项目设计和咨询工程师均为同一家美国公司，仅提交给承包商设计概念图。承包商须在概念图基础上绘制成施工图，并获得咨询工程师批准后才能用于施工。项目前期，由于承包商对英美标准不熟悉，在细化施工详图时参照的技术标准混乱，导致出图凌乱、用时较长，施工详图批复率低，严重影响项目进展。

3. 施工

工程开工初期由于对合同及国外标准认识不透，习惯性按国内标准编制技术措施和选择材料种类，导致咨询工程师频繁驳回技术措施和下达停工令，影响了项目进度。

4. 采购

承包商按照中国标准规范采购标准筛，与项目要求采用的BS标准不一致。由于中国标准筛与BS标准筛的尺寸和形状差异（例如中国用的是圆孔筛，但BS等标准用的是方孔筛），导致检测砂石骨料的级配检测结果不合格。

（二）解决措施

第一，积极与业主/咨询工程师沟通，说服业主定轮门使用碳素钢材料，最终获得同意，采用德国曼德斯曼钢，解决了材料选择问题。

第二，聘请国外合同和技术工程师对项目部培训合同和技术标准，帮助承包商了解国外标准的特点、使用方法及与国内标准的异同。在实践中逐步熟悉掌握业主要求的英美标准，并按照工程师要求进行施工详图设计、编制技术措施和选择材料，满足项目施工的需要。

第三，对比BS标准与中国标准对试验设备要求的差异，重新采购符合英国标准的标准筛，解决了砂石料级配的不合格问题。

四、巴基斯坦水电工程项目

该项目为EPC合同模式，合同约定采用西方标准或者等同标准。

（一）标准应用主要问题

1. 设计

总体上合同基本明确土建方面采用西方通用标准或巴基斯坦标准，电气采用IEC标准或者等同标准。在实际执行过程中，大坝设计采用了美国陆军兵团标准，枢纽建筑物整体布置和计算过程仍然参考了中国标准，设计参照标准不一致的情况一定程度上造成了设计审批延误。

2. HSE管理

项目所在地位于巴基斯坦和阿富汗交界处的塔利班活跃区，周边地区常发生爆炸和恐怖袭击，曾在2002年发生恐怖分子绑架一名中国工程师并将其杀害的安全事故，非传统安全问题突出。

3. 劳务管理

巴基斯坦当地员工文化程度不高，现场有很少的人员具备识图施工能力和汉语交流能力，导致施工效率较低。劳务人员以穆斯林为主，分为逊尼派和什叶派，存在宗教信仰冲突和民族矛盾，同时由于巴基斯坦具有街头政治的特点，时常出现罢工现象，要求上涨工资，影响项目施工。

4. 移交

合同要求在机组试运行试验后，承包商进行机组可靠性试验。但在合同以及咨询工程师认可的IEC标准中，机组可靠性试验的时间没有明确规定，造成了可靠性试验所需天数的争议。此外，在移交过程中，底孔闸门出现一定渗漏，咨询工程师以渗水为由拒绝验收。

（二）解决措施

第一，加强设计人员对标准体系的学习和培训，在应用过程中整理和总结国内外工程技术标准的差异，提高了使用国外标准的水平；同时，在适合的情况下说服业主/咨询工程师使用中国标准。

第二，承包商通过采取聘请专业恐怖主义安全风险评估机构进行安全评估、建立安全官制度、进行应急安全演练等措施加强HSE安全管理，加强安全保障。

第三，加强对当地劳工的作业管理，提拔综合素质较高的员工承担管理工作，按照当地劳务市场情况有针对性制定雇佣方案，着力提高劳务人员的安全意识和技能。并将宗教信仰和民族派别问题交给当地承包商处理，充分尊重当地风俗习惯；重大节日派车接送雇员，并给留守雇员分送食物；与罢工员工积极沟通，后期基本无罢工现象发生，解决了劳务问题。

第四，承包商积极与业主/咨询工程师沟通机组可靠性运行方案，说服业主采用中国规范，进行30d机组可靠性运行，其间停机不超过3次，累计停机时长在24h以内，完成了机组可靠性试验。在闸门验收时，承包商指出没有相应的英美标准，而中国闸门设计标准规定渗水量在0.1L/m内可以接受，最终业主/咨询工程师同意按中国标准验收。

五、老挝水电工程项目

该项目为EPC合同模式，主要使用中国标准或等同于国际电工标准（如IEC）和ISO标准的规范。

（一）标准应用主要问题

1. 工程基础资料

项目所在国老挝缺乏健全的水利水电工程标准，影响工程基础资料的收集。例如，水文观测时间短、水文站少，作为项目设计依据的水文站仅有1960—1991年共32年的水文资料，作为项目设计的参证水文站仅有1985—1991年7年的水文资料，造成洪水实测资料系列短。此外，该项目为二等大型工程，老挝的国家基准网为GPSD级网，无法满足项目的高程测量要求。

2. HSE管理

由于老挝地区的历史原因造成项目施工所在地有大量不明爆炸物，存在安全风险，给项目的HSE管理造成巨大压力。

3. 语言

项目实施人员与业主方语言交流存在障碍，且现场翻译对中文版本的中国标准翻译存在偏差，导致业主有时对施工内容产生误解，影响项目顺利进行。

（二）解决措施

第一，尽量从老挝、泰国和柬埔寨的相关部门收集湄公河流域的水文资料，例如从老挝电力公司收集月降水量、径流和区域降水量。通过采用平面直角坐标系，对该电站的平面控制网观测数据不做高斯投影改正，不进行方向改化，确保该施工控制网测量的设备均符合控制网等级要求，使测量成果满足施工放样精度需要。

第二，在施工前做好不明爆炸物排除工作，施工时一旦发现不明爆炸物立即停工警戒，通知排雷部队进入现场处理，明确探雷设备的有效探测范围，安排有经验的人员监督排雷人员彻底排除区域内不明爆炸物。

第三，推广中国标准的英文版本，提高从业人员专业英语水平。积极与业主/咨询工程师进行沟通，详细解释中国标准的相关内容，消除业主/咨询工程师对施工标准的误解。

六、多哈路桥工程项目

该项目为DBB合同模式，使用卡塔尔标准、欧洲标准和美国标准（如美国国家公路与运输协会标准AASHTO）等。

（一）标准应用主要问题

1. 投标

由于投标阶段未能对卡塔尔施工标准和交通手册深入了解，将项目便道按照泥结碎石路面报价，而标准规定项目便道应作为永久道路建设，导致近千万美元的损失。

2. 设计

水稳级配碎石是半刚性材料，容易干缩开裂，形成沥青路面反射裂缝。咨询工程师变更主路道路结构层设计时，没有相应处理措施预防反射裂缝。

3. 施工

卡塔尔施工规范要求承包商在开始阶段必须充分勘查现场，查明地下所有现存设施，并将设施位置和深度绘制在现存设施图中报批，在获得批准之前，不允许开展其他任何现场施工工作，严重影响了后续施工进度。

（二）解决措施

第一，项目团队应熟悉合同要求和了解项目相关的欧美标准和当地规范，避免投标报价产生重大失误以及前期施工准备工作效率低下。

第二，承包商提出采用中国公路路面基层施工技术细则中的规定，在摊铺水稳层后，切横向缝、填充热沥青并设置土工格栅。该建议得到了咨询工程师的采纳，在这一点上推行了中国标准。

第三，该项目所在地地下设施众多，业主提供的现存设施图与实际情况相差很大，加上承包商不熟悉标准要求，勘察工作耗时费力，导致现场勘察工作从2012年1月开始，到7月才获批现存设施图。为了减小对现场施工的影响，项目部通过与工程师协商，在完成勘察的区域先进行临时便道的施工，为实现便道通车节点创造了有利条件。

七、刚果（布）路桥工程项目

该项目为DBB合同模式，所使用的技术标准在法国标准基础上结合刚果（布）的气候、地质等实际情况编制。

（一）标准应用主要问题

1. 施工详图设计

由于投标时对法国标准要求理解不透，仅按照要求提供施工图报价，忽略了施工详图还需要标准引用、基础资料和设计计算书的支持，导致施工图往往要多次送审才能获批，严重影响项目成本和工期。

2. HSE管理

项目所在地位于刚果（布）自然保护区，对HSE要求严格。当地村民缺乏环保意识、法律意识，卫生条件差，易滋生霍乱、疟疾、艾滋病等疾病，承包商HSE管理难度较大。

3. 劳务管理

由于历史和地理环境的原因，项目所在地部分人员不思进取、行为懒散，工作期间常发生旷工、迟到、早退、不辞而别等现象，且受教育程度低，大多只讲当地莫努库图巴语或尼加拉语，与中方员工交流存在障碍。

4. 合同执行条件变化

由于投标后《法国建筑导报》修改了栏目，删减了原有的价格指数内容，导致承包商无法调差，利益受损。

（二）解决措施

第一，承包商加强对标准规范的学习和培训力度，提高设计人员的专业水平。注重跟进标准规范的更新情况，抓住商业索赔机会弥补损失。

第二，项目部委托当地资质较深的社会中介机构，对道路沿线的村庄进行每年150场的宣讲，发放并张贴宣传图片，悬挂宣传标语。通过免费发放避孕套、饮料及其他生活用品调动村民参加宣讲会的积极性，得到了当地政府、非洲发展银行的赞扬。

第三，项目部通过为当地小学修建围墙和篮球场地、修复村庄道路等措施获得居民认可，融入了当地社会，增强了当地员工对企业的满意度和忠诚度，与当地雇员和谐相处。

第四，项目部以详细数据为基础，提出价格指数替代方案，在非洲发展银行考察工地时多次当面阐述调价指数变更方案，最终得到非洲发展银行的批准，获得了近400万美元的调差。

八、格鲁吉亚路桥工程项目

该项目为DBB合同模式，主要使用美国标准（如AASHTO）和英国标准。

（一）标准应用主要问题

1. 施工

格鲁吉亚项目要求桥梁现浇双T梁施工采用大型钢结构支撑系统，由于该标段桥梁梁面距地表最高44m，桥下有河道、公路，且地形陡峭复杂、地质条件差，钢结构支撑系统安装拆除困难，施工难度大。

2. 计量

项目实施过程中，由原有大型钢结构模板支撑工艺变更为符合中国标准的移动模架施工工艺后，整个工程量计量方式发生改变，存在新工法下的结算问题。

（二）解决措施

第一，积极与业主/咨询工程师沟通，提出采用上行式多段折合式模板移动模架法和满堂碗扣支架法进行现浇双T梁的施工，更加符合现场施工条件，最终获得格鲁吉亚公路局和咨询工程师的批准。按该方案施工的各项指标参数均符合BS标准要求，得到了业主/咨询工程师的一致认可，这一点体现了中国标准的可行性。

第二，通过与业主/咨询工程师沟通移动模架法新工艺的计量方式，解决了工程量的结算问题。

九、经验启示

随着国家"一带一路"建设的不断推进，中国施工企业"走出去"的步伐不断加快，在获得业主方认可的同时，一些设备问题也随之暴露出来，如何对出口设备进行有效监管是摆在总承包企业面前的一道难题。对于国际工程设备监理，必须严格遵守主合同规定，做到设备的生产计划、原材料采购、设计工艺、加工装配、性能测试、完工检查、包装运输以及分包管理等各个环节的监理到位，努力减少常见性、多发性、重复性等设备问题对现场安装、调试以及运行造成的影响，确保所采购的设备满足合同要求，并防范由此带来的合同标准风险。

基于上述国际工程标准应用案例分析，可发现中外标准差异对国际工程项目的影响。案例分析表明，中外标准差异对中国承包商在国际工程项目投标、设计、采购和施工各个阶段都有重要影响，需从多方面提高中国承包商国际工程项目标准应用能力。

第五节 规避海外施工项目采购风险

采购是EPC一体化管理的重要组成部分，采购费用占总合同额的比例高达40%~60%，采购环节存在诸多不确定性，都可能给承包商的采购工作带来不利影响。采购环节的成功与否直接关系项目的成败，采购方案不合理、整合上下游供应商的能力弱、当地市场物资匮乏、供应商履约能力不足以及国际经济形势的变化，均会导致采购成本的增加，最终很大程度上影响项目的成败。

一、赞比亚水电EPC项目

（一）采购管理难点

1. 采购与设计和施工间的协调

EPC项目各方面业务相互关系密切，EPC项目总承包商如何充分协调好机电设备和物资材料采购与设计、施工之间的衔接关系。

2. 设计方有效参与采购全过程

EPC项目设计工作是永久机电设备采购的基础，如何使设计方全程有效参与永久机电设备的采购工作，包括编制采购进度计划、招投标、供应商选择、设备监造、安装交付、竣工验收和运营。

3. 国内外标准差异

项目主要采用欧洲和美国标准，国内供应商不熟悉国内外标准差异会导致所提交的机电设备技术资料难以获得咨询工程师认可，文件批复率低。

4. 主材采购

水泥和木材可以在当地采购，但其他主材，如外加剂、粉煤灰和钢筋等需要从国内或第三国采购，存在运输距离远、采购周期长和价格波动大等问题。

（二）采购管理策略

第一，加强不同专业间的接口管理。例如，该项目的变压器在国内采购，为了降低国内外标准差异的影响，加快变压器的设计图批复，总承包商邀请业主/咨询工程师到国内进行设计审查，与供应商直接沟通，显著提升了采购效率。

第二，与供应商建立伙伴关系。例如，总承包商与当地唯一一家合格的水泥供应商建立伙伴关系，使项目获得优先供货，确保当地市场水泥供应满足施工需求；与第三国南非粉煤灰供应商的合作关系，使承包商能够提前获得价格变动信息，及时进行采购决策。

第三，建立完善的物流管理机制。对于国内和第三国采购的设备和物资，选择合适的运输公司，提高运输和清关效率，保证运输质量；对设备物资制定针对性的运输管理措施，包括考虑包装质量、防潮和大型设备装船位置等。

二、斐济水电EPC项目

（一）采购管理难点

1. 国内外标准差异

项目要求机电设备参照澳新标准，而国内机电供应商对澳新标准基本不了解，机电设备制造难以满足标准要求。压力容器必须严格按照ASME的标准执行，采购难度加大，采购周期延长，生产成本增高。消火栓、灭火器、灭火毯等消防物品，因其特殊要求，中国的产品难以满足项目的消防标准。项目初期从国内采购了一批电缆和电线，其颜色与斐济国际电网标准规定的颜色不同，导致无法使用电网供电，只好采用柴油发动机供电。为应对台风，澳新标准对屋顶和建筑结构有特殊要求。因不熟悉澳新标准，施工至相应部位时，才发现需从澳大利亚或新西兰购买特殊材料，造成工期延误。项目要求的螺纹钢采用美国标准，由于中国大陆生产的螺纹钢不能满足要求，项目所使用的螺纹钢主要从中国台湾采购。

2. 全球化采购

斐济市场较小、工业不发达，大部分材料与设备无法在当地采购，即使当地市场能够采购，价格也往往高出国内价格三至四倍。除水泥外，主要物资都需要从国内或第三国市场采购，存在诸多风险，例如，国内外采购法律法规的协调问题。

（二）采购管理策略

第一，合同管理。将EPC总承包合同相关章节作为永久机电设备招标文件技术部分的附件，对供应商加以约束。

第二，成本控制。对于合同中明确规定了供应商的设备，仍然邀请与规定供应商实力接近的供应商投标，并将投标价格作为与合同规定供应商进行合同谈判的依据。

第三，质量控制。聘请设备制造咨询公司，全程参与招标文件的审核、评标和合同谈判，并负责设备监造过程中的设备检验、出厂验收等。

第四，技术风险管理。注重与业主/咨询工程师沟通，变更水轮发电机组的加权平均效率要求，降低履约风险。

第五，全球化采购。关注采购市场动向，选择在材料供应充足、经济发展稳定、市场价格较低、交通运输方便以及汇率合适的时间进行采购。例如，说服业主/咨询工程师同意从国内进口炸药以替代从澳大利亚的进口，采购成本显著降低；钢筋全部从中国台湾购买，中国大陆是570美元/吨并需要抽检，而中国台湾只需500美元/吨且全部免检。

三、伯利兹水电EPC项目

（一）采购管理难点

1. 价格波动

由于受到2008年全球金融危机的影响，主材和机电设备的价格上涨，尤其是炸药和钢材的价格大幅上涨，但由于土建单价在合同中已确定，承包商无法通过价格调差进行索赔，经济损失高达400万美元。

2. 机电设备质量

国内部分设备性能达不到要求，供应商生产的110V直流逆变为208V交流的逆变电源装置存在缺陷；60Hz的继电器、接触器等电磁电气元器件存在质量问题；3号机组导叶漏水；蜗壳流量计装置不能满足设计要求。

（二）采购管理策略

第一，在采购过程中关注全球经济环境，注意分析汇率、通货膨胀和外币管制等风险。

第二，选择综合实力强的机电设备供应商，帮助国内供应商了解中外标准差异，提升国内机电设备供应商在国际市场的竞争力。

四、经验启示

案例分析表明，国际EPC项目采购管理主要问题包括:中外标准差异、与业主/咨询工程师间的沟通、采购与设计和施工间接口管理、非当地市场采购、交通条件不便、采购周期长、价格波动导致成本上升、材料与机电产品质量控制。针对上述问题，需从以下方面提升国际EPC项目采购管理能力。

第一，熟悉中外标准差异。加强对国外标准的学习，理解国内外材料与机电设备的标准差异。标准是履行合同的基本要求；加快中国标准的翻译工作，使中国标准以英文方式呈现，推动中国标准走向全球市场。

第二，加强采购业务相关接口管理。建立采购与设计、施工的接口管理流程，协调好机电设备和物资材料的采购与设计、施工之间的衔接关系；要求设计方合理掌握设计方案的渐进明细尺度，并使设计方全程有效参与采购工作；加强与业主/咨询工程师间的沟通。

第三，全球化采购全过程风险管理。关注国际与国内市场、汇率变化，提前制订风险应对计划；全面分析采购地点各项条件，选择合适的时间进行采购工作；考虑不可预见性风险，提出备用方案或解决策略；基于合作共赢的理念，与供应链利益相关方建立伙伴关系，提升中国承包商整合全球资源的能力。

第六节　海外项目安保管理工作探讨

一、中国建筑巴基斯坦PKM项目安保管理

中国建筑集团有限公司（简称中国建筑）在巴基斯坦经营20多年，实施了伊斯兰堡新国际机场、枭龙战机生产线等一批有影响力的项目。2015年12月，中国建筑签约PKM苏库尔—木尔坦标段EPC合同，该项目长度为392公里，设计为限制进出、具有智能交通系统的双向6车道高速公路，合同金额2943亿卢比（约28.9亿美元），工期36个月。2016年5月，在巴基斯坦时任总理谢里夫的见证下，项目举行了开工仪式。2018年5月26日，木尔坦至舒贾阿巴德33公里路段率先通车，标志着项目高速公路提前进入陆续通车阶段。目前，项目工期已完成56%，领先原计划12%，预计2019年8月前项目全线通车。

（一）安全风险源识别和预估

针对中方人员，PKM项目沿线主要潜在风险为绑架、路边（或遥控）炸弹、武装

恐怖分子袭击；另外，本地居民对工程征地的不满、宗教派系之间的冲突、分离组织的反抗也加剧了项目沿线的安全风险。

一、二标段所在信德省有较多大型武装部落存在，安保工作也存在很大难度；三、四、五标段位于拉熙米尔汗，毗邻贝鲁兹省及印度边境，安全环境复杂，是项目沿线重点安防区域；六、七标段以及总部营地所在木尔坦地区安全局势较为稳定，近年来无大型恶性安全事件发生。

从中方派出人员计划来看，项目人员总量为14600人，大部分使用巴籍员工，以规避人员安全风险。中方人员达到最高峰时为2017年9月，预计最高峰为1425人。截至2018年6月14日，项目全线共有中方员工1888人，雇佣巴方员工28941人，中外用工比约为1∶15。

（二）安全防范和安保措施

中国建筑的领导高度重视海外安保工作，主管副总裁曾多次赴巴基斯坦，392公里全程检查安全管理工作，强调"要从意识上重视安保工作，安保工作怎么抓都不为过，要把小事当大事、风闻事当真事，要预案、有演练，要提前工作、主动工作"；施工期间，各实施单位领导也利用赴巴出差机会检查安保情况。从目前情况看，已建立比较全面的安保体系。

1. 安保工作也需要公司做顶层设计

第一，坚持党管安全。加强党的领导，充分发挥党的战斗堡垒项目作用，坚持安全发展，为"一带一路"项目营造良好的政治氛围、舆论氛围和社会氛围。项目书记分管项目安全工作，各分部专职副书记为单位本具体责任人。建立了项目安保会议协调机制，原则上领导小组每季度，工作小组每月召开一次安全会议。

第二，合理安保组织机构。坚持"管生产，也要管安全"的原则，中建PKM项目部搭建了以项目指挥长为安保第一责任人的安保组织架构。建立统一、高效的安全领导体系。

第三，设立公共安全部。PKM项目总、分部均设立公共安全部，总部及各分部聘请巴国退伍军官为高级安全顾问。目前项目全线专职安保人员72人，国内外兼职安保人员88人。

第四，安保立体网络体系。项目安保工作目前实行总包部→分部→工区上下联动，分部间之间横向互动，实现纵向到底、横向到边、100%全覆盖。总包部统筹负责安全保卫工作，总包部与各分部签署了专项安全责任状，各分部第一责任为安保工作第一责任。

2. 细致的项目安保制度建设安排

2016年9月25日召开PKM项目第一届安保工作会，正式颁布了中国建筑巴基斯坦PKM项目公共安保管理系列文件。到目前为止项目全线共制定了92项安保管理办法，主要分为应急预案和相关安保制度：安保策划书、应急预案、突发事件应急准备与响应、施工现场安保策划、施工现场应急预案等；访客出入管理制度、车辆出入管理制度、巴基员工安全审查制度、车辆租赁及司机安全审查管理制度、私人安保公司管理制度、CCTV监控系统管理制度、中方人员行为规范、安保设施管理制度、枪械管理制度、中方人员行为禁令、预警信息收集与发布制度、中方人员信息日报制度、月度安保检查制度等。

3. 保证安全投入不设上限

每个营地均配置了符合巴国两省SOP要求的安保设备，目前全线主要安装了高清摄像头，安全门，各式路障，警报系统，对讲机，探照灯等安保设备；总部、各分部均配备卫星电话。聘请了符合内政部及军方要求的私人安保公司（ASKARI），雇用私人安保人员1198人。为巴方安保力量修建住宿及办公的营地。截至目前，安保设备已投入约1100万美元。

目前，PKM项目安保力量主要由军队、警察和安保公司三支队伍组成。军队全权负责，统筹协调营地、出行和现场安保，警察重点负责出行，私人安保重点负责营地安全。巴国军方、警察与项目自聘的私人保安构成了项目"三位一体"的安保力量，其中军方总牵头、警察负责中方人员人身安全，私人保安财产安全。截至2018年6月14日，项目全线共有安保力量4307人，其中巴国军方、警察3109人，项目自聘私人安保1198人，所有私人安保均要求为持AK47的退伍军人。因休假、出差等原因，按照实际在巴中方人员计算，中方人员与巴方安保人员的比例约为1：2.5。

4. 科学的现场安保措施

项目营地实行"三层防御"的安保体系，即营地外围有布控、巡逻，营地大门有安检、有监控，营地内有军方24小时执勤巡逻的安保防御体系。目前营地内外安全排查105次，营地内安保巡逻常态化。施工现场实行"三层布控"的安保体系，即施工现场周边有便衣巡查，施工现场便道有军车、警车巡逻，中方人员身旁有安保力量贴身护卫的方式。对于施工现场安保措施，项目也做出周密安排：

其一，施工出行前措施方面：警车巡视出行路线及施工现场，军队拆弹小组进行出行线路及施工现场炸弹排查，使用平地车进行施工现场炸弹排查。

其二，施工现场安保设施方面：设置施工现场临时避难室；在已完工的箱涵通道处，制作简易安全屋。每隔500米或1公里左右并在关键路口构筑防御工事，设置岗哨。

其三，施工现场安保措施方面：禁止行人及附近村民随意进入施工现场，协调当地安全机构及驻地安保安排军车、警车进行作业期间的施工便道、施工区域附近道路巡查。

其四，现场施工设备安保措施方面：集中停放施工设备，并配备私人安保看护。在设备停靠区域设置隔离网，并保证必要照明设施。对施工设备停放点进行不定期巡查。统一管理施工设备钥匙。

其五，夜间施工安保设施方面：提供满足安全机构要求的照明设施。在夜间施工点区域设置内外照射灯，向外照射灯主要用于警戒，向内照射灯主要用于施工照明。设置夜间施工隔离铁丝网、沙袋哨岗等防御工事。对于长期作业的夜间施工点要设置制高点岗哨设施。配备对讲机等通信设备。安排应急车辆，明确紧急逃离路线。

5. 健全日常安全管理考核

安全管理日常工作主要有：与军方、警察、业主的协调、安保公司的管理、对分部安全工作的监督检查指导、营地安全验收及军营建设情况、巴籍员工安全审查情况、安全预警统计台账、月度检查考评工作；启动了夜间巡逻工作、启动了对各分部公共安保工作月度检查考评工作、制定了每日中方人员动态信息统计以及抽查工作；参加巴方组织的各种安保会议、协助推动安保设备采购等事宜。

6. 不懈做好安全培训和应急演练

为增强员工个体规避安全风险能力，加强员工安全培训和应急演练。根据项目安保策划，进行中巴方员工安保培训，每个项目分部都会配合驻场SSD开展不同类型的安保应急演练，提升安全防范意识、应急处置能力和员工自保自救能力。

按照商务部对外承包商会《境外机构和人员安全管理指南》、中国建筑工程总公司突发事件应急预案的有关规定，编制《中国建筑巴基斯坦PKM项目突发事件应急预案（试行）》和《中国建筑巴基斯坦PKM项目应急准备和响应计划（试行）》。

成立应急工作领导小组和工作小组，包括对外联络小组、后勤保障组、现场救援组和组织疏散组，以及各分部安保部门组成的突发事件应急机制。确保应急管理工作总、分部上下联动，分部间横向互动的安全工作格局。结合应急演练过程中发现的问题，不断地对应急预案进行修编、完善。

二、中铁二十局巴基斯坦卡拉三标项目安保工作

（一）安全风险信息收集及风险评估

海外项目的安全风险评估和安保规划应为项目首项工作，项目经理部要与驻在国中国使领馆、中资企业和驻在国政府、警察部门保持密切联系，查询、掌握项目所在国、所在地的安全风险等级、安全风险种类，评判风险概率，策划项目安保规划，制定安保措施。

中铁二十局集团公司承建的巴基斯坦卡拉公路三标项目所在地，被国际权威机构评定为橙色安全风险区域，项目根据施工组织规划，召集内部安保专家和当地警方，对项目部每个驻地、每个现场作业区域及出差、运输等外围作业区域进行了防恐怖袭击、人质劫持等安全风险评估，结合当地内政部门指定的针对中国人的安保标准操作程序要求，制定了针对性的安全防范对策，编制了项目安保规划并形成文件，并贯彻在项目日常工作之中。

（二）内外安保联防组织体系建设

海外项目经理部安保管理应考虑内部安保管理和外部安保管理相结合的组织管理形式，并兼顾到内外安保体系的有效衔接和配合。内部安保应成立以项目经理挂帅，专职副职负责，各管理层参加的安保组织管理体系，外部安保体系应结合当地政府部门和警察安保部门的政策和要求作为项目安保体系的强化和补充，通过加强沟通和交流，内外联保，实现全项目安保联防工作的政令统一，行动一致，从组织机构和制度建设上给安防工作树立双重安全防护网。

巴基斯坦卡拉公路三标项目首先在内部成立了项目经理挂帅、安全总监统抓、安保专员协调、各部门分管领导、工区经理为组员的安保联防委员会，各驻地负责人为安保第一责任人和第一响应人建立内部安保组织体系，同时结合当地警方关于中国人的安全保护要求，申请配备职业警察作为项目外部安保组织，并任命当地语翻译为各驻点安保关键人，联系安保信息，保证内外安保各个环节有效对接。通过内外联保双

体系，实现了安保信息共享，紧急响应及时到位。

1. 项目驻地安保规划设计

海外项目的安保管理应系统纳入项目管理计划中，施工组织设计要统筹考虑安保规划，施工总平面布置设计和设施设置的配备要考虑安防需要，施工管理过程中要做到安保工作与施工同步进行。项目驻地营区为中国人最密集且活动时间最长的区域，是恐袭、绑架等恶性事件的重点防范区域。营区选址应避开人群密集聚居区，远离高大建（构）筑物，出入道口隐秘，营区布局要考虑生活区、办公区、施工区分开，内院和外院分设，模糊办公区职能部门门牌，内院隐秘并设置应急逃逸通道，营区外围设置警戒岗楼、警戒专用照明设施、防护沟、检查通道等。

2. 营区安保硬件设施配置

驻地营区安保规划时应充分考虑门禁系统、视频监控系统、应急电源系统、外围防护系统、警报响应系统、紧急撤离系统、警察保护系统、保安防卫系统等安保配置。

3. 内部安保管理制度要点

针对性编制《海外项目上场人员行为指南》以便于员工熟悉、学习、适应当地风俗习惯。教育上场中国员工尊重当地宗教信仰，执行当地风俗习惯，与当地保持良好关系。日常教育员工"无事不外出，私自不外出，外出必协警"的安保习惯，人员外出严格实行登记销号制度，各驻点每天执行"早点名，晚查铺"的日常管理秩序。

对于当地员工的招聘，严格执行内部审查和警方信息部门政治审查双审核制度，严防非法分子随劳务进入项目；在当地警方建立我项目中国人员档案，确保我中方人员出差时，随时得到当地有效保护。教育员工遇紧急情况不单独盲目行动，如遇警报，统一集结，查明敌情后，在警察保护下有序撤离，并适时开展紧急响应演练。

4. 安保信息快速交流机制

海外项目安保工作中要非常重视安保信息交流和警情预报，安保联络快速通道是实现有效预警、达到"预防和保卫"并重的有效手段。海外项目首先要和驻在国使领馆、中资企业和当地华人华侨组织等保持着密切联系，掌握不同阶段外围安全形势，及时预警；按照内外联保体系规划公布警察局、驻地警察、驻地安保负责人、安保关键人联系方式，建立安保联防通信网络，实现安保信息快速交流；每个驻地安保关键人24小时保持与驻地警察、沿线警察局保持高度密切互动，掌握本地和外地警情，及时报警和预警；各驻地安保负责人通过手机短信和微信等手段收集发布安保信息，随时获得预警和发布应急反应；警察系统内部专线联络获取上级信息支持和警力配合，从而建立内外安保联络机制。

5. 制定应急预案，建立紧急响应机制

海外项目要根据社会治安状况和安保要求制定紧急事件安保处置预案，建立紧急事件分级响应机制。所有驻地选择不同的演练课题进行应急演练，每个点每年至少组织一次应急演练，确保全员思想上高度重视，行动上反应迅速。

紧急事件按照事件性质和规模分三类：一是偷盗、群体性阻工、争斗和五人以下斗殴等一般事件；二是现场发生人员重伤事故、群体性斗殴等重大事件；三是恐怖袭击、暴力抢劫，人员绑架等特重大恶性事件，根据事件性质启动不同级别响应程序。

施工现场一旦发生安保突发事件后，各驻地单位安保负责人要快速反应，首先确定突发事件情况，识别事件范围和影响，确定应急响应级别，在第一时间联络警察，随同警察赶赴现场的同时，立即将接到的突发事件情况报告项目部治安保卫突发事件应急处理领导小组。各部门接到应急领导小组批示后，迅速组织力量赶到指定位置集结，并按照现场应急处理领导小组的命令，能够各负其责，投入处置工作。施工中一旦发生危险时应立即停止施工，划定警戒范围和区域，采取现场保护措施，向治安领导小组和上级主管相关部门报告。若现场实际情况不明，需查明情况后，待处置结束再按确定的案件性质进行处理。

若突发事件是抢劫、绑架等严重危害施工人员的案件，对危害仍在继续蔓延或有可能继续蔓延的现场，要采取果断的措施，启动紧急预案，中方人统一集中，在警方配合下主动疏散危害区内的人员，防止因危险源扩散而造成严重的后果，并积极与警察和上级部门联系共同处置。

三、经验启示

海外安全环境影响着海外项目实施的节奏和效率，海外安保管理贯彻市场开拓、项目开发、工程实施各个阶段。海外项目安防工作不仅仅局限于恐怖袭击和人质劫持，要综合考虑当地宗教信仰、民风民俗、社区管理及地方治安等因素，做好宣传教育工作的同时，也要和防火、防盗、防投毒、防群体性事件等安全工作有机结合起来抓实。企业海外事务安保管理应按照企业海外经营区域布局特点建立一个安防网络组织体系，分级、分区域形成一个布防全面无露点、区域管理相策应、分级负责有效果、重大反应快通道的一个安防体系。

海外项目安保管理过程中，在做好本单位中方员工安保教育和管理同时，如何做好中国设计单位、中国设备供应商及厂服人员、中资合作伙伴等非本单位中方人员的安保教育和行为规范同样也非常重要。

在企业海外经营活动中，各驻在国国情不同，安保形势不同，驻在国政府对中资企业人员安全的重视程度和管理方式不同，采取的安保模式也应因地制宜，灵活多样，各单位的安保规划和安防措施也应有针对性和可操作性。

第七节　利用保险规避海外风险

一、中信保在西班牙S项目和I项目的风险防范作用

本案例从分别从签约、索赔及追偿三个方面阐述了中国出口信用保险公司（简称中信保）在"走出去"中的风险防范作用。

（一）签约

1. 合同签订背景

某公司的西班牙S项目和I项目合同金额合计约140万美元，根据与业主商务合同的约定，预付款为合同金额的20%，即28万美元，在合同生效后、发运前支付某公司，剩余的80%（112万美元）以赊销形式在业主收到货运提单后10天内支付。

在商务合同签订之前，某公司进行了尽职调查，并认为该项目下单纯的赊销形式并不能满足某公司风险管理框架下的风险管理要求，如果发货后，业主不按时支付剩余款项，某公司将承担较大的违约损失，因此，是否签约该项目成了一个讨论的焦点。

2. 中信保保险在签约方面的风险防范作用

随后，某公司咨询了中信保该如何防范该项目下的收汇违约风险，并按规定提交了审批材料。中信保在进行合规性审查后，认为该业主及支付方式满足中信保承保要求，可以为某公司这两个项目提供短期综合保险保单下的商业风险，并约定在业主违约后赔付某公司应收未收金额的70%。至此，该项目下的大部分违约损失风险通过保

险转移给了中信保，剩余风险某公司可以接受。某公司随即与中信保签订了短期综合险保单，并与业主签订了商务合同，在收到预付款后向业主及时发了货。

（二）索赔

1. 业主违约情况

在发货后10天内，业主并未按照商务合同的支付要求，及时支付某公司商务合同下80%的剩余货款，公司也跟业主进行过几次收款方面的沟通，业主一直以现金流短缺为由拖欠应付该公司款项，该公司也侧面了解到，该业主也以类似理由拖欠国内其他出口商的货款，公司感觉收款无望，在签约前担心的收款违约风险已经发生了。

2. 中信保保险在索赔方面的风险防范作用

违约风险发生后，公司按照保单的规定，向中信保反映了相关情况，并在应付账款截止日30天后，正式向中信保提出了索赔请求。中信保也正式对这两项目进行了立案调查，经过审核，认为满足保单项下的赔付规定，并按照规定赔付了应付未付款的70%，合计78.4万美元，大大减少了该公司的收汇损失。

（三）追偿

1. 欠款追偿需求

保险赔付后，某公司实际已收到该商务合同项下76%的货款，合计106.4万美元（其中，业主预付款占20%，中信保赔付某公司的赔款占56%），但是在商务合同下，业主仍拖欠某公司该商务合同下80%的应付款项，合计112万美元，对该笔应付某公司款项，业主仍未提出任何清偿计划。

2. 中信保保险在追偿方面的风险防范作用

在赔付后，该公司与中信保对剩余应收款项进行了沟通，并按照中信保的要求，给中信保聘请的西班牙当地律师出具了经过公证和认证的Power of Attorney（POA），并将这两个项目下所有的收款权利转让给了相应的律师，由他们代表公司和业主进行谈判或申请业主直接破产，并用破产清算财产支付公司剩余货款。最终经过谈判，业主提出了明确的清偿计划，中信保也已经通过律师从业主方追回5笔追偿款，金额合计62万美元（其中，应分摊某公司的款项占该笔款项的30%，即18.6万美元）。至此，某公司实际收款金额合计为125万美元，实际未收款金额仅为15万美元，收款比例约为89.29%。对于尚未收汇金额，公司积极配合中信保进行追偿，通过保险，公司的收汇风险进一步降低。

二、柬埔寨水电站BOT项目风险管理与保险实务

柬埔寨王国某水电资源项目是中国水电建设集团国际工程有限公司（简称中国水电）首个以BOT方式在海外投资建设的水电资源项目。对这样一个全新商业模式，项目风险不仅涉及通常的商业风险，还涉及非商业风险或者称为国别政治风险。这些风险贯穿项目建设和运营的各个环节和各个阶段，只有采用有效的风险管理技术，设计出相应的保险方案，合理采购保险产品，才能保障项目融资和建设的顺利实施。

（一）项目基本情况

柬埔寨王国颁布实施了私有化电力法，鼓励和推动独立发电商以私有化方式开发柬埔寨水电资源。中国水电以竞标的方式获得了项目的开发权，于2006年2月26日与柬埔寨工业矿产和能源部、柬埔寨国家电力公司正式签署了该项目所需的一系列协议，并专门成立了项目公司以BOT方式开发、建设和运营该项目。

电站位于柬埔寨西南部的大象山区的甘再（Kamchay）河上，距柬埔寨贡布省首府贡布市西北部15公里，贡布市位于金边西南方向150公里，交通便利。这是一个常规的中型水电站项目，工程主要包括：碾压混凝土重力坝，取水口、发电引水隧洞、地面厂房、反调节堰等，总装机194兆瓦。股东投入28%的资本金，采取项目融资方式（Project Financing）向银行贷款融资72%。

（二）BOT项目的风险管理与保险内容

项目公司必须在整个项目特许经营期间，承担项目的所有风险，这是BOT项目的特殊性。因此，需要制定一个长期的风险管理方案和完整的、"无缝连接"的保险方案。必须进行严格的风险评估，在整个合同执行期间适时进行检查，实施完整的风险控制方案，并由保险专家来确定保险公司和再保险公司的保险价格和条件以及处理风险事故能力。

BOT项目保险主要内容主要包括如下几个方面。

1. 非商业保险（政治风险/信用风险）

包括：政府征收；政治动乱（党派、大选及民众骚乱）；货币转换，汇率及向境外汇出限制；各种合同违约；政府担保无效等造成的损失。

2. 商业保险

常规保险：包括工程建安一切险、人员意外伤害险、第三方责任险、运输险等。

职业责任保险：用以承担项目执行中每个独立的职业承包商风险。这种保险在单一项目中并不常见，但其承保范围以年保单方式承保了所有独立的承包商风险，因此，职业责任保险应独立于其他保险而贯穿于建设期和运营期始终。

建设期内保险内容包括：（1）运输险，（含内陆和海运）承保自项目所需设备制造厂至项目现场的风险损失；（2）运输后续损失险，因运输过程中的风险损失而导致对其运营所造成的后续损失；（3）建筑工程一切险/安装一切险，工程建设及试车运行期的风险损失，以及在此期间内的责任风险损失保险；（4）运营逾期利润损失险，建设期内由货物运输和工程建设及试运行期内发生风险损失导致项目逾期运营而带来的利润损失；（5）采购信用保险，通常是对设备供应商/厂商的支付保障运营期间的保险，内容又包括火灾保险（火灾造成的利润损失险）、设备损坏险（与设备供应商提供的相应的设备担保综合考虑）、财产/设备损坏利润险、综合性商业责任险和环境责任险。

（三）BOT项目保险方案的选择

1. 保险市场状况

（1）非商业保险市场。由于非商业风险属于国际上的政治风险，风险本身非常复杂，很难进行量化，保险市场和承保能力非常有限。目前主要有以下两个市场可供选择。

第一，国际市场：多边投资担保机构（MIGA）的承保能力很大，承保条件和承保范围也比较宽泛，但审核程序复杂，前期费用高。以劳合社为首的政治风险保险市场与MIGA类似，但往往保险成本过高。以美国AIG为首的政治风险保险市场，单独承保能力有限，通常作为再保险人考虑。

第二，中国市场：中信保是最直接、最方便的保险市场。

（2）商业保险市场。商业保险市场相对比较发达，保险产品种类比较全面，选择性较强。早期德国安联保险公司（简称安联）和慕尼黑再保险公司（简称慕再）曾推出了BOT项目统括保单。但由于国际市场形势变化，此类保单目前已经无法买到。因此，我们只能利用现有的保险市场和保险产品，具体包括以下两类。

第一，国际保险市场：欧洲保险市场（安联、慕再等）；伦敦保险市场（劳合社等）；北美保险市场（AIG等）。

第二，中国保险市场：主要是中国人民财产保险股份有限公司、太平洋保险公司和平安保险公司等。

如果单独追求保险成本，中国保险市场的保险成本比较低，但保险产品尚无法完全满足BOT项目的需要，而且保险服务水平和信用等级相对较低。

2. 保险方案拟订

根据上述BOT项目的风险特点、国际国内保险市场的状况及保险方案的拟订原则，中国水电从拟订的几种保险方案中选择了如下两种方案：

第一，政治风险保险方案：根据在保险市场中进行方案比较结果，结合贷款银行（进出口银行）的要求，除必须考虑的主要险种外，中水电重点考虑了各种合同违约保险。

第二，商业保险方案：在目前的保险市场没有成套的BOT项目保单可以采购的情况下，中水电将现有的保险市场可以提供的保险产品进行了整合，形成了一套综合的保单。

3. 保险方案评价

上述施工期间的商业保险方案，表面上看类似于传统的工程保险方案，实际上有很大的区别。首先，采用了DSU（延迟开工利润损失）保险，它涵盖工程一切险和货物运输险项下所承保的所有风险损失造成的工程逾期利润损失，并保障一旦发生风险损失造成工程延误而蒙受的逾期毛利润损失；其次，将传统的工程一切险项下所承保的工程机具设备损失独立进行承保，以保障在项目施工中损失发生率高、损失幅度低的机具设备，克服了以往在工程一切险项下由于免赔额高而使该部分财产损失无法获得赔付的缺陷。

（四）保险方案实施注意事项

1. 保险公司的选择

对于上述综合性保险方案的实施，为使各保单之间相互衔接，最好选择同一个保险公司进行承保，以保证风险协调转嫁，避免产生缝隙。从融资的银行角度看，它们也希望能够采用一个贯穿项目建设期直至运营期的统括性保险方案。

这里所说的同一个保险公司是针对传统模式的工程保险方式而言的。在普通的工程项目中，不同的保险内容或标的，如设备生产厂商、运输商、项目运营商等大多都是分别在不同的保险公司选择购买不同用途的保单，而在BOT项目下，应聘请有经验的风险顾问（如有经验的保险经纪公司）来组织、设计风险管理方案，并据此制定风险转嫁方案——保险方案，并组织各保险公司方案报价，进行综合评估，向项目公司提供最终的保险方案，以供决策。

传统的风险转嫁方式对被保险人（本案为项目公司）而言，当建设期转向运营期时，保单承保责任并不能全部扩展和应用；在BOT模式下，所有风险都是由项目公司所面对的，不仅是建设期，也包括运营期，无论在两个期间内所有分包单位提供什么样的担保保证，风险总是无法避免的。换句话说，所有保单的首要被保险人都是项目公司，而其他分包商是共同被保险人。

上述对BOT项目的保险方案通常承保范围很广泛，因此必须谨慎考虑方案的可行性，即使项目不是很大，也须格外注意在每个单独的保单下会形成风险事故的不断累积，尤其是对项目财产保险和利润损失险要采取严格慎重的态度。此外，对上述所有的保单中，如果包括自然风险损失（暴风雨、洪水、地震等），也需要购买与其相对应的利润损失险。

2. 保险成本的评估

选择保险公司往往会遇到性价比的问题，即信誉度高的保险公司往往会带来高成本。在BOT项目中，由于必须考虑一些特殊的保险产品，如本案BOT项目中的DSU保险，由于风险发生幅度和损失发生率均偏高，必须统筹考虑保险公司的性价比，在合理的价格内，选择最好的保险公司。本项目最终选择了慕尼黑再保险和PICC结合的保险方案。

另外，在项目启动前，应整体考虑由建设期进入运营期的保险成本变化，因此，应从项目总成本及收入状况来统筹规划总保险成本。如果设计一套长期的、综合性保险方案，将会大大节省保险费用，并为保持项目平稳、持续发展提供可靠的财务保障。

3. 特殊风险的风险管理要点

职业责任损失补偿保险（PI，Professional Indemnity）在通常的工程建设/安装工程项目中，咨询服务商（如设计单位）是由项目公司聘用的，但咨询服务商风险一般不在工程一切险/安装一切险保单的承保范围之内，如果在项目进行中由于设计错误给项目造成任何损失，保险公司或项目公司往往会从咨询单位及其职业损失补偿保险中寻求补偿。

在BOT项目中，虽然咨询设计单位有时是由项目公司聘用的，但有时也是项目公司的一部分，因此，应将咨询单位也纳入共同被保险人之列，一旦发生风险损失就不必单独向咨询单位寻求补偿。值得注意的是：在BOT项目中，设计错误所带来的风险往往高于普通的工程建设项目。

建议职业损失风险处理方案制定中，尽可能地将设计错误风险纳入保单之中，并适度提高设计错误损失赔偿的免赔额，同时要求设计单位提供相应的担保保证。

4. 建设期至运营期的风险移交处理

在普通工程项目中，业主单位在施工单位施工结束后将开始承担全部责任，通常以验收报告方式进行接管。而在BOT项目中，施工单位与业主单位或项目公司为同一单位或项目公司成员，因此，不存在像普通工程项目那样由建设单位向业主单位移交的过程。然而，在由建设期向运营期转移当中，特别是局部工程竣工转向部分运营阶段，如果发生风险损失事故，将会对项目公司经营与财务带来很多问题；如果对过渡期转移的定义不明确，这类问题会更加突出，因为很难区分保单规定承保责任、免赔责任及工期延误等。基于此类问题，项目公司应与各咨询商或分包商／供应商签署相应的协议，以利于保险公司便于核实赔付，从而保障项目公司的经济利益。

5. 生产制造商的担保

如果设备厂商因其自身的风险原因造成供货延误，或因为设备在运营期内无法正常运行或停止运行，将给BOT项目带来无法预测的损失。在这种情况下，项目公司或保险公司自然首先是从设备的生产制造商所提供的担保来寻求补偿。然而，在BOT项目中，由于设备厂商往往也在被保险人之列，因而会将其风险转移给项目公司，类似的赔偿工作就会面临困难。因此要明确界定设备厂商与项目公司的关系，同时也要格外关注保单中的除外责任条款，以防保险公司拒绝赔偿。设备厂商责任保险应注意核查保单中对设备厂商责任除外条款，并适当调高设备厂商的免赔额，以获得足够的风险保障。为此要合理支付保费，统筹考虑设备损失／损坏保障范围与利润损失保障。

6. 银行融资人的风险

对于此类风险，银行通常会要求项目公司与其签署相应的协议或在贷款合同中加以约定，甚至会要求项目公司提供竣工担保保函。有些银行会要求作为保险合同中的共同被保险人，以直接从保险人获得补偿。如前所述，BOT项目在建设期内，若因财产损失而造成项目逾期或延误，而项目公司因尚未得到任何收益无法偿还贷款利息，可从保单项下得到补偿。

7. 利润损失保险 [①]

由于BOT项目融资的绝大部分是来自外部（非企业内部的），而且项目公司缺少其他资金来源，因此对银行来说，利润损失保险对其尤为重要。

在这里相关的保险单中存在一个共同的问题，就是当项目刚刚开始的阶段，因风险损失而造成延误工期，将会对整个项目的竣工带来部分的乃至全面的影响。例如，货物运输损失发生在项目刚刚开始阶段，从而导致整个项目逾期/延误。凡涉及上述各险种项目下的利润损失险，要对项目进展的每个阶段实时跟踪，以确保一旦损失事故发生便于向保险公司索赔。

在BOT项目保险中，供应商扩展条款包含在利润损失险中，这会有效转嫁项目公司的风险。该条款将承保水电站主要设备部分，包括设备制造商在制造过程中发生可保的风险事故而造成的生产/供货延误损失。很明显，此扩展条款对保险公司非常不利，因为设备厂家原本并不是该保险公司的承保客户。这就需要与保险公司协调，调查和评估设备厂家的风险状况，以求获取合理的承保条件和费率。项目公司在利润损失项下，最重要的是保障支付贷款利息和分期偿付贷款。当贷款利息和贷款本金为固定款额时，投保可以考虑按毛利润额设定百分比方式；但在多数情况下，建议采取用全额毛利润额进行投保。

（五）最终的投保内容和范围

1. 非商业保险（海外投资保险）

2007年12月，中国水电同中信保就中国水电投资建设的柬埔寨水电站BOT项目海外投资保险事宜达成一致并签订保单。承保风险为征收、汇兑限制、违约。其中承保的违约事件特指中国水电于2006年2月23日与柬埔寨国家电力公司（EDC）签订的《购电协议》，以及与柬埔寨工业矿产和能源部（MIME）代表的柬埔寨政府签订的《实施协议》和《土地租赁协议》中的以下条款：

（1）《购电协议》

a. 条款8.1.1 商业运行后，柬埔寨国家电力公司按"或取或付"原则购买基本电量。

[①]利润损失保险是对传统财产保险不予承保的间接损失提供补偿。利润损失保险承保被保险人在保险财产从受损到恢复至营业前状况一段时期内，因停产、停业或营业受到影响所造成的利润损失和受灾的营业中断期间所需开支的必要费用。

b. 条款8.1.5 柬埔寨国家电力公司保证在商业运营期内按"或取或付"原则支付基本电量的电价，但是如果因降水不足导致当年发电量低于基本电量，不足电量由此后年份的超额电量中按规定的比例冲减。

c. 条款8.3.1、8.3.2、8.3.3和8.3.4 自1#厂房第一台机组完成调试到第15个商业运行年年末，柬埔寨国家电力公司应按约定方式支付基本电量电费。

d. 条款8 柬埔寨国家电力公司支付电费，其中80%以美元支付，20%以约定的兑换率兑换成瑞尔支付。

e. 条款15.5.3和15.5.6 根据项目企业的电站回购要求，柬埔寨国家电力公司应按约定的终止价格支付价款。

f. 条款16B.2和16B.3 法律变更导致企业成本增加或收益减少，柬埔寨国家电力公司应相应调整电价或予以补偿。

（2）《实施协议》

a. 条款5.3.2 MIME确保项目公司无须为使用水资源缴纳任何费用。

b. 条款5.4.2 MIME确保企业享受非歧视待遇。

c. 条款5.7.2 MIME确保公司只需支付约定的租赁费用，且项目工程范围内不涉及安置移民问题，赔偿和/或获取私人土地的费用不超过约定金额。

（3）《土地租赁协议》

a. 条款2.1 MIME确保项目公司所承租的土地上不存在第三方的抵押权、通行权、承租权等第三方权利。

b. 条款14.3 出租人擅自中止土地租赁协议，须赔偿相应损失。

保单的保险金额：2亿美元，等待期及汇兑限制：90天，征收：180天，违约：180天；赔偿比例及汇兑限制：90%，征收：90%，违约：90%；初始保险期：1年，承诺保险期：15年，免赔额：0。

2. 商业保险

2007年8月，中国人民财产保险股份有限公司天津市分公司国际业务部通过柬埔寨亚洲保险公司（出单公司，根据柬埔寨法律要求，在柬埔寨的项目承保工程一切及其附加险必须由柬埔寨当地保险公司承保出单）为中国水电投资建设的柬埔寨水电站BOT项目公司出单承保商业险。其承保的险种及内容如下：

（1）工程一切险（含延迟投产险）附带第三方责任险

a. 出保单公司：柬埔寨亚洲保险公司。

b. 再保险公司：中国人民财产保险股份有限公司和慕尼黑再保险公司。

c. 被保险人：中国水电甘再水电站项目公司和/或他们的分支和次级公司和/或中国水电建设集团国际工程有限公司和/或柬埔寨国家电力公司和/或直接的和/或特别的承包商和/或任何分包商和/或任何指定的供应商和/或可能的一次又一次指定的供应商和/或借贷人的权益和利息。

d. 保险期限：自2006年11月1日起计共56个月，并外加12个月的保修期。在保险期限延长不超过3个月时不增加保费。保险期限延长超过3个月时，需要征得保险公司的同意。

e. 项目：水电站BOT项目，包括但不限于土建工程，机械和设备安装，输电线路安装和其他相关工程。

f. 位置的限制：第一部分为物资损失，在工地现场范围内及在柬埔寨境内与工程相关的地方，包括贮存场及转运场；第二部分为第三方责任，在工程相关的世界范围内；第三部分为延迟投产，在工程相关的世界范围内。

g. 保险额度：第一部分为工程一切险，保额为2.4亿美元；第二部分为第三方责任，整个保险期限范围内总额为500万美元；第三部分为延迟投产，保险额度为1800万美元，保险内容为借款人的债务、毛利润和固定的管理费，保证期限为半年。

（2）货物运输险

a. 保险公司：中国人民财产保险股份有限公司。

b. 被保险人：中国水电甘再水电站项目公司。

c. 保险期限：自2007年8月1日至2012年4月30日。

d. 保险标的：凡属柬埔寨水电站工程建设项目的货物，不论以何种运输方式运输，均属本预约保险协议可承保范围。货物的包装应符合安全运输的要求。

e. 适用条款：乙方按照"中国人民财产保险股份有限公司货物运输保险条款（CIC条款）"和"英国协会货物条款（ICC条款）"承包。

f. 承保险别：一切险。

g. 责任起讫：从起运地仓库至柬埔寨水电站工程建设项目工地第一仓库。

h. 运输工具：甲方须选择适合于安全运输的运输船舶或经乙方认可的其他运输

工具。

i. 保险金额：本协议项下的总保险按甲方柬埔寨水电站工程建设项目合同规定范围内的货物计算。期末结算时按甲方逐笔申报的投保数据/出运数据计算实际保额。每一保单货物的保险金额，按货物到岸价（CIF价）确定。

j. 免赔额：每次事故人民币20000元。

（3）建筑施工机具险

a. 保险公司：中国人民财产保险股份有限公司。

b. 投保人：中国水电甘再项目公司。

c. 保险期限：自2007年8月1日至2009年7月31日。

d. 保险标的：准备运到项目工地的建筑施工机具设备。

e. 免赔额：每次事故人民币1000美元。

（4）雇主责任险

a. 保险公司：中国人民财产保险股份有限公司。

b. 投保人：中国水电甘再水电站项目公司。

c. 保险期限：自2007年8月1日至2009年7月31日。

d. 保险标的：项目雇员。

e. 保险责任：死亡伤残、医疗费用和重大疾病。

f. 特别约定：特约扩展承保谋杀和袭击，驾驶或者骑乘摩托车、飞机，疾病以及以下热带病：淋巴兹虫病；疟疾；麻风病；肺结核；登革热。

g. 附加险：境外紧急救援意外伤害保险A条款。

三、经验启示

第一，善用中信保。作为一个国际化经营的海外企业，保险无疑在公司经营中起着举足轻重的作用。以上的案例只是简单介绍了在单纯的短期出口项目中中信保保险所起的风险防范作用，其实中信保保险的作用绝非局限于此。应更好利用中信保推动国家和企业的"走出去"战略。

第二，熟悉相关险种，借力海外保险机构。国际上对于工程保险的范围较为广泛，它包含各种各样的建筑/结构安装、机器、设备、材料损坏以及第三者责任险等。不同国家和地区以及不同的保险机构对于工程保险的范畴略有不同，工程保险可包含以下内容：建筑工程一切险（CAR）；安装工程一切险（EAR）；机器损坏险（MB）；第三者责任险；雇主责任险；合同风险以及承包者的设备保险（CPM）；利润损失（LOP）/业务中断（BI）；利润的进一步损失（ALOP）/开业延误（DSU）；完工风险和行业一切险；十年责任险/两年责任险和潜在缺陷的风险等。企业可根据需要灵活选择。

第四章 资金渠道与融资安排

在中国经济持续增长和全球金融危机的背景下，越来越多的中国企业走出国门，参与国际化竞争和经营。而国际融资是企业跨国经营的重要内容，它在一定程度上体现出企业资本运作的智慧和手法，也很大程度决定了企业"走出去"战略的成败。如何设计恰当的融资模式，包括适合的金融市场、融资方式、融资结构、风险控制和资金管理方式，将对企业的海外发展产生决定性的影响。

从中国企业"走出去"的资金运作方式来看，主要资金渠道包括自有资金、国内国际银行贷款、银团借款、杠杆融资以及股权融资等。在最初的"走出去"融资中，企业往往以自有资金换取外汇，支持其海外经营和扩张活动。近年来，随着经济发展和多种融资平台的建立，企业的资金渠道也日趋国际化和多样化。时至今日，企业跨国投资和经营中，海外银团借款、杠杆融资、私募投资和股权融资等多渠道混合搭配、设计精巧的融资结构屡见不鲜，标志着企业国际经验的日益丰富和资金运作的日趋成熟。

本章从中国企业"走出去"的案例入手，重点探讨企业在跨国投资和经营过程中，如何解决其巨额资金需求的问题。本章共分为六个小节，分别从政策性贷款、开发性金融、银团贷款、私募股权等角度，对跨国企业的资金融通渠道、形式、条件和特点进行了详尽的阐述。读者通过阅读本篇中的案例，可见微知著，基本掌握企业"走出去"的主要资金渠道和运作模式。近年来，中国"走出去"企业的融资渠道在种类和数量上都有所增加，企业在选择和组合资金渠道时，既要深悉自己的经济、财务处境与投资意向，也应全方位、多层次掌握资金融通的渠道、条件和成本、风险，妥善设计整体融资和资本运营方案。

第一节　借助政策性贷款支持海外项目

一、加纳布维水电站项目的混合贷款融资

中国水电建设集团国际工程有限公司（简称中国水电）是中国电建旗下国际业务的领军子企业，是SINOHYDRO（中国水电）品牌的持有、维护和管理者，是管理型国际著名承包商，业务覆盖基础设施各领域。

加纳布维水电站是中国政府重要的援非项目，是中国水电在经济欠发达地区承建的第一个真正意义上的EPC水电工程。对于中国水电来说，布维项目是其在加纳的第一个项目，该项目的顺利签约是公司打开加纳及西非市场的重要标志。

（一）布维项目的混合贷款融资模式

布维项目在融资中运用了来自中国的混合贷款融资方式。

加纳是重债穷国（HIPC），受到IMF的监管，举债受限，因此加纳布维水电站的融资必须要满足IMF的要求，即赠与成分要达到35%的比例。为了成功完成项目融资，中国水电多次邀请中国进出口银行和中国出口信用保险公司（简称中信保）的业务主管赴加纳，与加纳财政部、能源部、司法部的官员就项目的融资结构、还款担保等问题进行了多轮谈判，为项目设计了切实可行的融资结构。在最终确定的组合贷款方案中，加纳自筹10%，剩余部分优惠买方贷款和商业贷款各占45%。其中优惠买方信贷额接近3亿美元，创下当时单一项目优贷的最高纪录。

为解决商业贷款担保问题，公司的当地工作组对加纳矿产资源进行全面摸底调查后，提出了用加纳铁矿开采权作为贷款抵押。由于中信保强调担保的变现能力，工作组又引入中国通用技术公司和加纳可可局签订可可出口销售协议，提出以可可豆销售收入作为担保，最终为各方所接受。

利用中国资金实施项目融资对非洲国家来说，是一个新的尝试。在融资模式中，中国水电从融资结构、融资担保措施、合同条件等方面为业主提供了一揽子解决方案，为项目实施争取到了良好的条件。

（二）布维EPC合同中的融资条款设计

在布维项目EPC合同中，针对融资条款进行了特殊设计，从而使承包方成功规避

了工期风险和价格风险。

第一，合同生效以贷款协议生效为条件。中国水电将EPC合同的生效和贷款协议生效相关联，这样做一是满足了合同签署的要求，二是降低了承包商的工期风险。由于融资协议生效日期的存在不确定性，将EPC合同生效和融资协议生效捆绑，能够最大程度降低承包商的工期压力。

第二，附加了调价条款和地质风险条款。在布维项目EPC合同谈判过程中，集团公司在合同中附加了一系列条款，很好地规避了项目的物价上涨和地质风险。其中调价条款由于基准日期选取适当，各变量权重合适，仅此一项条款就为项目增加9000万美元的收入。

二、A公司海外某项目融资的买方和卖方信贷选择

（一）A公司基本情况简介

A公司成立于1958年，是由广东电网公司投资成立的全资子公司。A公司积极实施"走出去"战略，致力于向电力高端市场以及总承包和国际市场的转型。

（二）项目基本情况及融资意愿

2009年，A公司在东南亚某国的电站项目投资总额4000万美元，包括500／220kV变压站和升压站，配套当地的4台600MW以及2台1000MW的发电工程。项目所在国电力工程建设主管部门已经批准了该项目并正式立项。

该项目在技术上没有难度。A公司在中国国内有过很多类似的工程业绩，该东南亚国家的施工条件与中国也非常类似。最大的问题就是如何为项目筹集资金。在该项目中，采取何种方式的融资安排、担保如何设置，是防范风险的关键问题。项目业主原想争取世界银行或者亚洲开发银行的贷款，但由于该国其他项目如水泥、高速公路、港口等占用了较多的信用额度，所以不太可能得到这些贷款。项目业主转而希望向中国的银行融资。

（三）项目融资过程

A公司在该东南亚国家设有办事处，较早获知该项目的需求信息，想策划项目业主与中国的银行达成融资协议，由此直接取得该项目建设工程（EPC），而不再进行公开招标。但A公司是大型国有企业，其重大事项如投资、融资等，均需其母公司批准才能进行。而且考虑到海外工程的不确定性，经过董事会决议，A公司原则上不进

行费用垫支。为了做好项目，A公司做了以下融资方面的工作。

1. 比较买方信贷与卖方信贷的费率差异

为比较买方信贷与卖方信贷费用的差异，A公司假设2009年在该东南亚国家投资一个变电站，合同金额4000万美元，3年建设期，7年还款期，业主提供政府担保，15%自有资金，银行提供85%的贷款（3400万美元），3年提取贷款分别为1000万美元、1600万美元、800万美元，自合同签订开始，根据贷款本金余额计息，从第四年开始等额偿还本金，每半年偿还一次。根据当时（2009年11月19日）中国建设银行和中信保提供的市场报价，买贷、卖贷两种情况下的各项费率见表4-1。

表4-1　A公司海外项目买方信贷与卖方信贷费率差异比较

	利率	管理费	承担费	保险费
买方信贷	1ibor+2200	0.50%	0.50%	5%
卖方信贷	1ibor+80	0.20%	0.20%	5%
费用差异（万美元）	321.3	10.2	19.8	0

两种融资方案费用差异合计为351.3万美元，占贷款金额的比例为10.33%。实际贷款费用受贷款期限、金额、业主所在国、项目性质等各种因素的影响，不同项目的费用差额和比例不同。但通过该计算可以发现卖方信贷在费率方面有明显的优势。

2. 考虑卖方信贷加保理的融资约束因素

A公司分析了卖方信贷加保理受到的约束因素。对A公司来说主要有两个考虑因素：贷款金额和可接受的风险敞口。假设项目业主提供15%的自有资金，85%的银行贷款，合同金额的4.25%占用A公司在银行的授信额度，合同金额的8.5%是承包商的风险敞口。假设A公司可以接受的风险敞口为X，可动用的银行授信金额为Y，则可承担的合同金额上限为min（11.7467X，23.5294Y）。按照A公司在某银行可动用的授信额度0.95亿元，假设A公司可接受的风险敞口为1亿元，按照表4-2的计算，A公司可以承接的卖方信贷项下的承包合同金额总额上限为11.76亿元（约1.72亿美元）。主要约束因素取决于可接受的风险敞口。

表4-2 A公司海外项目贷款金额及风险敞口约束表

（单位：亿）

约束因素		人民币	美元
贷款金额约束	银行授信	0.95	0.14
	贷款金额	19.00	2.78
	合同金额	22.35	3.27
风险敞口约束	风险敞口	1.00	0.15
	贷款金额	10.00	1.46
	合同金额	11.76	1.72

3. 研究公司自主垫资加保理的融资方式

A公司如进行卖方信贷需上级单位审批。对于金额不大的海外项目，可以考虑利用自有资金承担海外工程，即由A公司垫资。自有资金承担海外工程和卖方信贷一样，可就合同金额85%的应收部分（业主提供15%的预付款）的90%购买出口信用保险，存在合同总价款8.5%的风险敞口。工程完工后，通过保理将应收款打包出售给银行，实现资金的回笼。

表4-3是A公司2004—2008年的现金流入流出情况，从表中可以看到，2005—2008年这四年经营活动的现金流出量和流入量比较平稳。截至2008年12月31日，A公司货币资金余额为5.328亿元，具有一定的垫资能力。

表4-3 2004—2008年A公司现金流量情况

（单位：元）

时期	现金流出量合计	现金流入量合计	年底货币资金余额
2004年	659,392,638.73	730,732,176.61	451,728,401.98
2005年	937,740,826.36	1,107,735,918.16	621,723,493.78
2006年	951,996,960.62	1,070,067,774.75	739,794,577.91
2007年	1,055,767,889.00	1,039,618,533.00	723,645,211.48
2008年	1,365,370,076.82	1,174,560,372.07	532,835,506.73

与卖方信贷相比，垫资省去了各种贷款费用，不存在长期借款的债务负担，但在

建设期垫资，占用了企业的自有资金。自有资金投资海外项目受到的制约因素还包括可接受的风险敞口和自有闲置资金金额。

4. 融资方案的选择和后续程序

根据上面的分析，该境外承包的工程项目在融资方案上最终选择卖方信贷加保理的形式。即以A公司作为借款人向中国的银行融资，工程完工后把收款的权利保理给银行，加速资金的回笼，其中的手续费、保理费、借款的资金成本等统一反映到工程报价中，向业主收回。此方案得到了业主认可，最终在和业主初步接触后9个月，签订了工程承包合同。在工程承包合同签订后，融资合同也正式与进出口银行签订。业主的预付款（合同金额的15%）按合同付出，融资款发放条件完全具备，融资合同正式生效。至此，该工程项目融资圆满成功。

三、广西海外工程公司海外项目的流动资金贷款支持

（一）公司简介

广西海外工程有限公司前身为广西区建工局援外办公室、中建总公司广西分公司、广西对外建筑工程总公司，它是经国家商务部核准，具有国际工程承包和进出口贸易经营权的企业，是广西建筑行业对外经营的代表性企业之一。主要在非洲及东南亚等国家和地区开展国际工程承包、成建制劳务分包、项目咨询管理、进出口贸易等业务。

（二）政策性贷款对公司"走出去"的支持

1. 援埃塞俄比亚农业技术示范中心土建工程的政策性融资

援埃塞俄比亚农业技术示范中心土建工程由广西八桂农业科技有限公司总承包、广东省轻纺建筑设计院设计、北京希达建设监理有限责任公司监理、广西海外工程有限公司公司负责施工。工程位于埃塞俄比亚奥罗莫州GINCHI地区（镇），距首都亚的斯亚贝巴市大约90公里。

在工程建设中，公司获得了国家开发银行广西壮族自治区分行的短期流动贷款的支持，国家开发银行广西壮族自治区分行前后给该公司短期流动资金贷款共计人民币2200万元整。

所有政策性融资主要用于建造所需的材料采购、运输以及其他生产经营周转。通过合理使用贷款资金，广西海外工程有限公司圆满地完成了援埃塞农业技术示范中心

项目，并顺利通过了验收小组对该项目的验收。目前该中心已正式运营。

2. 安哥拉工程的短期流动资金融资

安哥拉是广西海外工程有限公司对外工程承包市场之一。在安哥拉，公司主要承包建设安哥拉国家的战后重建项目，这些重建项目的特点是点多、面广、战线长、工期紧、装修档次高，建筑装修除了地方材料能在当地生产和购买之外，其余大部分材料都必须从国内采购后运输过去。

由于工程多，单位合同金额也比较大，公司采购物资所需的资金量也很大，为了缓解资金压力带来的困难，公司通过与广西区农村信用社、中信银行南宁分行金融单位的洽谈与沟通，最终得到了这些金融单位的大力支持。

广西海外工程有限公司于2012年6月至8月共向广西农村信用社借用短期流动资金贷款人民币3700万元整，2012年10月向中信银行借用短期流动资金贷款人民币5000万元整。公司利用上述贷款购买用于安哥拉重建项目建造所需的材料和机械设备以及其他生产性开支。

四、经验启示

目前中国国内提供政策性融资的银行主要包括中国进出口银行、国家开发银行等。上述三个案例中的中国水电海外公司、A公司海外公司和广西海外工程有限公司，都借助政策性贷款的支持，圆满完成了项目执行前和执行中的融资，使合同顺利进行。目前，中国政策性银行所提供的支持企业"走出去"的主要方式包括出口卖方信贷和出口买方信贷等，而企业又可以选择买方信贷加保理的方式，规避应收账款的信用风险。

出口买方信贷是为了解决进口商暂时无力支付而又必须支付给出口商货款的需要，由出口国贷款银行把款项贷款给进口商或者进口国的银行，再由进口商用这笔贷款以现汇形式向出口商支付货款的一种出口信贷融资模式。具体模式又有两种：一是出口国贷款银行向进口商贷款，并由进口国银行或政府或第三国银行为贷款担保，进出口贸易采用即期付款计算方式。二是出口国贷款银行先贷款给进口国的银行，进口国银行再为进口商提供信贷。进口国银行可以按进口商的进口计划中的分期付款时间陆续向出口国贷款银行归还借款，或者可以按双方银行的另行商定的办法还款。

出口卖方信贷指出口国贷款银行向本国出口商提供的中长期优惠贷款，它可以帮助出口商（承包商）解决资金周转的困难，从而出口商（承包商）能够接受进口商延期付款的要求，从而达成商品交易。采用卖方信贷方式，进口商在订货时须缴纳一定数额的现汇定金，具体数额进口商和出口商双方进行商定，定金以外的款项一般每半年偿还一次。

卖方信贷加保理是指在卖方信贷项下，为加快资金的回笼，减少与业主长期的收款手续和还贷的工作量，可在建设期结束工程完工后，将应收业主的款项打包买断式出售给银行，即保理业务。相关的卖方信贷融资成本、保理费用通过合同转嫁到工程报价中。

表4-4是买方信贷和卖方信贷的基本情况对比。

表4-4　买方信贷与卖方信贷的基本情况

	出口买方信贷	出口卖方信贷	备注
借款人	国外进口方（业主）	出口方（承包方）	
贷款利率	OECD公布商业参考利率（CIRRs）制定执行固定利率，或LIBOR加上一定利差后执行浮动利率	人民币的利率参照人民银行公布的贷款利率，美元按LIBOR加减点浮动。也可采用固定利率	（1）利率与借款人的资信、担保有关；（2）卖方信贷的利率低于买方信贷的利率，根据与银行的询价，大约低140个点；（3）DECD和LIBOR的报价模式适用于美元等外币，人民币的利率参照人民银行公布的贷款利率
金额限制	一般不超过合同金额的85%	一般不超过合同金额的85%	出口信用保险公司要求业主自有资金不低于15%
贷款币种	美元或贷款银行认可的其他货币	人民币或外币	若还款资金来源不是人民币，则存在汇率风险
贷款费用	管理费、承担费	管理费、承担费	卖方信贷下的费用比例低于买方信贷下的费用，根据与银行的询价，大约低0.3%，其中管理费在发放贷款后一次性收取，承担费在合同签订后每年计算一次，根据未提取的贷款余额计算，半年支付一次
保险	中信保对贷款金额的95%提供保险	中信保对贷款金额的90%提供保险	不管融资方式如何，同一项目中国出口信用保险公司收取相同的保险费。保险费在保险合同签订后、贷款合同签订前一次性支付
担保	政府财政担保、中央银行担保、商业银行担保	银行授信额度内采用信用贷款，超过授信额度需提供担保	卖方信贷的贷款金额占银行授信额度的5%，即100万元的贷款占用授信5万元

	出口买方信贷	出口卖方信贷	备注
风险管理	承包商不存在利率风险，存在汇率风险	承包商面临利率风险、汇率风险、收汇风险（对于非承包商责任业主和担保银行到期不还款，出口信用保险没有覆盖的部分要由承包商承担）	
对承包商财务状况的影响	无	增加长期贷款和长期应收款	90%以上的长期应收款购买了中国出口信用保险公司的保险，回收性很大

目前大部分中国承包商在解决境外承包工程融资问题时考虑买方信贷方式，对其他方式如卖方信贷、垫支加保理等考虑相对较少。

出口买方信贷模式对承包商来说存在诸多便利之处。业主直接负债，免去了承包商自身承担的中长期债务负担；工程开工后即可从贷款银行获得应由业主支付的货款，即期收汇，避免了收汇风险；承包商不必直接承担进口国的政治国别风险；承包商避免了长期的汇率风险。

但买方信贷方式一定程度上对中国承包商的市场开拓也存在一些不确定性。一是在贷款操作上，买方信贷贷款程序相对比较复杂，办理时间较长。二是前期沟通的工作量较大，需要由承包商协调和安排业主与银行谈判贷款合同以及与中国出口信用保险公司的保险合同，承包商要从中斡旋，并承担相应公关协调费用。三是承包商对项目的控制力弱，存在业主撇开承包商公开招标的可能性。

第二节　借力开发性金融开拓海外市场

一、华为公司海外竞标中的国家开发银行信贷额度支持

（一）华为公司和国家开发银行简介

近年来，华为在国际电信设备市场上发展迅速。根据2017年财报，华为已经成为全球第一大通信设备供应商。在华为发展的背后，离不开国家开发银行（简称国开行）中长期融资服务的支撑。

国开行成立于1994年，原本是中国政策性银行。自2008年，国开行率先确立了商业化转型的战略方向，探索开发性金融的发展路径。

（二）华为凭借信贷额度赢得竞标

海外电信设备销售中，由设备商安排银行为运营商提供融资，是一个普遍模式。电信设备商之间的竞争中，融资能力的强弱至关重要。

自2004年起，华为与国开行签署了多轮开发性金融合作协议，总合作额度达300亿美元。而华为利用这一信用额度降低其资本成本，向买家提供融资。2011年，巴西最大固话运营商Tele Norte Leste Participacoes采购网络设备时，华为的投标脱颖而出。其竞争性优势就在于，华为可借助国开行300亿美元的信贷额度向Tele Norte Leste Participacoes提供融资，以购买华为产品。通过卖方信贷方式，华为与Tele Norte订立了7年信贷协议，使该公司获得了约4%贷款利率。而当时巴西企业的平均贷款利率约为5.99%。

二、中石化与巴西石油公司合作中的开发性金融支持

（一）中石化与巴西石油公司的合作背景

巴西资源极其丰富，有大量的石油天然气和矿产资源可供开采，但缺少资金；中国资源紧张，却资金充足。

2008年第四季度，国际油价重挫，巴西石油公司当季净利只有21.6亿美元，不到其上年净利润的11%。而巴西石油公司近些年先后在巴西东南沿海发现了特大油田——图皮、卡里奥卡油田。这些地区的石油可采储量高达90亿桶至140亿桶。因此，巴西石油公司计划2012年前投资总计1124亿美元。这家南美最大的石油公司正面临着业绩不佳又要加速投资的矛盾。

巨大的资本支出压力下，巴西石油公司高层主动拜访了中国石油化工集团公司（简称中石化）和国开行，提出希望中方给予100亿美元的融资支持。这引起了中方两家企业的高度重视，三方就此进行了一系列探讨。

2009年5月19日，巴西石油公司与国开行达成了为期10年的100亿美元双边贷款协议，中石化则与巴西石油公司签署了另一份长期原油出口协议。

（二）合作中的开发性金融安排

巴西石油公司与国开行的100亿美元双边贷款协议是巴西政府和中国政府合作计

划的结果。贷款将用于巴西石油公司的投资计划，包括从中国购买货物和服务的融资。巴西石油公司以石油作为"贷款抵押物"，并采用现金偿还方式，且当时双方商定贷款利率低于6.5%。

美元贷款利率一般由银行根据国际市场上LIBOR（伦敦市场同业拆借利率）利率上下浮动一定点数，同时考虑借款人的信用等级、抵押物价值高低、贷款期限等因素制定。由当时市场条件来看，该贷款6.5%的利率水平比较合理和公平。2009年，十年期美国国债的收益率为3.21%，6.5%的利率要比美国十年期国债收益率高出许多，这笔贷款对中方而言利润较好。而2009年巴西年基准利率为10.25%，因此，与国开行的贷款利率对巴西而言也十分优惠。

三、经验启示

中国的开发性金融机构主要是指国家开发银行。国家开发银行自1998年以后，逐步探索由国家政策性银行转为开发性金融机构。开发性金融是政策性金融的深化和发展，不但从事传统的政策性金融业务，还通过市场化经营，涉足全新的非政策性领域。目前，企业在"走出去"能够获得的开发性金融支持主要包括两个方面。

第一，综合授信，简化贷款手续。综合授信是指以客户为贷款审核的对象，综合管理客户评级授信和融资业务，评定客户信用等级，核定客户授信额度及相应的融资方案，并使客户在融资方案框架内分次融资。通过综合授信，客户的评级授信融资业务能够一次性完成，客户融资风险也能够得到控制。综合授信着重把握客户整体情况，并大大简化贷款手续所需材料和工作量，提高了贷款效率。企业在海外进行直接投资或并购的过程中，对资金的需求量往往较大，且募集资金的时间也较为紧张。国开行对企业的综合授信大大简化了贷款程序，提高了获取资金的速度，从而帮助企业在海外投资并购中抢占先机。

第二，以优惠的信贷条件助力企业占领海外市场。国开行能够向国内企业或国外进口商提供优惠的出口信贷或中长期贷款。目前中国电信、机车等高技术、附加值大的机电产品、成套设备等资本性货物出口的目标市场主要是发展中国家，这些国家面临的普遍性问题是外汇短缺，出口信贷恰好可以满足资本性产品出口所需要的规模大、期限长的融资要求，最终协助中国企业赢得合作。

第三节　运用BOT项目融资开展国际承包工程

一、中国水电柬埔寨甘再水电站BOT项目融资

（一）项目概况

中国水电建设集团国际工程有限公司（简称中国水电）是中国电建旗下国际业务的领军子企业，是SINOHYDRO（中国水电）品牌的持有、维护和管理者，是管理型国际著名承包商，业务覆盖基础设施各领域。

柬埔寨甘再水电站BOT项目（Kamchay Hydroelectric BOT Project）是柬埔寨政府工业矿产和能源部（MIME）以国际竞标和BOT方式开发实施的水电站项目。中国水电经过投标、评标和合同谈判，于2006年2月23日与柬埔寨工业矿产和能源部及柬埔寨国家电力公司正式签约。项目已于2011年年末进入正式商业运营。

（二）项目融资架构设计

甘再项目的投资结构采用了国际通用的BOT形式公司制组织结构。根据预算投资总额的需要，国际公司投资8055万美元，占总投资额的28%；银行贷款2亿美元，占总投资额的72%。

1. 借款主体的选择

中国水电的SPV公司甘再项目公司是中国水电的全资公司，中国水电拥有项目的控制权和管理权，若以其作为借款人，可避开跨国贷款在法律和贷款管理等方面的障碍。但由甘再项目公司对外融资更加符合国际惯例，也能够使甘再项目成为真正意义上的BOT运作模式。

2. 融资方式的选择

根据甘再项目的实际情况和贷款银行的要求，中国水电选择了项目融资方式。主要考虑的因素有以下几方面：甘再项目为标准的BOT招标项目，可以完全依照国际上通行的BOT项目模式运作；柬埔寨国家电力法律、法规较为健全，法律环境较好；柬埔寨对此项目给予税收、土地征用、特许经营期限等多方面优惠政策；随着柬埔寨致力于国内经济建设，对于电力的需求量也呈上升趋势，项目市场前景较好；政府签订了照付不议的购电协议，且由柬埔寨政府提供付款担保，项目具有稳定的现金流作为

还款来源。

3. 最终融资安排

借款人：甘再项目公司；

币种：美元；

借款额：不超过债务部分（约2.02亿美元）；

贷款期限：结合项目建设及投资回收期考虑；

利率：6个月LIBOR+MARGIN，完工前、完工后采用不同利差；

还款期：项目完工后起至贷款还清结束，每半年还款，具体还款计划待定；

完工担保：项目完工前，股东的母公司（中水集团）提供还本付息的担保；

担保及支持性安排：营运期提供项目资产抵押；设立项目托管账户，托管账户质押；在电力购买协议上设置质押；在特许经营协议上设置质押；柬埔寨政府提供还款保证；借款人投权质押；投保境外投资险以及其他担保及支持性安排。

图4-1是该水电站BOT项目融资的示意图。

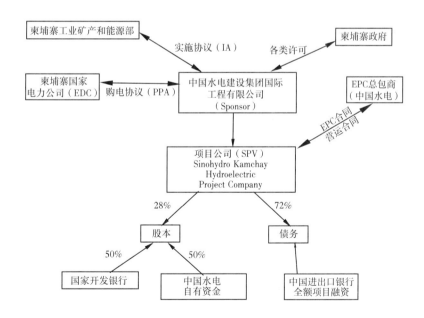

图 4-1 甘再水电站项目的融资及运营结构

（三）保险设计

1. 非商业保险（海外投资保险）

2007年12月，中国水电同中国出口信用保险公司（简称中信保）就中国水电投资建设的柬埔寨甘再水电站BOT项目海外投资保险事宜达成一致并签订保单。保单的主要内容和范围如下：

保　险　人：中国出口信用保险公司

被保险人：中国水电甘再项目公司

投　保　人：中国水电建设集团国际工程有限公司

项目企业：中国水电甘再项目公司

承保风险：征收、汇兑限制、违约

其中承保的违约事件涵盖水电国际于2006年2月23日与柬埔寨国家电力公司（EDC）签订的《购电协议》，与柬埔寨工业矿产和能源部（MIME）代表柬埔寨政府签订的《实施协议》和《土地租赁协议》中的核心主要条款（具体内容见第三章第七节）。

2. 商业保险

2007年8月，中国人民财产保险股份有限公司天津市分公司国际业务部通过柬埔寨亚洲保险公司（出单公司，根据柬埔寨法律要求，在柬埔寨的项目承保工程一切及其附加险必须由柬埔寨当地保险公司承保出单）为中国水电投资建设的柬埔寨甘再水电站BOT项目公司出单承保商业险。再保险公司为慕尼黑再保险公司。其中包括中国人保占80%承保额度，慕尼黑再保险公司占20%承保额度（具体险种及内容见第三章第七节）。

3. 项目担保模式

甘再项目的融资担保结构由以下几部分组成：合同权益抵押、股东质押、土地权益及厂房抵押、机器设备抵押、账户质押、保险转让和抵押担保、股东支持协议。

二、经验启示

甘再项目具有BOT水电项目融资的通常特点，即投资客体的特殊性、投资协议的主导性、项目导向和有限追索、参与主体的多样性、参与各方法律关系的复杂性等，具体表现在以下几个方面。

特许权：柬埔寨政府通过特许权协议，授权签约方中国水电在柬埔寨注册成立项目公司并由项目公司负责甘再水电站项目的融资、建造、经营和维护；

所有权：甘再BOT项目规定的特许经营期为44年（其中建设期4年，运营期40年），特许期间项目公司拥有投资建造设施的所有权，向购电方EDC收取适当费用，由此回收项目投资、经营和维护成本并获得合理的回报；

期满无偿移交：特许期满后，项目公司将建成并运营期满的建造设施无偿移交给签约方的政府部门；

照付不议：提供照付不议的购电协议（PPA），并由柬埔寨政府提供购电的主权担保，从而保证项目具有稳定的现金流。

项目融资：以中国水电柬埔寨甘再项目公司及项目本身信用基础、全部资产、现金流收入为有限追索的项目融资方式，是水电国际资产负债表外的融资方式，对其无追索权。

管理机构与模式：鉴于企业整体利益和商业需求考虑，甘再项目EPC总承包方（中国水电）同业主方现场代表（甘再项目公司）现场合署办公，试行"两块牌子、一套人马"的管理体制，双方经济关系以EPC合同得以明确和界定。

甘再水电站BOT项目之所以能够成功融资并获得项目成功，归功于中国水电多方面的努力。

第一，进行详尽的前期调研。投资项目调研的工作内容，包括项目东道国宏观层面和项目微观层面两个方面。宏观方面包括对项目东道国政治、经济、外资引入政策法规、投资的行业领域发展潜力等投资环境的调研，微观方面包括对项目的技术可行性、财务可行性项目分析报告，以及发展规划、建设用地、环境影响评价、节能评估、资金筹措等开工前的各个环节。

第二，进行整体性项目策划。在初步确定投资环境达到要求以及投资项目技术、财务可行的情况下，公司作为项目发起人开始策划成立项目投资工作小组（项目公司雏形），项目投资工作小组策划项目整体进展计划，包括项目的融资方案、融资结构，项目的EPC承包商和建设计划、项目固定资产投资计划、项目的供应商、运营商等工作。

第三，妥善设计与各方的谈判方案。一是项目公司/发起人与项目东道国政府机构的谈判，需要获取诸如特许经营协议（Concession Agreement）或项目实施协议

（IA），项目产品承购（如PPA）以及项目生产所必需的原料如煤燃料等的供应担保函；二是与项目贷款人及出口信用担保机构（如中信保、多边投资担保机构等）之间的融资谈判，以形成满意的投资保险和贷款协议，完成项目融资；三是与项目的EPC承包商、运营商、重要原料供应商、包销商以及商业险保险公司关于项目实施的谈判，以确保固定资产投资能够获得预期的产品和投资收益；并在项目参与方之间形成合理的风险分担机制。

第四，确保融资结构合理可行。鉴于项目公司是由中国水电投资组建的新公司，为了实现项目公司为借款主体的项目融资顺利进行，集团公司进行了一系列的合同安排来提高项目公司的资信。其中最重要的合同是产品包销合同，这是决定项目收益安全和稳定、减少市场风险的基础。同时，融资主体方面采用了有限追索的项目融资模式，即中国水电作为项目发起人，投资成立专门的项目公司（SPV）作为借款人。

第五，严格控制风险水平。中国水电通过谈判，按照风险分摊原则（将该风险分配给最有能力降低或控制风险的项目参与方）在项目参与方（包括项目发起人、项目公司、EPC承包商、项目贷款人、项目所在东道国政府、保险人、项目产品包销商、第三方运营商等）之间建立起了合理的风险分摊机制，从而将公司在不可控情况下可能遭受的损失控制到最低水平。

第四节　利用银团贷款完成"走出去"融资

一、五矿集团收购诺兰达的融资方案

（一）收购背景简介

诺兰达是世界第三大锌生产商、第九大铜生产商，拥有世界第三大镍生产商鹰桥公司（Falconbridge）60%股权。截至2003年年底，诺兰达总资产82亿美元，在全球雇有1.5万名员工。诺兰达公司注册地在加拿大，并分别在纽约和多伦多上市（TSE:NRD，NYSE:NRD）。

受加拿大国内劳资纠纷及海外市场运作成本增加影响，诺兰达在2003年及之前数年，盈利状况并不理想。2004年5月，它决定把公司整体出售，并得到持有42%股份的最大股东布拉斯堪（Brascan）支持。 2004年9月份，中国五矿集团（简称五矿）向诺兰达矿业公司提出一项动议，希望能整体收购对方。随后两家公司就收购事宜开始进行排他性谈判。

（二）融资方案的设计和调整

与诺兰达2003年底82亿美元的总资产相比，五矿2004年的总资产是40.1亿美元，只及诺兰达的一半。并且五矿资产负债率高达69.82%，自有资金非常有限，必须借助外源资金进行并购融资。

五矿最初设计的融资方案是，由国家开发银行牵头，联合中国工商银行、交通银行等国内银行，提供23亿美元左右的本、外币贷款，再加上五矿及其他国内矿业公司，共同组成约27亿美元的资本金。然后，再由亚太、欧美一些商业银行组成国际财团，贷款15亿美元左右，与国家开发银行等共同组建一个SPV公司来提供贷款。

按照五矿和国家开发银行的计划，在全面收购后，诺兰达将成为私人公司，五矿通过出售诺兰达部分资产可以收回部分资金，然后重新上市，出售部分股份获得现金。此外，五矿本身也将在海外上市融资。

这是时下最为流行，也是最和国际接轨的收购融资方案，但是五矿的财务顾问公司花旗银行在和国外商业银行接触时，却没有得到后者的支持，其中一个重要的原因就是如何还款的问题。在整个融资和后续的计划中，五矿都没有考虑诺兰达因为连续数年亏损，可分拆售出资产并不多，且由于诺兰达工会的强势，对这种变卖公司的行为肯定会多加抵制。

最终五矿并购所需40多亿美元贷款全部由国有银行解决。但是，这又为加拿大舆论认为五矿收购有中国政府支持而不断质疑留下了伏笔，最后并购谈判功亏一篑。

二、万华化学收购匈牙利BC公司的融资方案

（一）收购背景简介

万华化学集团股份有限公司（简称万华化学）是亚太地区最大的MDI（二苯基甲烷二异氰酸酯，制备聚氨酯的关键原料，广泛应用于轻工、化工、电子等领域）制造商。

BC公司位于匈牙利东北部，前身是建于1949年的博苏化工厂（BVK），1991年改组为现在的BorsodChem有限责任公司（简称BC公司），并于1996年正式上市。2006年

被欧洲最大的私募基金Permira全额收购，随后退市。2009年5月，受金融危机影响波及，BC公司业务收缩，开工不足、财务费用高企导致债台高筑。截至2009年年底，BC公司总资产16.45亿欧元，亏损1.6亿欧元。此时BC公司的估值较低，正是收购的好时机。行业内的欧美巨头受到反垄断法的限制，不能对其进行收购。行业外其他投资公司不具备产业整合优势，而且金融危机之中也不敢贸然出手。

（二）收购过程的融资设计

2009年5月，万华化学领导层与合成国际投资管理公司（万华化学的股东之一、香港PE公司）组成并购小组开始操作。首次会面谈判仅15分钟，万华化学就打道回府。阻碍在于BC公司当时的大股东是欧洲最大的私募基金Permira，其不愿意出售BC公司。

万华化学并购小组经过缜密调查发现，BC公司当时负债10亿欧元，包括高级债7.5亿欧元和次级债2.5亿欧元。次级债与高级债都即将到期，但原股东Permira已无力继续投入资金。由于市场低迷，BC公司债券的价格很低，之前价值2.5亿欧元的次级债目前只值5000万欧元。而万华化学只要控制次级债的2/3，就能具有BC公司重组方案的否决权。

发现这个破解之道后，合成国际通过其广泛的金融网络，迅速拆借3000万欧元，通过香港的机构在公开市场大举收购BC公司的次级债。借此，万华化学获得了谈判的资格。

2009年11月，万华化学宣布，根据BC公司的重组计划，万华化学已成为BC公司少量持股的股东。

2010年2月，万华化学进一步收购BC公司高级债，宣布将向其提供1.4亿欧元（1.89亿美元）资金，并已获得全面收购买入期权，由此可能在24个月内控制BC公司全部股权。

2010年6月，万华化学将其持有的BC公司债权转换为38%的股权，并向BC公司贷款1.4亿欧元，支持其完成未竣工的化工厂。同时，万华化学拥有在未来两年进一步增持股份的选择权。

2011年2月，万华化学行使其买入期权，持有的BC公司股份从38%增加到96%。至此，万华化学获得BC公司的全面控制权，收购战落下帷幕。

（三）收购中的融资手段

2011年2月，万华化学母公司万华实业公告称，其通过海外控股子公司收购BC公司96%的股权，交易标的总金额为12.63亿欧元。

这一总额由三部分组成：首先是为推动BC公司第二套16万吨／年TDI装置建设，万华实业海外子公司为BC公司提供了1.4亿欧元借款；第二部分是为BC公司提供9亿欧元银团贷款，用以置换BC公司原有9亿欧元贷款（原贷款利率最高至15%），承贷方为BC公司；此外，万华实业付出2.23亿欧元作为收购BC公司股权的对价及支付中介费用。

万华实业实际用于增资收购BC公司股权的资金仅为2.2亿欧元左右，但若将并购前期收购次级债和后期为BC公司进行债务置换的资金需求考虑在内，就是一笔仅凭万华实业自身难以解决的巨款了。即使万华实业本身具有雄厚的资金实力，想要将巨额资金支付给海外的BC公司，也需要经过有关部门的审批。如此一来很可能贻误最佳收购时机。

于是，万华实业决定在海外筹集收购所需资金。这其中，以中国银行牵头的银团贷款起到了重要作用。

在收购第一阶段，即在公开市场收购BC公司债券的情况下，利用了内保外贷的融资方式，通过中国银行香港融资平台，先后在香港筹资4亿欧元，从而保证万华实业及时、准确地在市场上收购了BC公司部分次级债和高级债，取得了收购谈判的主动权。

在收购的第二阶段，万华实业利用了中国银行海外的分支行网络，由中国银行作为牵头行，组建银团，给万华实业提供了9亿欧元的贷款，协助万华实业成功完成了债务置换。

三、经验启示

中国企业"走出去"的主要融资渠道来源于自有资金、国内银行贷款以及银团贷款等负债融资。相对于国内银行贷款，银团贷款有着成本、风险、战略等多方面的优势。

银团贷款最大的特点就是能够满足企业的大额资金需求。在传统银企双边贷款方式下，由于银行向同一借款人发放贷款资金，须遵循法律或监管机构对单一客户贷款集中度加以限制的要求，因此客户在开展某些大型项目时产生的巨额资金需求往往得不到满足。企业在海外进行投资或并购，往往具有巨大的融资需求，而通过银团贷款，多家银行联合，按各自资本规模和承受能力分别提供资金支持，就能够突破有关法律障碍，满足"走出去"企业的资金需求。

通过银团贷款进行海外融资，还能够享受低于中资银行贷款的基准利率。目前国内企业从中资银行贷款的最低利率在7%左右。欧美等国则一直将基准利率维持在一个较低的水平，而国际银团贷款一般是以LIBOR为基准利率，进行上下浮动。即使加上承贷费、管理费、代理费等其他费用，也低于国内的融资成本。

人民币升值情况下，通过海外银团贷款能够规避汇率风险。"走出去"的企业在海外融资中，借入美元贷款、以人民币收入进行还款的情况下，若人民币持续升值，则在无形中获得了汇率上的收益，节省还款成本。

同时，企业选择海外银团贷款进行融资，也必须对相关风险进行防范。

第一是政策风险。虽然中国有多家银行已经可以牵头组织海外银团贷款、中国企业的海外银团贷款中也经常出现海内外大银行联合贷款的情况，但为保持人民币汇率的稳定和货币政策的独立，中国仍然对国际资本的进出实行比较严格的限制。根据《境内机构借用国际商业贷款管理办法》，中国对于中长期国际银行贷款的宏观管理采用指标控制的办法。因此，国内企业选择国际银团贷款必须关注政策风险。

第二是利率风险。目前，国际金融市场的商业银行贷款普遍采用浮动利率，国际银团贷款通常有LIBOR+加息率组成。LIBOR随着国际金融市场上的资金供求情况上下浮动，当国际金融市场的利率波动较为频繁时，就给企业带来一定利率风险。

第三是汇率风险。如前所述，在人民币对美元升值的情况下，在海外进行美元贷款融资能够减少借款成本。但若进行其他币种下的银团贷款，或美元贷款下的美元汇率持续走强，都会给企业带来较大的还款压力。企业应积极建立对冲投资等风险防范机制，以应对可能出现的汇率波动。

第五节　协同股权基金进行海外投资并购

一、三一重工联合中信产业基金收购德国普茨迈斯特

德国普茨迈斯特公司在业内有着"大象"之称，是全球最知名的工程机械制造商之一，尤其在混凝土泵车制造领域，市场占有率长期居于世界首位。虽然在技术上全球领先，普茨迈斯特的业绩却并不理想。其产品售价高、销量却很低，自金融危机之后，其净利润持续下滑。截至2010年12月31日，普茨迈斯特总资产4.91亿欧元，净资产1.77亿欧元。2010年全年实现销售收入5.5亿欧元。而金融危机前的2007年，该公司销售收入为10亿欧元。

由于当时欧洲经济的不景气、欧债危机的影响以及公司发展已不如从前，普茨迈斯特打算召开收购招标会，将公司予以出售。2011年12月20日，普茨迈斯特公司访问三一重工集团，表达了竞购邀约的意愿。2011年12月23日，普茨迈斯特公司向各家企业发出正式的竞购邀标函，其中包括美国的机械巨头卡特彼勒公司和中国中联重科公司。2011年12月30日，中联重科集团先于三一重工集团收到了国家发改委关于收购普茨迈斯特的批复。

但三一重工提前主动和普茨迈斯特的管理层进行了接触联系并达成了有关的收购意向。2011年圣诞节过后，三一重工集团董事长梁稳根向普茨迈斯特公司创始人卡尔·施莱西特寄出了一封邮件，信中表达了与其合作的意愿。4个星期后，梁稳根和卡尔·施莱西特会面，经过几个小时的密切交谈，卡尔·施莱西特同意只与三一重工集团洽谈收购事宜。这之后，普茨迈斯特取消了收购招标会，并宣布三一重工成为最终的收购者。

三一重工控股子公司三一德国有限公司联合中信产业投资基金（香港）顾问公司（简称中信产业基金）于2012年1月20日与德国普茨迈斯特公司的股东Kar Schlecht Stiftung和Karl Schlecht Familienstiftung签署了《转让及购买协议》。

2012年1月31日，三一重工发布公告称，将以旗下三一德国有限公司为平台，联合中信产业基金收购普茨迈斯特公司100%股权。

德国当地时间2012年4月16日，三一重工集团及中信产业基金与德国普斯迈斯特

公司的大股东在德国完成了普茨迈斯特公司的股权转让的交割手续，标志着三一重工集团正式完成了对德国普茨迈斯特公司的收购。

收购交易中，三一德国和中信产业基金共出资3.6亿欧元收购普茨迈斯特100%股权，其中三一德国出资额为3.24亿欧元（折合人民币26.54亿元），收购90%股权，中信产业基金出资0.36亿欧元，占股权10%。

二、中联重科携手私募股权基金收购意大利CIFA

（一）并购背景

长沙中联重工科技发展股份有限公司（简称中联重科）成立于1992年，主要从事建筑工程、能源工程、交通工程等国家重点基础设施建设工程所需重大高新技术装备的研发和制造。

意大利CIFA是具有80年历史的著名混凝土品牌，位列世界混凝土机械第三。2008年，其主要股东Magenta股权投资基金因自身资金原因需要把持有CIFA股权出售。

（二）交易结构和税收筹划设计

1. 融资难题与战略投资者的加入

根据中联重科与CIFA达成的交易定价，CIFA股权作价折合人民币39.88亿元，支付方式为100%现金股权（占到交易额的67%）+33%卖方承债。中联重科收购全部股权的60%，占到2007年中联重科经审计的净资产的65.9%。

而中联重科2007年经营现金流只有4.6亿元，资产负债率已达到57.47%，即使不进行额外的债权融资，合并报表后的资产负债率也将达到67%。其他外部融资途径，如在A股市场增发配股，则会受到其控股股东较低持股比例的限制。其直接控制股东为湖南省建机院，持股42%，湖南省国资委持有建机院股份比例约为59.7%。建机院当时正在注销过程中，如其注销完毕，则湖南省国资委作为公司第一大股东，将持有中联重科24.9913%的股份。增发配股的可能性几乎没有。

无论债权融资还是股权融资，要么涉及财务弹性不足和流动性风险，要么涉及控制权转移风险，收购所引发的风险都很大。引入私募股权基金作为共同投资者，成为中联重科的必然选择。

2. 离岸投融资平台设计与税收筹划

中资企业，尤其是国有背景的中资企业收购欧盟企业，可能会面临来自标的母国和欧盟的审查和监管，需要设计收购主体以求减少不确定性。同时又由于各国规定的预提所得税问题，需要选择合适的避税结构。依照中意两国之间的税务协定，资本或利得离开意大利要征收高达30%的预提所得税。而通过恰当的第三国设置，可以规避或减少预提所得税。

中联重科早年曾在香港设立过一家全资控股子公司——Zoomlion H. K. Holding Co. Lt（中联重科（香港）控股有限公司，"中联香港控股公司"）。利用该公司，本次交易再次设立了一家全资子公司（"香港特殊目的公司A"），该香港特殊目的公司A与共同投资方弘毅、高盛和曼达林在香港合作设立一家香港特殊目的公司B，在B中，中联重科通过香港特殊目的公司A持股60%，弘毅持股18.04%，高盛持股12.92%，曼达林持股9.04%。香港特殊目的公司B将于卢森堡设立一家全资子公司——卢森堡公司A，通过卢森堡A设立另外一家全资子公司——卢森堡公司B，卢森堡公司B将于意大利全资设立一家意大利特殊目的公司，并由该意大利特殊目的公司收购CIFA100%股权。上述操作完成后，意大利特殊目的公司和CIFA将进行吸收合并。

在以上一系列SPV（特殊目的机构/公司）设置过程中，利用的条件是意大利和卢森堡皆为欧盟国，彼此免除预提所得税；再利用卢森堡与中国香港之间的双边税务协定，免除从卢森堡流向中国香港资本的预提所得税。只要资金不流回中国内地，内地也不征收所得税。

通过该结构，有效解决了母国监管问题、预提所得税规避问题以及海外资金流动监管问题。

（三）融资结构分析

1. 第一次结构化融资

在整个并购交易中，中联重科和共同投资人（弘毅、高盛、曼达林）共同出资近2.71亿欧元，合计人民币26.72亿元，占本次交易额的67%。在该结构中，中联重科控制交易额的60%，绝对额为16.03176亿元，共同投资方出资10.687亿元，占67%中的40%。

2. 卖方杠杆融资

中联重科对外披露说达成100%的股权收购，但实际上股权价格与实际支付存在33%差额（CIFA股权作价折合人民币39.88亿元，实际支付人民币26.72亿元）。这其中的原因是中联重科把对方的股权结构化了，只认可交易额的67%为股权。

CIFA曾于2006年有过激进的股权重组行为，股权中有一定比例的对赌条款，因此这部分股权被作为卖方债权融资处理。因此，卖方杠杆融资占33%，约为13.16亿元。根据公开信息披露，"关于CIFA最终承债的境外借款，中联重科共同投资方已于2008年6月19日获得意大利圣保罗银行的承诺函，并与之签署有关费用函和过渡性贷款协议，于本次收购成交后，中联重科及共同投资方于上述有关融资安排文件项下的权利、义务均由CIFA境外控股公司（意大利特殊目的公司）承担，中联重科及共同投资方对该笔借款不承担任何还款及担保责任。"

3. 再次结构化融资

本次交易中，中联重科自身承担的支付是股权交易的60%、全部交易额的40.2%。这意味着16亿元的现金支付，而2007年中联重科的经营现金流只有4.6亿元人民币，必须进行进一步融资。

中联重科决定采取80%负债、20%自付的结构进行融资，解决自身现金流量小、体量小所带来的融资和支付风险问题。这部分资金来源主要有两个渠道：一是获得中国进出口银行湖南分行提供的2亿美元（约合人民币13.8亿元）融资安排的承诺函；二是剩余的0.5亿美元（约合人民币3.45亿元）支付资金将由公司以自有资金支付解决。

中联重科2007年的经营现金流量为4.6亿元人民币，除了3.45亿元人民币的收购支付外，还有1亿元人民币剩余。

总而言之，在交易阶段，中联重科在本次交易中实际出资仅为3.45亿元人民币。其融资支付的压力，通过第三方股权、卖方负债、自身负债等方式进行了分散解决。

三、经验启示

相比其他形式的对外直接投资，海外并购可以更快获得目标公司的先进技术、资源、营销渠道、市场等。但走出国门进行并购的中国企业往往受限于资金渠道少、海外并购经验不足等条件和外部环境的限制，常常在国际市场上受挫。

专业的股权基金公司通常拥有充裕的资金、专业的管理团队和丰富的海外并购交易经验。三一重工集团联合中信产业基金收购德国普茨迈斯特公司，中联重工联合弘毅、高盛和曼达林收购意大利CIFA，都是借助股权基金进行海外并购的案例。

联合股权投资基金进行海外并购，可以弥补企业相关经验的不足。中国企业通常没有海外并购的经验，对目标所在国并购方面的法律法规、工人工会和目标公司的企业文化、公司管理了解甚少，贸然进行并购必然面临极大的风险。为有效防范并购风险、提高并购成功率，联合具有海外并购交易经验和大型公司管理经验的基金公司就成为企业的选择之一。

联合股权基金公司进行并购，可以获得融资上的支持。联合金融中介机构进行海外并购不仅可以改善企业的负债情况，还可以增加企业的融资渠道。此外，私募股权基金通常作为战略投资者，参与并购策划和并购后的运营，一方面可以解决在出现良好海外并购机会时企业因融资困难而没有足够资金进行海外并购的难题，另一方面还可以分担公司在以后日常经营中的财务风险。

联合股权基金公司进行并购，可以有效降低整合风险。并购后的整合既是通往并购成功的必由之路，也是并购成功的关键部分。大型私募股权基金公司往往拥有优质的人力资源、卓越的管理和组织能力，其参与并购后的运营，可弥补企业并购后管理能力的不足。作为共同投资人的股权基金通常会与主要投资人签订投资协议，就投资风险和收益进行约定。公司在并购后的经营收益的好坏将直接影响股权基金公司的收益，为了获得丰厚的回报，基金公司必将竭尽全力协助企业进行并购后的整合管理。

第六节　科学设计并购融资交易安排

一、华能收购新加坡大士能源融资和经营安排

（一）华能与新加坡大士能源的基本情况

华能国际电力股份有限公司（简称华能国际）是华能集团控股的全资子公司，中国最大的上市发电公司之一。公司主要业务为投资、建设、经营管理电厂，发电业务广泛分布于境内及境外的新加坡。

大士能源有限公司是新加坡三大电力企业之一，成立于1995年，装机容量267万千瓦，占新加坡总容量的26%。其发电资产投产时间较晚，装备先进，管理稳定，环保水平高。大士能源还通过其子公司进行电力零售，拥有新加坡16%的零售电力市

场份额。此外，大士能源与新加坡燃气供应私人有限公司（GSPL）和新加坡胜科天然气公司分别签署了长期用户协议（2023年到期）。

2008年3月，华能集团成立境外全资子公司中新电力（私人）有限公司（简称中新电力）。同月，中新电力与新加坡主权财富基金淡马锡签署了收购大士能源有限公司100%股权的协议，交易价格为42.35亿新元（折合人民币约210亿元）。2008年4月，华能国际与华能集团签署转让协议，受让华能集团拥有的中新电力100%股权。

（二）华能收购大士能源的交易过程设计

2007年10月，新加坡重启电力资产私有化进程，淡马锡拟出售其在新加坡的三家全资发电厂，即大士能源电厂、圣诺哥电厂和西拉雅电厂。大士能源是其中第一家出售的子公司。淡马锡向全球意向投资者发出竞购邀约，并采取国际通行的二阶段竞标拍卖方式。

在接受淡马锡邀请后，华能对大士能源进行了覆盖宏观环境、生产经营、企业管理、发展战略、财务状况、人力资源等各方面的全方位尽职调查，并于2007年底顺利与来自日本、中国香港、中东等地的其他五家企业入围第二轮。

2008年1月的第二轮竞标更加激烈，而淡马锡也对最终收购者有着全方位的要求：一方面看投标价格的高低；另一方面为保持大士电厂未来的稳定运行，还要求投资方具有雄厚的行业背景、稳健的财务状况，以及可靠的融资方案。

经过激烈角逐，2008年3月，华能集团击败其他5家竞争对手，成功胜出。2008年3月10日，华能集团在新加坡成立实施项目收购的特殊目的公司——中新电力（私人）有限公司。3月14日，华能集团与淡马锡签署了股权收购协议，交易金额42.35亿新元（约合30亿美元）。2008年4月29日，华能集团公司将中新电力100%股权转让给华能国际。

在此之前，华能国际一直密切关注并积极筹划并购大士能源。在国内，由于电力市场的国家强力监管，发电企业利润较低，毛利率仅不到10%，资产收益率更是不到3%，有时还会出现大面积的所谓"政策性亏损"，对企业正常的运转带来不可控影响。就在收购之时的2008年第一季度，由于煤价成本大幅上涨，华能国际正经历着较大幅度的业绩滑坡。而新加坡的电力市场则有着高度市场化的交易平台与空间，是发展国际化市场的良好选择。

而之所以由华能集团出面收购大士能源、再将股权转让给华能国际，主要是因为当时淡马锡要求华能尽快交割，必须在7个工作日内完成所有现金交付。而华能国际作为在三地上市的上市公司，如此重大的并购交易和资金转移项目必然涉及公司相关信息披露、股东大会等因素，几乎不可能在淡马锡的时限要求之内完成并购。于是，通过华能国际的大股东——华能集团先期完成操作，并购完成之后再进行内部资产转移成了最优的选择。

截至2013年，华能国际与新加坡大士能源的"跨国联姻"已进入第五个年头。项目整体税后盈利及年均回报率都较高，提升了华能国际的整体利润水平。

（三）收购中的融资安排

华能集团及旗下子公司华能国际在收购大士能源及其后的运营中的融资共分为三个阶段进行。

1．并购融资阶段

华能集团在并购中确认竞价成功后，于2008年3月10日在新加坡设立了一个专门用于并购用的中间公司——中新电力。通过中新电力，华能于3月24日向淡马锡全额支付了42.35亿新元（约合30亿美元），其中1.97亿美元为自有资金购汇，7.88亿美元进为中国进出口银行的短期贷款，6亿美元为中国银行短期贷款，另外从境外10家银行取得了22.5亿新元的无追索权的项目过桥贷款。这样华能集团完成了此次并购的第一阶段融资工作，完成了并购支付。

2．并购后的再融资阶段

2009年，华能为了偿还过桥贷款，开始了新一轮融资。受金融危机影响，华能始终无法与境外银行就融资主要条款达成一致。华能最终与境外银团解除委托，同时委托中国银行进行了新的筹资安排，并最终于2009年9月与以中国银行为首的银团签署总额32亿新元、为期23年的融资安排，并同步偿还原来的过桥贷款。此外，从2008年到2010年，华能国际在国内先后发行了总额250亿元人民币的短期公司债。这样华能将过桥贷款转换为长期银团贷款及公司债券，以债务融资为主，确保企业融资的税收收益。

3．调整资本结构的权益融资阶段

由于债务融资数额较高，华能国际资产负债率居高不下，2010年12月，华能国际向大股东华能集团定向发行了15亿A股股票、5亿H股股票，共筹集资金104亿元人民币。这是本次并购融资的第三阶段，公司从自身资本结构及财务状况出发，进行了权益融资。同时为了保证企业的控制权，采用了向大股东定向增发的手段。

新收购的大士能源由于本身运作良好，盈利稳定，母公司没有再向公司注入运营资本。至此，华能收购大士能源的融资全部结束。

（四）以税务筹划为目的的股权结构安排

华能国际境外全资子公司中新电力于2008年3月从境外银团和中资银行海外分行共借入贷款合计约32亿新元。其中，境外银团过桥贷款22.5亿新元。重组前公司的股权结构如图4-2所示。

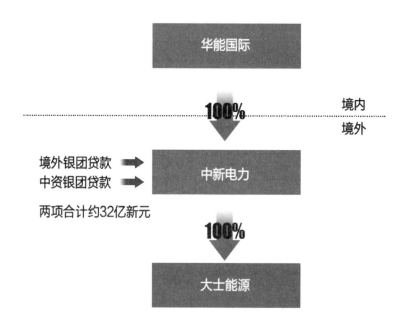

图 4-2　华能国际收购大士能源重组前股权结构

根据新加坡当地企业所得税法规定，只有直接用于购买生产经营性资产的贷款的利息才能在税前抵扣。而中新电力贷款购买的是大士能源的股权，其贷款利息不能税前抵扣。为了将中新电力的股权收购贷款转变为资产收购贷款，华能国际及其子公司大士能源实施了以获得利息可税前抵扣为目的的公司重组方案。

由大士能源成立新的全资子公司——大士发电私人有限公司（简称大士发电）作为融资主体，借入新的银行贷款收购大士能源现有的发电资产和售电业务，大士能源取得出售资产收入后再以分红方式提供给中新电力，用于偿还中新电力原有银行贷

款，进而完成整个项目的重组和融资过程。公司重组过程及重组后股权结构如图4-3
所示。

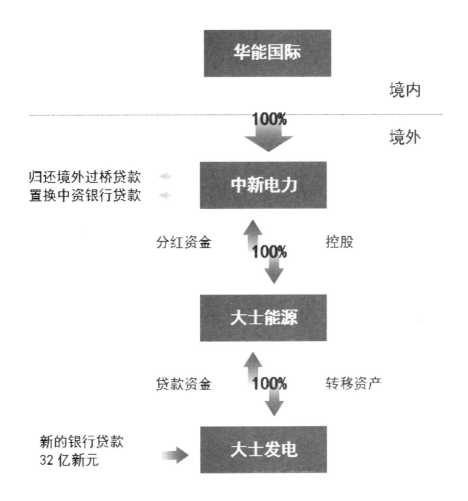

图 4-3 华能国际收购大士能源重组后公司股权结构

重组结束后，华能国际持有中新电力100%股权，中新电力持有大士能源100%股
权，大士能源持有大士发电100%股权，大士能源成为控股公司，大士发电成为实体
公司，全部银行贷款由壳公司中新电力下沉至实体公司大士发电，按新加坡税务局的
要求，大士发电购买资产的贷款利息可在税前抵扣。

在公司重组方案中，华能国际抓住中资银行在全球金融危机后外汇资金充裕的有
利时机，通过"内保外贷"模式成功实施了总额约32亿新元（约合150亿元人民币）

的公司融资，其融资成本大大低于境外银团提供的贷款方案，经初步测算，公司在贷款期15年内可累计节省利息净支出约30亿元人民币，经济效益显著。由于中新电力再融资收购贷款高达约150亿元人民币，贷款利息的税前抵扣可为华能国际带来可观的节税收益。

同时，在华能国际对大士能源的重组和再融资中，由于部分并购贷款来自中银香港，华能国际借重组安排顺利将中资银行的贷款行所属地由中国香港转至中国内地，从而使中资银行的利息预提税从15%降至7%，充分地发挥了中资银行的融资优势。

二、经验启示

跨国并购交易往往需要巨大的资金量，投资企业必须严格设计融资方案，以保证顺利完成并购支付。华能在收购大士能源的过程中，整个交易结构、融资手段和步骤以及纳税筹划的设计都值得称道。

第一，多融资手段并用，保证快速支付能力。在交易金额巨大的国际并购中，单一融资手段在支付往往显得十分单薄，也难以得到出售方的认可。华能并购新加坡大士的交易中，一次性支付给出售方淡马锡42.35亿新元（约31.75亿美元、211亿元人民币）。华能在并购中运用了多种筹资方式，包括自有资金、银行（银团）的短长期借款、短期债券、增发新股。

第二，多阶段规划融资，迅速完成并购支付。在获知中标后，华能需在一周内完成并购的现金支付，这么一大笔资金在这么短时间内是不可能通过上市公司华能国际完成融资规划的。只有通过大股东华能集团进行多阶段规划，第一步以银行短期过桥贷款完成并购支付，第二步以国内银团贷款置换过桥贷款，第三步再由华能国际进行股权融资。

第三，先海外融资，再国内融资。此次并购的融资支付，如果由华能国际直接在资本市场上进行权益融资，需要经过复杂的审批和实施程序，费时费力，而且不能达到出售方淡马锡的时间要求。相比之下，国外资本市场融资方式相对灵活，能够满足短期内获取资金的要求。但国内企业在海外进行借贷的资本成本又相对较高。因此，先自海外银行借入短期过桥贷款，在并购完成之后，再用资金成本较低的国内银团贷款置换短期过桥贷款。而当大量借贷之后，资产负债率过高、财务风险达到一定程度后，再利用定向增发股票形式进行筹资，一方面保证了偿债能力、降低财务风险，另一方面，定向增发的方式也保证了大股东对企业的控制力。

　　第四，并购贷款时注意保持合理的资本结构。在大量运用"贷款并购"的情况下，企业财务风险必然上升。为避免偿债能力的下降影响到企业经营活动的持续性和稳定性，公司必须注意适时调整资本结构，使资产负债率位于合理的区间范围。在华能并购大士能源的贷款中，先后进行了贷款融资和再融资，充分获得了财务杠杆的税收利益。但是，在并购完成当年的2008年年底，华能国际的资产负债率高达78%，显示出较大的财务风险。为此企业又于2009年进行了权益融资，及时对资本结构进行了优化。

　　第五，充分利用东道国国内优惠政策降低税负。东道国税前扣除所提供的税收利益，是并购企业需要在并购筹划中重点考虑的因素。尤其是并购贷款的利息支出、并购会计处理方法中购买法的资产评估增值的折旧等税前扣除项目，是并购企业获取税收利益的重要途径。

第五章　税务筹划与交易设置

　　国际税务筹划指跨国企业在经营过程中，遵从各国税法及国际税收协定，对纳税主体的投资经营等应税活动进行合理安排和控制，实施避税，以达到少缴税或递延纳税目标的一系列谋划活动。国际税务筹划的目标是使跨国企业全球税负最小化，从而实现集团整体利益最大化。

　　国际避税是指跨国纳税人利用两个或者两个以上的国家（地区）的税法和国际税收协定的差别、漏洞或缺陷，规避或减轻其总纳税义务的行为。国际避税应在法律允许范围内进行。对于跨国企业来说，国际避税可以降低税收负担，从而增加企业利润。国际避税一般通过变更经营地点、经营方式以及资产跨越税境的流动或不流动等方式来实现。其主要方式包括国际避税港、国际转移定价、国际税收协定以及电子商务等其他方式。

第一节　税务筹划是跨国公司的普遍选择

一、税务筹划相关概念

（一）资本输出中性原则和资本输入中性原则

　　资本输出中性原则和资本输入中性原则是一国制定国际税务政策遵循的基本原则之一。资本输出中性原则一般是大经济体的选择，经济体量较大，有较多资本对外输出；资本输入中性原则一般对应的是小经济体，通过税收来创造优势吸引投资。

　　资本输出中性原则对应避免双重征税的抵免法。资本输出中性原则重点关注本国的居民纳税人对外投资，并从境外获得收入，与完全在境内投资获得收入的居民纳税人在税法上受同等对待。美国是资本输出中性原则的代表。美国对本国的居民企业在境外设立子公司投资与在国内投资同等对待。如果境外纳税低，该所得分配回美国（股东）时需要补税。

资本输入中性原则对应的是免税法。资本输入中性原则关注的是对外国投资者和本国投资者受同等对待。荷兰是资本输入中性原则的代表国家。对于通过荷兰进行的对外投资所获得的收入，无论外国政府如何征税，一般无须在荷兰补税。

（二）属地优先原则

双重征税是指两个或两个以上国家，对同一纳税人就同一征税对象，在同一时期课征相同或类似税收。避免双重税收协定是指国家间为了避免和消除向同一纳税人、在同一所得的基础上生重复征税，根据平等互惠原则而签订的双边或多边税收协定。

各国征收所得税，都不同程度地基于所得来源地原则和纳税人居住地原则行使税收管辖权。避免双重税收协定，就是在纳税人居住地国与其取得所得的来源地国之间做出双方都能接受的协调安排，从而避免征税重叠。

当前各国处理双重征税问题共同遵循属地优先原则（territoriality supremacy principle），即当一国政府行使居民管辖权对本国居民纳税人在世界范围的所得征税时，对于其中来源于国外的部分，应优先考虑有关国家行使的地域管辖权对此已征税的事实。

（三）税基侵蚀和利润转移

税基侵蚀和利润转移（Base Erosion and Profit Shifting，BEPS）是指跨国企业利用国际税收规则存在的错配与不足，以及各国税制差异和征管漏洞，人为地造成应税利润"消失"或将利润转移到没有或几乎没有实质经营活动的低税负国家/地区，最大限度地减少其全球总体税负，甚至达到双重不征税的效果，造成对各国税基的侵蚀。

税基侵蚀和利润转移，扭曲了竞争和公平，使得跨国企业可以利用税收筹划获利，从而获得比国内经营的企业更大竞争优势；BEPS产生的收益可能导致扭曲的投资决策，使投资流向税前回报低而税后回报高的经营活动，从而导致资源的错配。

（四）反避税

反避税是指政府为了使纳税人的涉税行为符合政府税收立法意图，以及为了依法及时足额征收税款而对避税行为采取的抵制措施。

反避税是政府对避税行为的一种管理活动。从狭义上理解就是通过加强税收调查，堵塞税法漏洞。从广义上讲包括财务管理、纳税检查、审计以及发票管理。

二、苹果公司的国际避税

2012年4月，《纽约时报》发表文章指出，苹果公司前一年利用各种避税手段成功避税数十亿美元。其避税方式包括在零税率的内华达州雷诺市设立办事处，收集苹果公司利润并进行投资。在雷诺市设办事处只是苹果公司为了避税而采取的许多合法方法之一，苹果公司还在爱尔兰、荷兰、卢森堡和英属维尔京群岛等低税率地区设立了不少分支机构，以帮助它减少纳税。

2013年5月，美国国会参议院举行听证会，就苹果公司"海外避税"问题对苹果公司高管进行质询：（1）苹果公司向海外（美国以外）转移利润：苹果公司2012年年末拥有1450亿美元现金或现金资产中有1020亿美元游离于美国海外，几乎没有缴税。（2）海外关联公司的非税收居民身份：苹果公司在爱尔兰的两家关键的关联公司自我否定了爱尔兰的居民纳税人身份，也不承认为美国的税收居民，它们分别是（Apple Operation International，AOI）和（Apple Sales International，ASI）；（3）滥用成本分摊协议：成本分摊协议是苹果公司把数百亿美元的利润转移到爱尔兰的主要工具。

2013年，美国参议院出具报告，称苹果公司利用美国税法中的漏洞，通过设在海外低税率国家、地区的子公司，将利润转移到避税天堂。该报告显示，苹果公司有1450亿美元现金储备，其中大约1020亿美元存在海外。在这笔庞大的海外现金中，有740亿美元存放于爱尔兰子公司。而在2009年至2012年，苹果公司几乎没有为这笔现金缴纳税款。

美国的税法是建立在这样一种观念之上的：即一家公司赚取利润的地方就是价值被创造出来的地方，而不是产品被卖出去的地方。因此，税务专家们认为，苹果公司的大部分利润应该在美国。但是，苹果公司的财会人员用许多种合法的方法将大约70%的利润转移到税率比美国国内要低很多的海外地区。

苹果公司避税的问题出现后，美国的参议院专门委员会对其进行过调查并发布了300多页的报告，美国证券交易所（SEC）对其也进行过调查，但是，所有的结论都是苹果公司的整个的税务架构是合法的，从法律上来讲没有任何问题。另外，苹果公司签署的成本分摊协议每年都经过美国税务局审查的，美国税务局也都一直认可。

那么，苹果公司是怎么做到的呢？

（一）苹果公司简介

苹果公司（Apple Inc.）是一家总部位于美国加利福尼亚州库比蒂诺的跨国科技公司，公司业务为设计、开发和销售电子产品、电脑软件和在线服务。苹果公司由史蒂夫·乔布斯、斯蒂夫·活兹尼亚克和罗·韦恩等人于1976年4月1日创立，当时名为美国苹果电脑公司（Apple Computer Inc.），2007年1月9日起更名为苹果公司（Apple Inc.）。苹果公司是全球收入最高、市值最高的信息技术公司之一。截至2017年9月，该公司雇用了12.3万名全职员工。2017年《财富》美国500强排行榜上，苹果公司排名第3位；2017年世界500强中，苹果公司排名第9位。

苹果公司虽然设在美国，但它的大部分利润来自海外市场。虽然苹果公司将产品的生产和装配业务外包给了海外的其他公司，但它的高管、产品设计师、营销专家、员工、研发部门和零售店都在美国。

（二）美国税收法律相关规定

1. 受控外国公司（Controlled Foreign Companies，CFC）规则

1962年，美国国会通过了其国内收入法典的F分部[①]条款，提出了特定意义的受控外国公司。受控外国公司（CFC）是指由本国居民股东所控制（单个持有表决权股至少10%以上）的外国公司，该公司必须为外国居民，且本国股东握有经营、决策等实质影响力（控制权）的公司。美国税法规定，符合一定条件的受控外国公司（如子公司）的所得需要当期在母公司所在国纳税。

CFC法律制度规定，如果一个外国公司在某一税务年度内连续30天为美国的受控外国公司，即使该公司没有将股利分配给美国股东，则美国股东仍必须将该股利视同已经分配并入自己的应纳税额中进行纳税。CFC规则是一项反避税措施，是美国为了防止跨国公司把利润囤积在避税天堂长期不汇回，拖延或逃避在美国纳税而制定的规则，是世界上第一个CFC规则。后被世界各国效仿。

美国CFC规则涵盖的收入范围主要包括五个部分：（1）外国私人控股公司所得。一般是消极所得，主要为股息、利息、特许使用费、租金、年金、销售或置换产

---

①该名称由来是因其在法典中的位置（位于法典N部分的F分部，951至960条）。

生消极所得的财产的净收人、外汇、视同利息的所得、代替股息的支付等。（2）外国基地公司销售所得。（3）外国基地公司服务所得。（4）外国基地公司石油相关的所得。（5）特定保险所得。

F分部涵盖的所得，还有几个重要的例外，如"同一国家所得排除"（same country exclusion）规则，"生产制造例外"（manufacturing exception），也即FPHCI和FBCSI这两个重要例外：受控外国公司进行积极营业活动收取来自非关联人的特许权使用费不属于F分部所得，受控外国公司自己制造产品然后销售获得的所得不属于F分部所得。

2. 打钩规则（check-the-box rule）

美国税法下有一个"打钩规则"，即税务主体识别规则。纳税人可以填一个表格，通过打钩方式选择某实体在税法下的认定：公司、合伙企业或无视实体（disregarded entity）。在打钩规则下，除了上市公司会一般被认为属于当然公司实体外，可以选择将美国的海外各个子公司视为税法上不存在的实体对待。

比如美国公司A在中国根据公司法投资设立了一个有限责任公司B，在美国税法下可以选择将其视为无视实体。那么，A公司被视同在中国设立了一个分支机构，A和B属于同一个法人。

3. 成本分摊协议（Cost Contribution Arrangements，CCA）

成本分摊协议是两个以上企业之间签订的一项契约性协议，当不同主体参与到资产的研发或生产时，各参与方通过协议，确定各自承担的成本与风险以及相关利益，在计算应纳税所得额时应当按照独立交易原则进行分摊。

跨国科技公司国际避税，往往利用成本分摊协议，实现无形资产的所有权、使用权和收益权的转移。

4. 有限责任公司（Limited Liability Company，LLC）

一种公司的组织形态。自1997年美国新税务法规允许LLC股东选择按照合伙企业或者独立法人实体进行纳税申报（及前述"打钩规则"）后，LLC公司在税务上被称为"穿透实体"，营业收益将直接转嫁到股东，不用缴纳公司所得税，再加上LLC股东的有限责任及LLC运营上的灵活性，LLC公司开始被广泛使用。

当前，美国2/3以上的新公司都是LLC类型。尤为著名的是特拉华LLC，特拉华州以著名的"特拉华漏洞"、巴拿马式的保密规则、税收优惠和商业友好的普通法闻名。

（三）苹果公司（避税）架构设计

苹果公司的避税架构设计见图5-1。

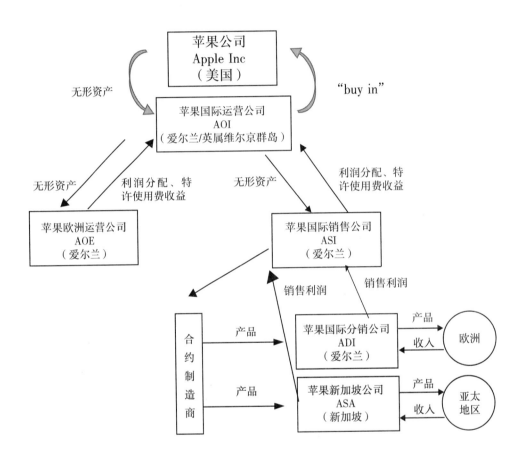

图 5-1 苹果公司避税架构设计

资料来源：根据公开资料整理。

（四）苹果公司避税模式

1. 在低税地区设立分公司避税

（1）在雷诺市设立分公司

2006年，苹果公司股价大幅增长，存在银行账户里的现金也大大增加，于是，苹果公司到内华达州的雷诺市建立了一家名为Braeburn Capital的分公司来管理和投资公司的现金。当北美的消费者购买了一款iPhone、iPad或其他苹果产品时，收入就会被转入由Braeburn Capital控制的账户，然后投资到股票、债券或其他金融品种。

如果Braeburn Capital的办公地点设在库伯蒂诺市，那么它将按8.84%的企业所得税率纳税。但在内华达州，苹果公司无须缴纳企业所得税和资本利得税。而且，Braeburn Capital还可以帮助苹果公司降低其他各州的纳税，因为那些州的纳税法规规定，如果一家公司的财务管理在其他州进行，那么纳税基数可以降低。

（2）在卢森堡设立分公司

苹果公司在卢森堡设立了一家名为iTunes SARL的分公司。这家分公司只有几十名员工，或许对外界而言，这家公司存在的唯一证据只是一个贴着"iTunes SARL"的邮箱而已。

卢森堡是低税率国家，人口仅有50万。卢森堡向苹果公司和其他科技公司提供低税率的条件是它们必须让那些交易经由卢森堡完成。当欧洲、非洲或中东地区以及其他地区的消费者下载了一首歌曲、一部电视剧或一款应用程序的时候，销售收入就会出现在卢森堡的这家分公司。据苹果公司一位高管称，iTunes SARL 2011年的收入超过10亿美元，占iTunes全球销售额的20%左右。

2. 以爱尔兰为核心，精心构建海外避税网络（双层爱尔兰—维尔京群岛架构）

爱尔兰是苹果公司避税策略的核心。爱尔兰企业所得税税率12.5%，为世界最低之一。而苹果公司经谈判后，以苹果公司把爱尔兰作为建立海外子公司网络的基地作为交换条件，获得了爱尔兰税收当局的税收裁定（相当于特殊纳税条款，或称预约定价协议），按照税收裁定的纳税条款规定，苹果可把实际税负压低至不到2%。

在2015年1月1日前，爱尔兰在判定一个公司是不是爱尔兰的税收居民时，标准不是公司注册地而是实际管理机构所在地。苹果公司架构中，AOI、ASI和AOE三个公司的注册地都在爱尔兰，但实际管理机构所在地不在爱尔兰，因此，都不是爱尔兰的税收居民。

而美国税法规定以公司注册地决定税收管辖权，而不看公司实际管理机构所在地在哪里。可以说，爱尔兰和美国的税制非常"契合"，所以，苹果公司20世纪80年代起，就把爱尔兰作为其国际避税筹划的中心。

（1）设立AOI，成为双重非税居民

苹果公司首先在爱尔兰设立子公司苹果运营国际公司（Apple Operations International，AOI）。

AOI于1980年成立，这家子公司是为苹果在美洲以外业务而设的主要控股公司。其注册地在爱尔兰科克郡，公司本身没有雇员、没有办公场所，就是一个信箱公司（空壳公司）。但是，AOI实际管理机构在英属维尔京群岛，英属维尔京群岛属于国际避税港，免征企业所得税。AOI的经营管理活动就是不多的一些董事会。

爱尔兰以实际管理机构所在地为标准来定义税收管辖范围，AOI虽注册在爱尔兰但实际管理机构在英属维尔京群岛，因此AOI公司不是爱尔兰税收居民，其利润无须在爱尔兰纳税。

AOI的董事会有三个人，其中两个是美国人，公司的33次董事会会议中（根据至少到2013年的记录）32次都是在美国开的，并且这个公司的资产都是由苹果公司在美国的公司来进行管理，银行账户也在美国而不在爱尔兰。但是，AOI注册在爱尔兰，因此也不是美国的税收居民。

AOI公司是法律意义上的存在，但在此前30多年中，可以被称之为"世界非税务居民"，意思是指它在世界任何的一个国家都不是税务居民。2009—2012年，AOI报有300亿美元净收入，同期却未向任何一国政府缴纳企业所得税。

（2）设立ASI，成为爱尔兰非税收居民

AOI在爱尔兰又设立了苹果国际销售公司（Apple Sales International，ASI），同样，ASI注册地在爱尔兰但非爱尔兰税务居民，只就爱尔兰认定的收入在爱尔兰缴纳所得税，董事会会议全部在美国召开。

ASI公司作为委托方，与代工制造商富士康签署协议，委托富士康生产苹果产品。产品生产完成后，ASI会和苹果国际分销公司（ADI）以及苹果新加坡公司（Apple South Asia Pty Ltd.（Apple Singapore），ASA）签署销售协议来负责销售产品。所有欧洲、中东、非洲、印度和亚太地区的销售收入全部直接计入爱尔兰ASI，而不管产品销售是否在爱尔兰以外的国家发生。

ASI公司拥有使用苹果公司知识产权的权利，负责苹果公司在美洲以外地区的苹果手机产品的生产和销售。ASI每年向苹果公司支付巨额的知识产权开发分摊费用，2011年支付20亿美元，2014年支付更多。

（3）设立AOE，成为爱尔兰非税收居民

AOI在爱尔兰设立了苹果欧洲运营公司（Apple Operations Europe，AOE），AOE在爱尔兰有一个生产基地，生产苹果电脑产品。2012年前，AOE的雇员人数很少，可以忽略不计，2012年以后才有250名雇员。

AOE注册地在爱尔兰但非爱尔兰税务居民，只就爱尔兰认定的收入在爱尔兰缴纳所得税，董事会会议全部在美国召开。AOE公司也拥有使用苹果公司知识产权的权利，并支付大量许可费。

3. 利用成本分摊协议，将巨额收益转移到爱尔兰公司

基于知识产权保护的目的，苹果公司的知识产权全部登记在美国，这也是大部分美国跨国公司的做法。AOI（ASI/AOE）通过与苹果公司签署成本分摊协议，"共同研发"知识产权，分摊苹果公司的研发费用，并共同享有知识产权的收益权。欧盟委员会公布的报告显示，ASI在2011年向苹果公司支付超过20亿美元，分摊研发费用。

成本分摊协议的前提建立在一个非常美好的愿望之上：从事研发的公司对知识产权的未来前景不清，此时大家共同投资、分摊风险。万一有收益，就按照约定比例来分摊收益。在现实中，大多数美国跨国公司只有在确定知识产权一定会成功的情况下才会签署成本分摊协议。苹果公司会根据当年境外和美洲所销售产品的收入比例来分摊其知识产权的开发成本，仅此而已。但事实上，苹果公司几乎所有的研发人员都在美国，ASI并没有承担任何风险。

根据协议，苹果公司收取苹果产品在美洲（包括北美洲和南美洲）进行产品销售所获得的收益，而ASI可以获得在世界其他地方销售美国产品所获得的收益。从美国参议院调查披露的信息看，在调查年度苹果公司（美国）获得的收益不到整个公司收益的40%，ASI占苹果公司整体收益的60%多，大量收益因此被转移至ASI。也就是说，苹果美洲以外的收益几乎都转移到了爱尔兰。

4. 利用爱尔兰税收裁定，巨额利润仅缴纳少量税收

1991年，爱尔兰授予苹果公司税收裁定，2007年再次授予类似税收裁定（相当于特殊纳税条款，或称预约定价协议）。内容是爱尔兰税务机关允许ASI和AOE这两个公司按照公司的运营成本的8%～20%视同应纳税所得额，而不是按照实际销售收入缴纳企业所得税。这两个公司只有几百名雇员，一些办公的成本，这些运营的成本是非常低的。因此，苹果公司通过预约定价协议以非常合法的方式绕开了爱尔兰

12.5%的所得税。

爱尔兰给予苹果公司的两个税收裁定，相当于同意ASI和AOE仅一小部分利润在爱尔兰公司纳税，大部分利润无须纳税即可归属虚拟总部AOI（称其为虚拟总部，是指其仅存在于纸面，既没有雇员，也没有办公场地和实际业务）。2013年前，根据爱尔兰税法这是允许的，被称为"无国籍公司"。以2011年为例，ASI利润高达160亿欧元，仅不到500万欧元利润属于爱尔兰应税所得在爱尔兰纳税，其余利润归"总部（AOI）"无须纳税，ASI实际税负仅为0.05%。至2014年，实际税负更低至0.005%。AOE的情况也差不多，大部分利润无须纳税即转移至AOI。

5. 利用避税地维尔京群岛，实现海外利润完全不纳税

ASI和AOE利用爱尔兰税收裁定，仅缴纳少量所得税，即将利润转移至其虚拟总部（AOI）。

由于AOI实际管理机构在英属维尔京群岛，无须在爱尔兰缴纳所得税，而维尔京群岛免征所得税。这样，苹果公司实现了海外利润不用缴纳所得税。

6. 利用"打钩规则"，绕开受控外国公司制度，避开美国管辖权

美国法律中受控外国公司（Controlled Foreign Corporations，CFC）规则规定，美国公司的海外公司都需要把所获利润汇回美国，负担美国税收，其目的是为了防止跨国公司把利润囤积在"避税天堂"长期不汇回利润，即上述情况的发生。

按照CFC规则，苹果公司爱尔兰控股子公司实现的股息、特许使用费、相关销售所得、服务所得等等，都需要作为当期所得在美国纳税。

但是，美国税法中有一个所谓的"打钩规则"，即税务主体性质识别规则。它允许美国公司自行选择境外公司的纳税地位。企业自己判断，可以选择把境外公司作为一个实体来对待，也可以选择不作为实体来对待。这是税务部门给企业一个选择权，由企业自己去把握，类似于鼓励促进美国公司对外投资给予的延迟纳税待遇。其逻辑是美国税务机关认为这个所得是通过在境外设立的受控子公司获得的，迟早是要回到美国的，回到美国时总归要纳税。

苹果公司利用打钩规则，规避了CFC法规。苹果公司选择将爱尔兰上述五个公司视同美国税法上不存在的法律实体，因此苹果公司无须当期在美国为爱尔兰受控公司所得缴纳所得税。这样，实现了完美避税。

这就是为什么参议院调查委员会调查报告认为，苹果利用爱尔兰和美国的税法差

异漏洞，在2009—2012年间至少有740亿美元收益没有或几乎没有缴纳所得税。但调查未发现有关苹果公司违法逃税的任何证据。

（五）欧盟对苹果公司的调查及后续发展

2014年6月，欧盟委员会对爱尔兰等国家给予苹果公司的税务优惠调查报告认为，爱尔兰给予苹果公司的税收优惠涉嫌违法，并宣布11月6日起开始正式深度调查程序。

2016年8月，欧盟委员会对苹果公司避税问题发布了调查报告，报告认为，爱尔兰对苹果公司授予了不合法的税收优惠，致使其多年来大量少纳税。欧盟裁定，爱尔兰应向苹果补收2003—2014年在爱尔兰应纳税额130亿欧元及相应利息。对此苹果予以否认并提起上诉，爱尔兰政府也不承认给予了非法补助。

苹果公司认为，各国现存税收制度的差异为国际避税活动预留了空间，跨国企业在全球范围内配置价值链，通过复杂的税制设计，利用现行国际税制体系的漏洞，在全球范围内做到税负最小化，从而最大化增加经营活动的现金流是合理的，并没有违法偷税漏税。

不过，苹果公司等跨国企业将收入转移到税率较低的爱尔兰缴税，令欧洲多个国家采取行动，对跨国公司施压，让其在本国多缴税。

2015年，苹果公司同意支付给意大利3.18亿欧元，以结束政府机构的长期税务调查。2016年1月，在经历了多年审计后，谷歌公司同意向英国税务海关总署支付1.3亿英镑退税，并改变税费计算方法。2017年12月，Facebook称会更改自己的纳税结构，在低税率的爱尔兰分公司少录收入。2018年1月，苹果分公司之一苹果英国（Apple UK）在英国税务海关总署"扩大化审计"之后补缴税款8100万英镑，当月稍早另一个位于英国的苹果分公司苹果欧洲（Apple Europe）向英国税务海关总署补缴了1.37亿英镑税款。

国际避税或获取税收优惠，是跨国公司在国际经营中必须考虑的重要事项，一般会通过税收筹划来实现。国际税收筹划已经成为跨国企业经营管理的一个重要环节。成功的税收筹划将最大限度地减轻跨国公司在全球的整体税务负担，有利于实现企业价值最大化。

经济全球化的深入发展，跨国企业全球一体化的经营模式，各国税制之间的差异，加上避税港的存在，以及一些国家为吸引外来投资实施的税收竞争，为跨国企业实施国际避税提供了空间和土壤。

随着中国从资本输入国成为资本输出国，中国企业"走出去"正在加速，了解国际避税和税收筹划的发展及趋势，积极学习国际一流公司税收筹划的观念和技术，促进自身税收筹划水平的提高，合理避税、增加企业价值，是中国跨国企业走向世界的重要标志之一。

（六）数字经济时代，税收规则正在调整

1. 税收管辖权确定存在难度

数字经济时代，很多商品是数字化的无形商品，看不见、摸不着，消费者都不一定清楚是从哪个国家购买的，税务机关很难进行税源管理。这给传统的税收管辖权划分原则带来系统性挑战，即现行国际税收框架不能确保纳税地点与经济活动发生地及价值创造地相匹配。比如，苹果APP平台有众多收费软件，它们可存储在任何国家的服务器上，只要有网络，就能销售世界各国的人们，苹果公司在很多国家都注册了公司，传统的税收管辖权划分原则难以适用。

在2007年之前负责苹果公司iTunes在欧洲市场的零售宣传和销售业务的罗伯特·哈塔（Robert Hatta）曾表示："我们在卢森堡设立分公司的原因是这里的税率很低。下载和销售拖拉机或钢铁贸易不同，因为它是无形商品贸易，不管你的电脑在法国或是英国，这都没有关系。"

2. 无形资产定价及转移监管难度大

此外，数字经济领域无形资产多，无形资产的定价问题将直接决定跨国企业的利润和成本，从而影响其在税收居民所在国的纳税所得。比如，苹果公司产品价值链可简化为研发、生产和销售三个部分，其中研发是苹果公司创造价值的主要环节，研发形成的知识产权是苹果公司的最重要资产，据此制造并在全世界范围内销售的苹果产品，其创造的利润本都应该归属于苹果公司。然而，通过成本分摊协议，其知识产权被转移至爱尔兰公司，由此也转移了巨额利润至美国以外。正如有批评指出的，"现有的税收征管制度还是建立在工业（产品）时代"，而由知识产权形成的无形资产的转移及定价与此差异很大。此外，数字产品或服务很多是直接销售给境外消费者个人（B2C），对此税务机关确认企业收入也存在一定困难。因此，税收监管难度大。

不仅苹果公司，其他美国科技公司巨头也纷纷想方设法避税。谷歌公司的文件显示，2011年该公司在英国销售额达40亿美元，但其在英国的分部当年纳税金额仅340

万英镑，尽管公司的毛利率高达33%。2012年，谷歌公司将61亿英镑（约合99.6亿美元）收入转移至百慕大群岛的空壳公司，从而在全球避税超过10亿英镑（约合16.3亿美元），同时在英国仅缴税600万英镑（约合979万美元）。2011年，亚马逊在英国支付的所得税仅为不到100万英镑；2012年，亚马逊在英国实现33亿英镑（约合52亿美元）销售额，但却并未上缴任何公司税。

3. 税收规则需要调整并适应数字时代

2013年5月，苹果公司首席执行官蒂姆·库克出席参议院听证会，否认苹果公司逃税，称公司对于海外资金的处理方式完全符合美国的法律及相关监管规则。苹果公司方面还建议美国国会考虑修改税收法，以便能够"适应数字时代和高速发展变化的全球经济"。

一方面，目前各国对数字贸易尚无合适的纳税监管办法和手段，税收征管制度需要尽快适应性调整；另一方面，跨国公司可以利用现有税制的漏洞，积极税收筹划进行避税。

三、国际反避税进程加速

税收是一国财政收入的重要来源。随着跨国公司巨额避税案件频出，各国税务部门都在积极保障其税务收益，对激进的税收筹划进行更严密的监控，提高对税务违规行为的惩罚力度，以打击逃税、避税。

2012年起，经济合作与发展组织（OECD）一直致力于制定防止税基侵蚀和利润转移（BEPS）计划。2016年1月27日，31个OECD成员国签署协议，承诺将共享跨国企业信息，共同打击企业避税行为。各国正加速推进合作，全球打击避税力度不断加大。

2017年6月7日，OECD共60多个国家和地区在巴黎签署了《实施税收协定相关措施以防止税基侵蚀和利润转移（BEPS）的多边公约》。随着BEPS在国际税收协定和各国国内税法层面的实施趋势，国际税收格局日趋复杂和不确定。欧盟调整税收方案，美国大幅度减税，这些，都将给跨国企业税收筹划带来很大的不确定性和不稳定性。

（一）经合组织BEPS项目进展

2012年起，OECD一直致力于制定防止税基侵蚀和利润转移（BEPS）计划。

2013年，OECD发布了税基侵蚀和利润转移（BEPS）报告，估计"税基侵蚀和利润转移已耗费了每年4%～10%的企业税收收入"。

2015年10月OECD秘书处发布了BEPS项目的最终报告和一份解释性声明，得到了各国政府的积极支持及响应。该报告可能是国际税收最重要的报告之一，对跨境贸易的税收基本规定和原则有着极大的影响。

2016年1月27日，31个OECD成员国签署协议，承诺将共享跨国企业信息，共同打击企业避税行为。逃避税收的企业可能会面临对欠税征收一倍或双倍的罚金。

2017年6月7日，OECD在巴黎签署了《实施税收协定相关措施以防止税基侵蚀和利润转移（BEPS）的多边公约》。中国大陆、香港特别行政区、日本、韩国、印度、新加坡、印度尼西亚、澳大利亚和其他60个国家和地区成为《公约》的首批签署国。《公约》旨在将国际税改BEPS项目的成果应用于全球3000多个税收协定中；此外，《公约》也将使各国政府可以通过BEPS项目所制定的其他税收协定措施来完善本国的税收协定。

很明显，BEPS项目进展很快，各国正加速推进合作，全球打击避税力度不断加大。

（二）欧盟国家调整税收规则

苹果公司、谷歌公司、Facebook等科技巨头将利润转移到爱尔兰、卢森堡等低税率国家，招致了欧盟越来越多的批评。近几年，欧盟委员会开展了不少反政府补贴调查，涵盖的范围很广，包括转让定价APA安排（Advance Pricing Arrangement）、税收预先裁定等，荷兰、卢森堡、爱尔兰都被调查过。欧盟反政府补贴调查对国际税法格局影响较大，企业开展国际税收筹划时要予以关注。

迫于欧盟压力，2014年10月，爱尔兰政府颁布了新的规定，修改了税务居民规则。2015年1月1日后，新设公司只要公司注册地在爱尔兰都被视为爱尔兰税务居民。被称作"双重爱尔兰"的"税收优惠"条款，将不再向新注册的公司开放，而5年之后（即至2020年）该条款对目前已享有的公司也将失效。

2018年3月4日，法国财长勒梅尔（Bruno Le Maire）在接受法国媒体采访时透露，欧盟将在本月披露针对全球科技巨头的新税收方案：废除现有的按利润计税，转而按照营收计税，税率在2%至6%之间。此前2月底，外媒从欧盟委员会得到的一份草案文件内容显示，针对年总收入超过7.5亿欧元，且在欧盟年数字销售额超过1000万欧元的企业，欧盟将按照消费者属地而非企业属地征税，税率在企业合计总收入的1%至5%之间。

（三）美国通过减税法案

2017年12月22日，美国总统特朗普签署了自1986年以来美国最大规模的减税法案。法案于2018年1月开始实施。根据这份法案，美国联邦企业所得税率将从现在的35%降至21%。在个人所得税方面，大部分税率有所下降。此前，苹果公司CEO库克参加美国参议院听证会时也曾指出，（美国）过高的税收将削弱美国的竞争力。

美国减税也将是跨境税制的重大变化。一方面，有望促成美国跨国公司回流，加速已出现的制造业回流趋势，促进就业、增加税收；另一方面，减税也将影响和改变美国大型跨国高科技企业创新在国内、利润在国外的现状，从而改变其国际税收筹划架构和运作。

美国减税将对全球投资贸易造成重大影响。美国的原有税制是欧洲维持高税率的一个重要支撑因素，美国税改将打破全球税制均衡，或将在全球开启一轮政策性竞争，并对全球经济格局造成冲击。甚至可以说，美国减税，将改变国际贸易投资规则，从而改变跨国公司经营管理模式和税收筹划策略。

四、经验启示

在国家"走出去"战略的指导下，中国企业积极融入全球化发展。2016年，中国对外投资额首次超过外国直接投资额，成为"净对外投资国"，可以说，中国企业正越来越多地通过对外投资合作，成为跨国企业。中国跨国企业虽然积累了较为丰富的海外投资经验和一定的国外税收法律法规知识，但在跨国税收筹划和合理避税方面，很多企业还缺乏正确认识和了解，对税收筹划还未引起足够的重视，也缺乏一流的全球税务专业人才，这显然不利于企业国际化运营和价值最大化。

如何从案例中汲取经验、获得启示，为我所用，是本章的价值所在。

（一）正确认识税收筹划和合理避税

中国企业要正确认识税收筹划。很多人认为税收筹划就是不交税或者少缴税，混淆了税收筹划与偷税漏税的概念。企业在进行税收筹划时，既要合理合法地实现节税，又要避免陷入偷税漏税的误区，要将整体利益和局部利益、眼前利益和长远利益综合考虑，实现企业利益最大化。

税收筹划是对涉税业务进行合理筹划，以合法的手段达到节税目的，减少企业税收支出，从而使企业整体利益最大化。企业整体利益最大化才是税收筹划的最终目标。为此，跨国公司可把收入、成本、资本借贷和盈利分配到对其最有利的税务辖区内。

企业要想进行合理避税，就应当对税法十分熟悉。唯有对税收法律法规非常了解和熟悉，才能合法合理地借助税收法律法规的差异或漏洞来进行企业避税筹划。要做到跨国避税，还需对国际相关税制税法以及外汇管制和会计处理等相关规定非常了解，在国际范围内筹划企业经营活动，把有关税收的政策应用到企业经济活动上，最大限度地降低税收负担，从而增加整个集团的收益。

税收筹划应与业务战略相匹配，实现企业价值最大化。跨国公司在开展国际税收筹划时，要注重业务战略和税务规划的统筹兼顾，从企业整体经营战略出发，不局限于个别国家（地区）、个别税种的筹划，也不仅仅着眼于节税目的，而是整体筹划未来跨国关联交易事项和纳税事项，实现企业集团利益/价值最大化。

（二）跟踪适应国际税制变化和反避税形势

近些年，苹果公司等跨国企业通过设立复杂的海外控股结构及关联交易来降低海外税负进行避税，引起了各国政府的高度关注。欧盟委员会发起了多起反政府补贴调查，欧洲各国也纷纷发起审计调查。爱尔兰自2015年以后调整其税收制度，欧盟、美国税收制度也各有很大变化。随着2017年6月经合组织在巴黎签署《实施税收协定相关措施以防止税基侵蚀和利润转移（BEPS）的多边公约》，国际双重征税协定架构也将发生变化，各国税制也将相应调整。这些，必然给跨国企业税收筹划带来不确定性和不稳定性，因此，需要密切跟踪变化并适时调整原有税收筹划。

一要及时跟踪变化。必须看到，国际避税和反避税形势环境在不断变化，各国税收政策在变化、征管措施在加强，企业实施税收筹划，必须要跟踪这些变化，对形势及其发展趋势有正确的判断。

二要适时做好税收筹划调整，包括转让定价策略制度及实施、税务信息系统及相关文档集成等调整，以满足合规性要求。

三要强化法律政策风险意识。中国跨国企业公司应结合自身实际，加强对有关国家与税收相关的法规政策的学习，选择符合国际税务环境的会计法则，学习借鉴国际一流跨国公司的成功经验。

（三）合理规划设计跨国投资和贸易结构

基于当前的国际税务背景，跨国企业将面对越来越严峻的全球反避税形势，各国税务机构都对没有实体业务和营运实质的控股主体安排和跨国公司间安排进行积极监控，跨国企业将面临比以往更多的转让定价及合规性方面的风险和挑战。因此，精心设计交易结构不仅十分重要，而且十分必要。

跨国公司应该注意到，资本结构是影响税收筹划风险的重要因素，合理安排公司的举债规模与结构，利用债务利息的抵税效果，能够减少跨国公司的计税基础。

税收筹划中，跨国企业实施转让定价策略，首先要安排好企业的无形资产，如商标、软件等，它们是企业的核心资产，是产生经济利益所在，是税收筹划的核心内容。

税收筹划中，企业不仅要统筹考虑国际国内的税制税率，还要考虑外汇汇率和利率及其变化趋势，合理设计安排成本；加强风险防控，比如，税收筹划中设计的相应商业交易必须要落地执行，而不只是纸面交易，要更加重视合规性。

因此，中国企业在设计跨国投资贸易架构时，应充分考量税收筹划与投资贸易架构的协调与契合，并注意对潜在税务收益和为实现预期税务收益而发生的成本统筹兼顾。在规划跨国关联交易时，也应该把税务收益与其经营活动紧密关联起来。

（四）积极培养国际税收筹划人才

2016年起，中国对外投资额首次超过外国直接投资额，成为"净对外投资国"。随着中国企业海外投资的规模逐渐扩大，跨国经营日益频繁，海外投资交易规模庞大，因此，国际税收筹划也日益显得重要。

国际税收筹划面临的环境形势复杂多变，对业务人员的专业能力要求高。目前中国跨国企业投资并购时有的会使用专业税收筹划服务，但自身专业人才的培养还不一定跟得上。中国企业一般会由总部派遣财务人员，但其可能还并不具备充分的海外税务专业胜任能力和本地化的税务结构知识，以及妥善应对国际避税和反避税环境变化的能力。因此，应加快培养一批既懂财务又懂税务，也懂各国税务法律法规的复合型人才，为跨国税收筹划及实施提供内部人才支持。

（五）关注中国的税收抵免政策

2017年12月28日，财政部、国家税务总局联合印发《关于完善企业境外所得税收抵免政策问题的通知》（财税〔2017〕84号）。84号文的目的在于进一步消除重复征税，降低"走出去"企业的总体税负，提升国际竞争力。

84号文允许取得中国境外所得的企业选择"分国抵免法"或者"综合抵免法"计算来源于境外的应纳税所得额，并按照规定的税率，分别计算其可抵免境外所得税额和抵免限额。一旦选定，5年内不得改变。为更好地鼓励中国企业"走出去"获取境外资源、市场、技术等关键要素，84号文将抵免层级由三层扩大至五层。

第二节 做好海外并购税务风险应对

并购活动通常分为项目启动、谈判、整合和退出四个环节，税务风险存在于上述每个环节当中。中国企业在海外并购决策和管理当中，须不断增强税务风险的防范意识，将税务风险的防控有效地融入企业的管理人员和财务人员的日常工作当中，尽快建立健全境内外税务风险管控体系。

一、未实施详尽的税务尽职调查

以某中国公司收购美国公司为例，中国企业不能仅根据中国对有限责任公司的税务处理来理解美国的有限责任公司税务责任，否则就有可能忽略相关的税务影响从而导致潜在的合规性风险。

美国公司最常见的法律形式包括有限责任公司（Limited Liability Company，LLC）和股份有限公司（Corporation）。从美国联邦所得税的税务属性来看，通常情况下，LLC不直接负有美国联邦所得税的纳税义务，Corporation则默认作为独立纳税实体进行纳税。LLC本身的税务属性取决于其股东的数量，通常，单一股东的LLC从美国联邦所得税的角度被视同为"税务穿透体"（Disregarded Entity），即该LLC与母公司属于同一个纳税实体，由母公司进行美国联邦所得税的申报；若LLC存在两个或以上股东时，该LLC从美国联邦所得税的角度被视同为"合伙企业"（Partnership）进行纳税，即LLC应当根据美国联邦所得税法对合伙企业的规定报送相关的纳税申报表，将其应税所得按照约定的比例分摊至合伙人层面并由合伙人进行纳税。然而，LLC也可以对其美国联邦所得税税务属性做出选择，即可选择按照类似Corporation的独立纳税实体属性进行美国联邦所得税税务申报。由此，美国公司的税收属性对中国公司收购后的美国联邦所得税纳税和申报义务将产生不同的影响，如中国公司直接收购美国LLC，则中国公司将可能直接在美国产生纳税义务。

另一方面，收购LLC也可以带来相应的税收利益，若中国企业不知晓这些规定，未准确申报税前扣除，则可能因此损失应得利益。比如，中国公司全资收购美国LLC时若通过银行的收购贷款解决融资问题，其产生的部分利息费用在符合美国税法的相关规定情况下，可用于抵减LLC的应税所得，进而降低在美国的税负。同时，从美国联邦所得税的角度出发，收购税务属性为"税务穿透体"或"合伙企业"的LLC将被视同为资产收购，相关收购溢价可以被分摊至不同类型的资产从而提高资产的美国联邦所得税的计税基础。收购后，可以按照增值之后的资产计税基础计提折旧和摊销，并进行税前扣除。若该收购形成商誉，则该商誉也可以按15年的期限进行摊销并在计算美国联邦所得税时进行税前扣除。

二、不合理架构增加税务成本

再以中国内地某电信企业在美国收购一家技术研发公司（法律形式为Corporation）为例。由于听说中国内地企业常常以中国香港、新加坡的公司作为控股平台以达到税收优化的目的，该电信企业选择设立香港公司作为收购平台。然而，该企业未了解到，由于美国与中国香港之间并未签订双边税收协定，美国公司向中国香港公司支付股息需按美国国内税法代扣代缴30%的预提所得税。如果由中国内地公司直接收购美国公司，则根据美国和中国签订的双边税收协定，对股息所得征收的美国预提所得税税率一般可降为10%。

中国内地公司境外投资通常会选择中国香港、新加坡、卢森堡、英国等国家（地区）作为中间控股公司所在地。这些国家（地区）普遍对一些符合条件的被动收入（Passive Income）不征收或征收相对较低的所得税，且往往拥有较为广泛的税收协定（安排）网络。如中国香港、英国均对境外取得的股息所得不征所得税，对向境外支付的股息也不征收预提所得税；卢森堡对来源于境外子公司的符合参股豁免条件的股息所得不征收所得税，而其国内税法同时规定了卢森堡公司向与卢森堡签有双边税收协定的国家的税收居民支付股息亦无须缴纳卢森堡股息预提所得税。但是，若盲目在上述国家（地区）设立中间控股公司用以收购境外目标公司，则可能给中国公司带来额外的税收成本。

三、境外所得税收抵免安排失误

某中国企业在收购某大型海外集团时，针对目标集团在中国境外的运营实体进行了详尽的架构筹划，但是没有注意到目标集团下的中国子公司，在收购后形成了"中国母公司—外国子公司—中国孙公司"的"三明治"架构。其中，该中国母公司与孙公司均适用25%的企业所得税税率，中国孙公司向外国子公司支付股息可享受5%的股息预提所得税优惠税率，外国子公司（即中间控股公司）收到股息及支付股息在当地都无须缴纳所得税。

根据中国《企业所得税法》第二十四条和《财政部、国家税务总局关于企业境外所得税收抵免有关问题的通知》（财税〔2009〕125号），"居民企业从其直接或者间接控制的外国企业分得的来源于中国境外的股息、红利等权益性投资收益，外国企业在境外实际缴纳的所得税税额中属于该项所得负担的部分，可以作为该居民企业的可抵免境外所得税税额，在本法第二十三条规定的抵免限额内抵免。"由于中国孙公司在中国缴纳的企业所得税不属于"在中国境外实际缴纳的所得税"，中国母公司在取得自中国孙公司以股息形式逐层汇回的利润时需就取得的股息全额缴纳25%的企业所得税，无法享受税收抵免处理，导致较高的整体税负。如果该国内企业在确定收购架构时已关注这一税务影响，则在不影响其他商业安排的前提下，可以考虑通过中国国内公司直接收购目标集团内的中国公司。在这种情况下，收购后中国国内母公司将直接持有被收购的中国子公司，根据中国《企业所得税法》的规定，中国居民企业之间支付的股息通常属于免税项目，无须在中国缴纳企业所得税。这两种并购方案产生的实际税负差异在20%左右。

四、忽略收购协议中的税务条款

收购协议中的陈述、担保和补偿条款是保障投资人权益的重要手段之一。税务尽职调查阶段发现的目标公司税务风险，均可通过在收购协议当中添加卖方的陈述、担保和补偿条款达到降低买方收购后税务风险的目的。同时，还可以通过在收购协议中约定以托管账户的形式冻结部分交易对价直至相关税务风险得到妥善的处理，以保护投资人免于承担潜在的历史税务风险。

但是，中国企业在"走出去"的过程当中，常常对收购协议中的陈述、担保和补偿条款不够重视。在某些交易过程中，企业聘请的税务专家已经明确建议企业在签订收购协议时应当包括与税务风险相关的陈述、担保和补偿条款，但收购方在最终签署协议时，仍然忽略了对上述条款的添加。在某起案例中，中国公司在完成收购后的次年，境外税务机关就对被收购的企业进行了税务稽查，发现了相关的税务问题，要求该公司补缴税款并接受相应的处罚。这些税务成本由于无法从卖方处取得补偿，最终全部由中国公司承担。

五、未对境外税务进行有效管理

国内某高新技术企业在美国成功完成一笔并购交易之后，根据其业务发展需要发生了一些国内关联公司与美国公司之间的交易。并购交易发生后第五年，美国公司的关联方交易转让定价安排在美国遭到了税务机关的质疑，并导致美国子公司就过去3年的关联方交易进行税务调整，补缴了相应的税款与滞纳金。

根据企业管理人员的分析，国内公司与美国公司之间的交易定价虽然存在支持资料不够充足的问题，但根据美国公司的职能风险定位，美国公司确实不应留存大量利润，美国税务机关提出的税务调整并不合理。虽然该集团在美国根据税务机关提出的纳税调整要求相应补缴了税款，但国内公司无法对境内应税所得进行相应的调减，集团因此实质上承担了双重征税。企业管理层对此感到无奈，希望通过改进资料文件的质量避免可能再次出现的调整。如果企业管理层对收购后境外税务事项足够重视，及时对相关转让定价问题进行深入的研究并准备充分的支持资料文档，上述风险导致公司承担额外税务成本的可能性将大大降低。

六、经验启示

合理的股权架构有助于降低境外利润汇回中国时的税务成本，但在设计投资控股架构过程中，必须同时考虑境外税法与中国税法的协调性。

第一，对税务风险的防范和控制要做到"首尾兼顾"。"顾首"，是指企业在并购实施之前要提高税务风险防范意识，在进行海外投资的初期做好充分准备。具体而言，在考察一项海外并购交易前，交易团队的人员应当对东道国税收体系进行初步调研。目的在于了解东道国税收的总体环境，如税种、税率、税收优惠以及税收合规性要求。在项目的谈判和收购协议的签署前，通过对海外目标公司（标的业务）的税务尽职调查，识别潜在税务风险以及影响，尽量减少买方由于信息不对称而引发的税务风险。同时，中国企业还应当结合未来的业务模式，通过对双边税收协定、投资东道国相关税务法规以及中国境外投资相关税法的研究，设计合理的投融资架构方案，以提高未来运营的税收效应和资金利用的灵活性。"顾尾"，则是指企业在并购后对税务风险进行持续性管理。这不但要求企业的管理人员要从思想上提升对税务风险的重视程度，更重要的是要将对税务风险的管理融入日常工作中。比如，企业可以通过制定《国别税收手册》来加强对海外公司的税务风险管理。该手册通常涵盖投资东道国各项税种的申报及合规性要求，重点说明与企业所处行业相关的特殊税务处理。海外子公司的财务或税务人员可根据《国别税收手册》的指引进行日常的税务处理。母公司也可根据该手册对海外子公司的税务合规情况进行复核。

第二，企业管理和财务人员对税法的研究要"内外兼修"。"内外兼修"是指中国企业在海外的并购交易当中，既需要对投资东道国的税法体系和合规性要求进行详细的了解，也要与中国税法关于境外投资的规定相结合。在对海外税法保持了解的同时，掌握中国税法中对境外投资的相关规定也至关重要。在目前的中国税收制度下，与境外投资相关的规定主要是对"中国居民企业""受控外国公司"和"境外所得税收抵免"的认定和管理。前两者主要从反避税的角度针对境外投资过程中可能产生的中国纳税义务进行认定和管理，而"境外所得税收抵免"则着重于对中国企业取得的境外所得的税务处理和消除对同一笔收入在境内外"双重征税"的问题进行规定。

第三，密切关注目前国际税收规则新变化。保持对东道国税收法规及全球税务规则动态的持续关注在对外投资的过程中也十分重要。以2014年9月OECD发布的税基侵蚀与利润转移（BEPS）最新工作成果为背景，世界各国都在不断加强跨境税收管理，以遏制跨国公司对本国税收的侵蚀。如BEPS行动计划第二项行动计划"混搭错配安排"的工作成果，旨在打击企业利用混合工具规避纳税义务的行为。近年来，法国、德国等多个国家开始采取相应的单边行动。此外，英国、日本、新西兰等国也纷纷开始考虑对涉及混合工具的税收法规进行修订。在全球并购领域，许多交易团队已经针对最新的国际税收动态考虑对交易架构进行必要的调整，而如果投资团队在这一期间仍然参照BEPS行动计划展开之前的思路将传统混合工具纳入交易安排中，不但无法达成节税的效果，还可能产生不必要的架构搭建成本，并带来税务风险。

第四，遇到国际税务纠纷和歧视时要与中国税务机关"和衷共济"。由于各国税收征收管理水平的差异，中国企业可能会在投资东道国遇到不同程度的税务纠纷或歧视。2013年，国家税务总局发布了《税收协定相互协商程序实施办法》（56号公告），为中国企业就境外的税务争议向中国税务机关寻求帮助提供了政策支持。目前，中国税务机关已经在部分中国企业的要求下，介入了中国企业同海外投资东道国税务争议的处理，如帮助国内某大型企业在与挪威的税务争议中进行协商，又如帮助中国某著名民营科技企业同俄罗斯税务机关就某税务判罚进行协商，等等。

第三节　做好境外施工企业税务筹划

在国内市场容量有限、竞争激烈的背景下，顺应中国"走出去"国家战略，积极发展海外市场，对于中国施工企业发展有着重要意义。其中，税收因素在开拓市场时不容忽视，良好的税收筹划能够显著提升海外工程项目盈利水平。

一、T公司承揽尼日利亚项目的税务筹划案例

ABC铁路EPC项目，其已设立了尼日利亚分公司和中国香港全资子公司。待该项目中标并正式签订合同后，将由该分公司全面负责本项目的运作。ABC铁路EPC项目业务范围包括勘察设计、施工、设备与材料采购、运营及维护培训等，合同总额预计20亿美元，综合利润率预计25%。其中，勘察设计部分合同金额约0.4亿美元（勘察部分约0.22亿，设计部分约0.18亿）；采购部分合同金额约8亿美元，预计该项目所需设备与材料大部分从国内采购；施工部分合同金额约11.5亿美元；运营及维护培训部分合同金额约0.1亿美元。基于重要性原则，在此项目税收风险控制过程中重点考虑企业所得税和增值税。

不同的合同签订主体、合同结构甚至表述方式都可能导致不同的纳税义务。因此，在对有关税收政策进行全面收集、研究的基础上，应当进一步归纳总结出为实现税收筹划目的而须在正式合同中体现的结构或条款，并在合同谈判和签订阶段有的放矢地与签约方展开磋商，在不影响合同签订的前提下，促使对方最大限度地接受我方

对合同结构或条款的提议。

（一）通过选择恰当的签约主体进行筹划

在境外项目的签约过程中，通常的承包商签约方包括中国公司、项目所在国子（分）公司和中间控股公司三种形式。其中，项目所在国子公司和分公司的主要区别在于前者能将项目利润保留在当地从而延迟在国内纳税，后者则不能；中间控股公司则通常设立在税负低且外汇管制宽松的国家或地区，如迪拜、中国香港等。本项目中，中国内地、中国香港和尼日利亚的企业所得税税率分别为15%、16.5%和20%，且中国香港和中国内地的税收透明度明显要高于尼日利亚，因此首先考虑不由尼日利亚子（分）公司与业主签约。在不考虑其他因素的情况下，由T公司（方式一）或者T公司香港子公司（方式二）与业主签订EPC总承包合同的比较情况如图5-2所示。

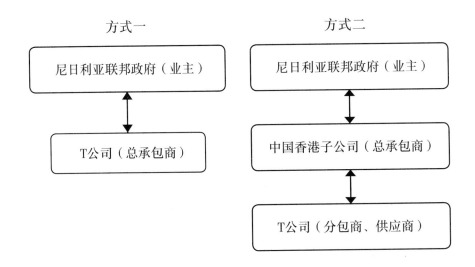

图 5-2　T公司尼日利亚项目两种合同签订方式比较

由表5-1可知，如果由香港子公司和业主签订合同，那么相比于由T公司直接和业主签订合同，理论上可使T公司在境内外的税负总额减少0.2468亿～0.2570亿美元，折合人民币1.4808亿～1.5420亿元，节税金额占合同预计总利润的4.94%～5.14%，税收筹划效果显著。

表5-1　T公司尼日利亚项目不同签约主体下的税负总额

（单位：亿美元）

	方式一	方式二
EPC合同金额	20	20
预计利润	5	5
尼预扣增值税	0.9524[1]	0.9524
尼预扣所得税	0.9524[2]	0.9524
尼可抵扣进项税（设20%自尼境内采购，税率5%）	−0.0571[3]	−0.0571
尼补缴所得税	0.0476[4]	0.0476
中国内地和中国香港营业税	0	0
中国内地和中国香港增值税	0~0.0102[5]	0[8]
中国内地出口退税（设80%自内地采购，退税率13%）	−0.5333[6]	−0.5333
中国香港所得税（设80%材料设备按成本价从T公司采购；勘察设计和施工、培训业务均按成本价分包给T公司）	0	0[9]
中国内地补缴所得税	0.2468[7]	0[10]
合计	1.6088~1.6190	1.362

注释：①②在尼日利亚承揽政府项目时，如没有特别说明，合同价款为含税价，即包含预扣增值税和所得税，金额均为20×5%/（1+5%）。

③假定20%的材料和设备在尼日利亚境内采购，则预计可获得的增值税进项税为8×20%×（1−25%）×5%/（1+5%）。

④在签订单个EPC合同的情况下，作为一项综合工程的整体利润，5亿美元利润很可能要全额在尼日利亚缴纳公司所得税，此时在尼日利亚补缴所得税为5×20%−0.9524。

⑤单个EPC合同在办理技术出口合同登记时很可能会存在困难，如果不能办理，则需负担的增值税销项税为0.18×6%/（1+6%）。

⑥预计可获得的中国内地增值税出口退税额为8×80%×（1−25%）×13%/（1+17%）。

⑦设计服务完全在中国内地完成，内地税务机关很可能不会承认尼日利亚的优先征税权。因此，即使这部分利润在尼日利亚已经缴纳公司所得税，也无法在境内应交所得税中抵免；同理，80%的材料和设备采购业务的利润也很可能在中国内地和尼日利亚双重纳税，此时的内地企业所得税税额为（0.045+2×80%）×15%。

⑧在中国香港无须缴纳增值税和营业税。

⑨通过恰当的合同设计和交易细节安排，对于从港外取得的利润可以免征所得税。

⑩通过成本价分（转）包的形式，分包业务在中国内地不产生利润。此外，香港子公司实现盈利后，只要不宣告分配利润，T公司在内地就不会发生所得税纳税义务。

（二）两种合同签订方式下的税收负担

T公司与业主签订的合同需要通过商务部门的技术出口合同登记（设计服务），且需要同时通过主管国税局（勘察服务）和地税局（施工和培训服务）的免税备案手续。如果只是签订单个EPC合同，即便在合同中单独约定每一部分服务的价格，若不满足登记、备案条件或其他限制性条件，就无法充分适用国内税收优惠政策。从争取尼日利亚税收优惠的角度出发，在项目总利润既定的前提下，应当尽量减少可能会被认定为"属于尼日利亚分公司"的利润。由于本项目在尼日利亚期限远超过六个月，所以尼日利亚分公司将被认定为T公司在尼日利亚的常设机构。根据中尼双边税收协定，所有属于尼日利亚分公司的利润在当地都有缴纳公司所得税的义务。

尼日利亚分公司在当地缴纳的公司所得税，虽然理论上可以在T公司缴纳的国内企业所得税中抵免，但是上述抵免很可能无法完全实现。一方面，该部分利润在尼日利亚适用的公司所得税税率为20%，而在中国内地计算境外抵免限额的税率为15%，且已缴纳的超额部分税款只能在从次年起连续5个年度内的抵免余额内补抵，超期则彻底不能抵免；另一方面，并非所有在尼日利亚缴纳的公司所得税都能毫无疑问地得到中国内地税务机关的认可。根据财税2009年125号文，"按照税收协定不属于对方国家的应税项目，却被对方国家征收的企业所得税，不属于中国可抵免境外所得税税额的范畴"。因此，如果国内税务机关对部分境外已完税利润存在管辖权异议，那么与之相对应的在尼日利亚已缴公司所得税将很可能无法在国内抵免。签订单个EPC合同，合同利润作为一项综合工程的整体利润，很可能会被全部认定为属于尼日利亚分公司的利润，与此同时，中国内地税务机关又很可能会主张EPC合同中设计部分和内地采购部分的利润不属于尼日利亚分公司，从而不应当在尼日利亚缴纳公司所得税。在这种情况下，T公司将不得不面临在尼日利亚和中国内地双重缴税的问题。相反，如果就该项目的各个组成部分分别签订合同，则有可能使设计部分和内地采购部分的合同利润被认定为与尼日利亚分公司无关的利润，从而回避双重缴税。

综上所述，在签订单个EPC合同和就EPC项目的各个组成部分分别签订合同两种情形下，T公司预计税收负担的具体区别见表5-2。

表5-2　T公司尼日利亚项目不同合同签署模式的税负情况

（单位：亿美元）

签订方式	单个EPC合同	勘察合同+设计合同+采购合同+施工和相关培训合同（拆为四个合同）
合同金额	20	0.22+0.18+8+11.60
预计利润	5	0.055+0.045+2+2.90
尼预扣增值税	0.9524	0.9524
尼预扣所得税	0.9524	0.9524
尼可抵扣进项税（设20%自尼境内采购，税率5%）	−0.0571	−0.0571
尼补缴所得税	0.0476	−0.2814[1]
勘察和设计服务国内增值税	0～0.0102	0[2]
采购部分出口退税（设其中80%自国内采购，退税率13%）	−0.5333	−0.5333
施工和相关培训服务国内营业税	0	0
国内补缴所得税	0.2468	0.2468
合计纳税	1.6088～1.6190	1.2798

注释：①在分别签订合同的情况下，与尼日利亚分公司有关的利润很可能仅限于勘察合同、施工和培训合同的利润，以及在尼日利亚发生的采购利润，因此应补缴所得税金额为（0.055+2.90+2×20%）×20%−0.9524。

②在分别签订合同的情况下，为设计合同办理技术出口合同登记不存在障碍，故无须在国内缴纳增值税。

如表5-2所示，如果能够就该EPC项目的各个组成部分分别签订合同，则在不考虑印花税、尼日利亚进口环节税收等筹划空间较小税种的情况下，T公司于境内外的纳税总额预计会比签订单个EPC合同时降低0.3290亿～0.3392亿美元，折合人民币约1.9740亿～2.0352亿元，节税金额占合同预计总利润的6.58%～6.78%。进一步地，即使考虑到目前在尼日利亚可能会发生的"只预缴不清算"问题（这种情况下，T公司在尼日利亚多交的0.2814亿美元所得税很可能无法获得退还），通过分别签订合同的方式，T公司依然可以获得0.0476亿～0.0578亿美元的税收优惠，折合人民币约0.2856亿～0.3468亿元。

（三）与关联企业的转移定价进行筹划

转移定价的最终目的在于降低企业集团的总体税负，其运用基础在于不同关联企业适用的税率不同。对于ABC铁路EPC项目来说，比较两种交易方式如图5-3所示。

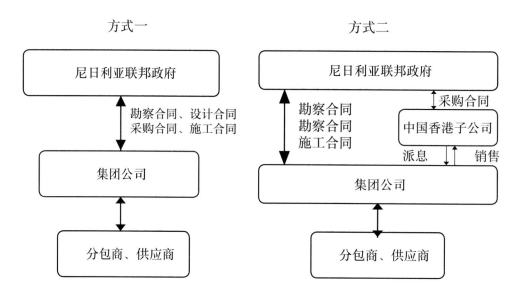

图 5-3　T公司尼日利亚项目两种交易方式比较

由表5-3可知，如果采取第二种交易方式，通过将一部分的采购合同利润转移到香港子公司，可以使T公司在境内外的税负总额下降0.12亿美元，折合人民币约0.72亿元。同时，转移到香港子公司的这部分利润还可以长期留存在香港本地金融机构，并用于未来其他境外项目的前期资金投入，从而在一定程度上规避中国内地比较严格的外汇管制措施。

表5-3 T公司尼日利亚项目两种交易方式下的税收负担

（单位：亿美元）

签订方式	方式一	方式二
合同金额	0.22+0.18+8+11.60	0.22+0.18+8+11.60
预计利润	0.055+0.045+2+2.90	0.055+0.045+2+2.90
尼预扣增值税	0.9524	0.9524
尼预扣所得税	0.9524	0.9524

续表

签订方式	方式一	方式二
尼可抵扣进项税（设20%自尼境内采购，税率5%）	−0.0571	−0.0571
尼补缴所得税	−0.2814	−0.2814
勘察和设计服务中国内地增值税	0	0
采购部分出口退税 （设其中80%自中国内地采购，退税率13%）	−0.5333	−0.5333
施工和相关培训服务中国内地营业税	0	0
中国内地补缴所得税（在方式二中，为了应对反避税调查，对于中国采购部分的利润1.60亿，设在内地和香港的留存比例为1:1，即T公司在销售给香港子公司时，按成本价加0.80亿的利润）	0.2468	0.1268[1]
中国香港所得税	0	0[2]
合计纳税	1.2798	1.1598

注释：①在方式二中，中国内地需补交所得税为（0.045+0.8）×15%。

②香港子公司的采购合同和销售合同均不在香港达成，故形成的利润无须缴纳香港利得税；分配股息亦无须缴纳利得税。

（四）通过约定税收负担方式进行筹划

对于境外工程承包项目，承包商在国内的纳税义务通常由其自行负担。因此，筹划的重点是确定合同价格是否覆盖承包商在项目当地的税收义务。项目所在国税收负担方式分为三种情形：第一，承包商自行负担其在项目所在国的全部税收义务；第二，业主负担承包商在项目所在国的全部税收义务；第三，业主负担承包商在项目所在国的部分税收义务。在后两种情形下，应在合同中明确由业主负担的当地税收种类、如何缴纳、以谁的名义缴纳以及在承包商因业主不及时缴纳而被当地税务机关强制征税时，其对业主是否具有追索权等内容。在本项目合同谈判过程中，优先考虑提请尼日利亚联邦政府免除本项目在尼境内的部分或全部税收义务。因为该项目金额高达20亿美元，必将在当地发生大量的物资采购，将聘请为数众多的本地员工，且其对尼日利亚西部地区未来的发展具有重要的战略意义。如获得免除，则可提高本项目盈利水平。

二、经验启示

本案例以尼日利亚铁路EPC项目为例,在项目运作过程中分四个阶段和两条主线进行税收风险控制和筹划研究。四个阶段即项目招投标阶段、合同谈判和签订阶段、合同执行阶段、项目竣工决算阶段;两条主线即项目国内涉税业务管理和项目所在地国家(地区)的税收风险控制与筹划。总体来看,境外施工企业税务筹划是个复杂的系统工程,需要考虑多方面因素(见图5-4)。

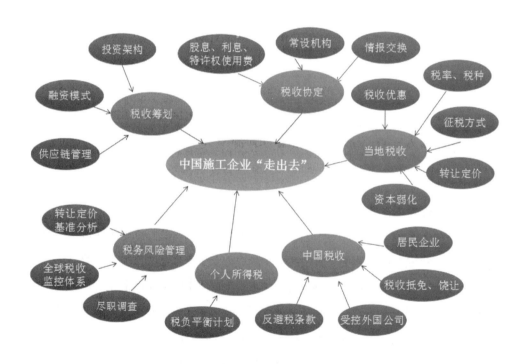

图 5-4 海外工程承包税收重点考虑因素

同时,税务筹划能否落到实处,关键在于合同执行阶段对相关税务管理工作的落实情况。例如,针对本项目,T公司应当从落实国内相关税务管理工作和落实尼日利亚相关税务管理工作两个角度出发做好工作。落实国内相关税务管理工作方面:及时办理各项认定和备案手续;做好增值税出口退税工作;开具中国税收居民身份证明;就本项目境外纳税情况与国内主管税务机关保持良好沟通。落实尼日利亚相关税务管理工作方面:一是建立符合尼日利亚相关政策的账务核算体系;二是通过恰当的会计处理进行税务筹划。灵活调节成本和收入确认金额，避免补缴所得税将总部分摊费用变通为代垫支出，寻求税前扣除减少固定资产入账原值，规避折旧不能扣除规定；三是核对预扣税金额并要求取得正规财政收据；四是及时取得完税证明；五是聘请当地税务师事务所协助完成各项报税工作。

最后，需要强调的是，项目竣工决算阶段工程项目竣工结束，并不意味着税务筹划工作同步结束。对于国内税务管理工作来说，与本项目相关的各种完税单据都要清理归档，包括各种减免税备案表、中国税收居民身份证明和申请出口退税相关单据等。

第六章 | 人力资源战略与人才国际化

　　企业"走出去"过程中，人力资源管理是非常重要的工作，也是企业实现海外成功并购中至关重要的一环。相关分析结果显示，60项企业跨国经营最主要的活动中，其中12项与人力资源管理相关。根据商务部研究院中国海外投资咨询中心对中国"走出去"企业发放的调查问卷统计，超过三分之一的企业认为企业境外并购资源整合的最难点在于人力资源的整合。中国企业"走出去"应对人力资源管理问题给予高度重视，并借助有效的人力资源管理方略，促使更多中国企业成功实施跨国经营战略。

　　目前，中国企业"走出去"过程中面临的人力资源管理问题主要涵盖以下方面：跨国企业人力资源队伍的建设滞后、企业海外并购过程中人力资源难以整合、企业海外员工的属地化管理经验不足，以及企业外派员工流失严重等。本章将就以上几方面以案例的方式分别阐述中国企业"走出去"过程中在人力资源管理方面遇到的困难和障碍，分享企业好的做法、总结经验教训，以期为更多中国企业"走出去"提供借鉴。

　　通过对中国水电集团、葛洲坝集团、中海油等企业"走出去"的具体实践进行分析，目前中国企业"走出去"过程中人力资源管理面临的主要议题包括制定合理的人力资源配置方案、企业文化整合和文化建设、增加国际化专业人才储备、做好企业海外并购的尽职调查、建立合理的激励机制和薪资管理机制、加强与东道国员工的沟通和交流、做好人文关怀工作、制定核心人才保留计划，以及完善外派人员管理机制等。读者通过剖析相关案例，可了解到中国企业"走出去"人力资源管理的相关经验。

　　总体来看，中国"走出去"企业人力资源队伍建设和人力资源管理还有很多功课要做：要加强人力资源管理的统筹规划、建立合理的薪资和激励机制、进行差异化培训和后备干部培养，注重企业文化的培育、增强企业员工归属感，以及注重对员工的人文关怀。从长远来看，提升企业人力资源管理水平，妥善管理本企业员工以及东道国员工，是增强企业竞争力和凝聚力的有效方法。

第一节　因地制宜推进施工企业海外人力资源队伍建设

一、中国水电加纳项目人力资源队伍建设 ①

国际市场竞争的本质是人才竞争。企业只有重视人才，建立有凝聚力、高素质的管理团队，形成共同追求的理想和价值观，才能形成企业文化，促进企业的国际化发展。

（一）加纳布维水电站项目概况

布维水电站位于加纳共和国中西部，沃尔特湖上游150公里处的布维峡谷内，该项目合同总金额约为6.22亿美元，建设工期56.5个月。布维水电站是EPC项目，要求实施单位具备强大的施工生产管理能力；同时，对投资控制、设计管理和成套设备实施全面的管控，在设计、施工和供应商之间建立分工明确、协调高效的运营机制，形成整体合力。这就对企业项目的人力资源队伍建设提出了较高的要求，包括整个团队的管理能力、协调合作水平，以及管理人员的综合素质等。在项目推进过程中，一些事件和处理方式体现了中国水电团队管理优势的同时，也有一些事件暴露了中国企业"走出去"人力资源队伍建设中存在的共性问题。

（二）项目实施过程中人力资源使用面临的困难

第一，企业缺乏国际化专业人才储备。国内传统上设计与施工长期分离的发展路径导致施工单位对设计的管控能力不强。按照合同约定，布维水电站采用欧美标准，国内设计和施工人员对国际设计规范、技术标准难以全面把握；同时，由于历史和现实原因，中国水电在设计管控方面缺乏具有专业技能和工作经验的人才储备，在某种程度上增大了协调管理的难度，降低了项目的工作效率。

---

① 本案例资料由中国水电集团提供。

第二，东道国缺乏企业所需专业技术人员。加纳的国民经济仍以农业为主，其工业化程度较低、社会分工不发达；由于该国近几十年没有开发水电工程项目，使得当地缺乏专业技术人员和水电施工队伍，给企业引进当地公司实施专业分包带来较大困难；当地居民普遍受教育程度低，且主要从事种植业和渔业，具有水电施工经验的技能工人极其缺乏。

第三，东道国卫生条件较差，威胁员工身体健康。加纳是典型的热带气候，终年炎热；全年无四季之分，只有干旱与雨季之别，自然气候较为恶劣；中国水电在当地项目的工地周边是疟疾、盘尾丝虫病、霍乱等多种传染病的重灾区，当地的医疗卫生条件较差，给项目员工的身体健康和生命安全造成较大威胁。

（三）针对项目特点制定人力资源解决方案

在加纳布维水电站主合同签订之前，中国水电项目工作组已经展开了深入细致的市场调研，对项目进行全面科学的前期策划，针对其特点、难点制定有针对性的经营管理和资源配置方案。

1. 制定合理的人力资源配置方案

在人力资源的配置上，中国水电在对加纳劳动法律法规和劳动力状况进行充分调研的基础上，对劳动力资源配置方案进行了周密策划。根据加纳劳动力具有价格低、技能低、就业水平低的特点，项目部确立了本土化配置劳务、多渠道招聘、强化上岗前培训、严格实施绩效考核的劳务管理原则，由本企业员工担任项目管理、专业技术和生产指挥岗位，聘用当地劳务人员从事技术含量低、相对简单的一线施工，辅以素质较高、技术娴熟的巴基斯坦劳务人员的用工方案。形成高、中、低合理搭配的用工结构，在节约人力成本的同时，有效规避当地劳动法律风险。目前，项目部聘用当地劳务1800余人、巴基斯坦劳务80余人。劳动力来源渠道多元化、劳动技能结构配置合理，有效地保证了工程项目建设的持续、快速进行。

2. 重点实施国际业务人才培养计划

随着国际业务优先战略的实施，中国水电的国际项目增多，国际经营规模急剧扩张，企业原有的国际人才储备不断被稀释。项目部通过布维水电站工程建设，开展"导师带徒"活动，为企业培育一批作风顽强、熟悉国际业务的人才。2009年年初，项目部组织开展第一批"青工拜师、导师带徒"活动，从近两年接收的大学毕业生中挑选16名学员，与项目部中层干部及专业领域有突出能力的技术骨干结成一对一的师徒关系。该活动使新员工较快转换角色，在短时间内适应布维水电站的工作和生活，熟练地掌握本专业业务技能，大多数员工成技术或管理骨干。对于通过实际锻炼后作风务实、业务能力强、有培养前途的青年员工，企业大胆聘用其作为部门负责人。目前项目部部门负责人中有超过2/3的员工年龄在35岁以下，都是经过考核得到提拔聘任的。中国水电重视对年轻员工的国际化培养和提拔，充分发挥其语言水平高、接受知识快、环境适应能力强的优势，使其成为企业在加纳这样条件艰苦的国家项目得以顺利进行的重要人员保障。

3. 制定措施加强与当地员工的有效沟通

依据《中国水电海外工程管理办法》，结合加纳布维水电站项目的实际情况，中国水电制定了《布维项目部当地雇员管理条例》；针对语言文化背景的不同，为实现与当地员工的有效沟通和交流，提高管理效率，项目部同时编制了英文版《加纳布维项目部员工手册》，包括公司简介、项目经营理念、主要管理规章、当地员工的主要权利与义务等内容；项目部通过举办英语比赛等形式，激发企业员工通过自学、兴趣小组等形式学习语言的热情，提高项目员工之间的沟通交流能力。项目部通过制定相关管理政策措施有利增强了加纳当地劳务人员对中国水电企业文化和理念的认同，提高了制度的执行力；通过举办各种比赛等活动，提高员工语言能力的同时也加强双方的沟通和互动，增进相互了解。

4. 建立激励机制，科学进行薪资管理

通过对劳动力市场价格的分析，在平衡项目部人工目标成本的基础上，项目部确定了在加纳比较有竞争力的薪资水平，确保企业招聘到足够的劳务人员。在具体薪资管理上，项目部分别制定当地员工和巴基斯坦劳务人员的薪资管理办法。例如对于当地员工的薪酬，项目部按照非熟练、半熟练、熟练、特别熟练和工长五个档次为每个工种制定了工资标准。制定工资标准时考虑了如下因素：一是工资符合法律要求的同时稍高于当地同等工资水平，避免熟练劳务的流失；二是工资向高技能人才偏重，产生激励效应；三是建立具有人才竞争力的薪酬激励机制；四是薪酬充分考虑项目环境艰苦的因素。建立有效的薪资管理体系是中国水电在加纳等条件较为艰苦的国家和地区开展工程项目的重要激励机制，能够避免或减少当地熟练劳务人员和企业外派人员的流失。

5. 积极做好项目员工的人文关怀工作

由于布维水电站地处贫穷落后的非洲大陆，自然气候条件较为恶劣，员工的生活和工作环境差，精神文化生活单调，因此，充分发挥企业工会、群团组织的作用，大力实施人文关怀，对于凝聚人心、鼓舞士气有重要意义。项目部依据布维的实际情况，在对员工进行思想教育、疟疾等传染病防治方面开展了一系列积极有效的工作。特别是在疾病频发的时候，企业举办心理调适讲座，对员工进行周到细致的安抚，稳定员工队伍；为全体员工购买健康保险，减少因疟疾频发而对员工造成的心理恐慌；组织医疗宣传队在工地周边城镇进行医疗卫生和保健知识的宣传；利用节假日开展文化体育活动，为创建和谐、稳定的项目团队发挥应有的作用。

二、葛洲坝集团厄瓜多尔项目人力资源管理 [①]

葛洲坝集团曾因人才短缺，尤其是项目经理和高级技术、商务管理人员匮乏而在对外工程承包中遭受挫折。后来，企业认识到培养和储备人才是其成功开展对外工程承包的关键，采取多种方式，例如送出去培养、请进来培训、实践中轮岗锻炼培养人才；采取公开招聘、竞争上岗、优胜劣汰的机制选拔人才；以"事业留人、待遇留人、感情留人"来稳定和留住人才。本案例以葛洲坝集团在厄瓜多尔的索普拉多拉水电站项目为例，具体阐述其人力资源管理情况，探索中国企业国际工程项下劳务管理模式。

（一）索普拉多拉水电站项目基本情况

2010年10月21日，中国能源建设集团有限公司所属的中国葛洲坝集团股份有限公司与厄瓜多尔国家电力股份公司签署了厄瓜多尔索普拉多拉项目合同。该项目合同金额为6.72亿美元，合同总工期1438天。2011年4月26日，该项目正式开工。

依据厄瓜多尔当地法律规定和项目主合同中关于人员配置的约定，中标单位使用当地员工的比例必须达到80%以上，加之中方人员赴厄瓜多尔入境签证办理手续十分复杂，条件苛刻，耗时较长，因此，有效使用当地员工对保障项目合同履约和防范用工风险尤为重要。

葛洲坝集团索普拉多拉项目部有当地员工970人，其中机械工、技工占25%左

---

① 本案例由中国葛洲坝集团股份有限公司提供。

右。项目部面临的困难时是当地技术工人稳定性差、普通劳工纪律性差、特殊工种资源匮乏；同时，厄瓜多尔假期多，易发生劳资纠纷和集体罢工行为。在厄瓜多尔索普拉多拉项目部的努力和探索下，该项目吸收的当地员工人数不断增加，截止到2013年6月20日，项目部共聘用厄瓜多尔当地员工1000多人。

项目部正视困难，积极探索管理模式，在当地员工的招聘、管理、使用等方面积累了丰富经验，在化解劳资纠纷、防止集体事件发生的同时，不断完善项目管理措施和手段。

（二）项目员工管理的具体措施

根据项目需求及当地相关法律法规，项目部制定了员工管理的具体办法和措施，为保障项目工期按时甚至提前完成发挥了积极作用。

1. 组建外籍员工管理办公室，理顺员工管理工作

项目部组建了外籍员工管理办公室，由一名当地人力资源律师为主管，多名当地人力资源助理为管理员，共16人，并设立市区和工地两个办公地点。外籍员工管理办公室主要负责当地劳务人员的人资管理，从人员招聘、体检、合同签订、进场教育、培训、考勤、休假管理、工资发放、办理退场手续等方面进行全方位管理。项目部外籍员工管理有序，员工工作和生活状态稳定，已经很好地融入项目部的集体工作和生活当中。

2. 深入了解当地法律，确保用工管理合法有序

第一，合理合法聘用当地劳务人员，避免法律纠纷。按照当地劳动法律法规要求，当地员工的招聘只能在周边地区进行，但由于项目周边地区劳务人员不能满足现场生产需要，经项目部多方努力，在征得当地电力部、监理及业主同意后，招聘范围辐射到了厄瓜多尔全国。所有当地劳务人员入场前的资料均报当地就业中心备案并签订劳动合同，合同规定的工种、工作时间、休假方式、工资水平及合同期限也均按照当地法律要求办理，劳动合同签订后按照要求到当地劳工部审核备案。由于现有员工的劳动合同均按照规定程序进行，符合当地法律要求，项目部在当地劳务聘用方面没有发生一起法律纠纷。

第二，依据当地法律制定规章制度，健全人员管理制度。根据厄瓜多尔劳工部的规定，未经其批准的制度无效，项目部制定的人员管理规章制度均在经律师审核并报劳工部批准后执行。对于员工工种、基本工资标准、考勤、请休假、加班、培训、违规处理等一系列管理程序，均在制度中予以明确。由于人员管理制度健全，并按程序严格执行，至今未发生任何劳资纠纷。

3. 对当地员工进行系统有序管理，让其安心为项目服务

第一，加强对新员工的管理。新员工进场后，项目部组织人员对员工进行接待、食宿安排、技能测试、安全培训、人资管理培训、健康体检等，符合聘用条件后分配住房、发放生活工作所需的食宿用品、劳保用品、分配工作任务，一切均按程序进行。项目部每月及时到当地劳工部更新人员增减情况，随时接受劳工部的监督检查。

第二，加强对劳保用品的管理。劳保用品管理作为劳务管理的重要环节，也是监理和业主重点关注的地方。分配到个人的劳保用品种类达到22种之多，因此，项目部安排专人对劳保用品进行发放、登记、更换及核查。由于外籍人员多，项目部专门聘用两名当地外籍员工负责劳保用品的管理，做到发放到位、配备到位、更换到位，得到监理业主的高度认可。

第三，做好后勤生活服务，保障就医和用车方便。首先，项目部建成高标准西餐厅，每天供应新鲜的牛奶、面包、酸奶，多种水果、果汁，各种海鲜食品、牛排、鸡腿、羊肉、猪肉、各色营养汤等，保证每位员工的饮食质量。其次，严格按照每人9立方米空间的住宿标准安排住宿，床上用品、洗漱用品及各种配套的生活用品齐全，并配备足够的洗澡及洗漱间，保证24小时供应热水。由专业的清洁公司负责项目部营区卫生清洁和员工洗衣服务，保证项目部营区环境及卫生整洁，减轻员工生活负担。再次，项目部营地内配置齐全的体育设施，包括篮球场、足球场、羽毛球场、排球场、乒乓球室、台球室及酒吧，营地内配置了小超市、理发室和卡拉ok室，为员工提供了休闲娱乐场所，丰富了员工业余文化生活。另外，设立两个医院和六个临时医疗点，配足了各种医疗器材和医药用品，可满足做一些外科手术及妇科检查。施工现场配备有医生、医生助理、护士及救护车；在昆卡市联系有对口的免费社保医院。健全的医疗机制及基础设施，保障了员工日常就医及突发事件救助处理。最后，项目部专为外籍员工配置车辆17台套。外籍管理人员休假的交通运输由项目部负责，每周安排专车往返市区及工地之间，有效保证了外籍员工上下班及休假回家用车的需求。

第四，严格按工资标准发放员工工资。项目部结合考勤表，每月5号按时、足额发放上月员工工资并及时缴纳社会保险。考勤表由各作业队和外籍人资管理员负责，工资表也是由外籍劳资员统一制表发放。由于管理到位，项目部从未发生拖欠员工的

工资的现象。

第五，每月组织召开劳务管理专题会。参会人员主要是各施工队负责人及劳务管理人员，针对各单位劳务管理过程中出现的问题进行讨论并提出解决方案，同时依据规范管理的思路，对下一步劳务管理做好指导工作。通过每月的劳务会议，逐步理顺了交接班、现场签认加班时间、违反劳动纪律、破坏工具和材料、不爱惜劳保用品、言行粗暴不文明及不服从现场带班人员管理等问题。

第六，组织开展外籍员工评优活动。项目部每季度对员工的工作态度、技能水平、责任心等进行综合考评，给优秀员工发放生活家用品、小礼品及纪念品等。评优活动极大地促进了员工工作的积极性、主动性和创造性，增强了员工的工作成就感、优越感和归属感，取得了良好的效果。

第七，为当地员工提供人文关怀。对当地人的重要节假日，项目部采取发放礼品及额外放假的形式表达关怀之情。厄瓜多尔当地人十分注重自己的节假日，对一些重要节假日他们希望能与家人一起团聚渡过。这种情况下，项目部一般会调休或额外放假。在圣诞节和元旦节，项目部会给每位当地员工发放不低于100美元的生活礼品，并集中放假休息10天。这些举措让当地员工对项目部心怀感激，并愿意长期为项目部服务。

4. 加强协调和配合，提高员工工作质量和效率

根据当地工人技术工种缺乏的情况，项目部采取"传、帮、带"的培训工作机制，要求各班组班长和组员耐心传授当地工人操作规程和技术要求。在经过一段时间的现场学习和实践后，当地工人基本上能达到初级技工水平，有些甚至可以进行独立操作。为进一步帮助当地工人提高工作质量和效率，中国工人每天要提前做好工序的准备工作，提前协调机械设备，把所需的建筑材料安排到位，以便当地工人到达后可以立即投入工作。另外，每周定时通过翻译给当地工人做"安全技术交底"，减少钢筋划伤、钢管碰伤等工伤的发生率。

5. 平等对待所有工人，促进中外员工和谐相处

第一，解决语言沟通问题。项目部编制了《厄瓜多尔保特-索普拉多拉西班牙语手册》印发给各个班组进行学习和使用，基本解决了中国员工和当地工人进行简单语言交流、沟通的问题。

第二，规范中国员工言行。项目部要求中国员工严格遵守当地的法律、法规，尊

重当地的民族习惯，关心爱护当地工人。为此，项目部出台了若干相关政策和规定，如制订了《中方员工管理禁令十六条》，规定了中国员工对待当地工人的正确方式，其中包括不准打骂当地工人，不准用歧视性语言侮辱当地工人，以及对违反规定者进行教育处罚等硬性规定。

第三，平等对待所有工人。在遇到当地工人向管理人员反映问题时，项目部管理团队本着一视同仁的思想，不推脱、不推诿，积极寻求解决方法，为工人排忧解难。

三、经验启示

人力资源管理是承包工程企业"走出去"的重要环节，管理不善将会给承包工程企业带来诸如罢工、消极怠工、劳工部罚款乃至其他法律纠纷等一系列问题。通过以上对中国水电加纳布维水电站项目以及葛洲坝集团厄瓜多尔项目的案例分析，总结出一些对外承包工程企业"走出去"的人力资源管理经验。

（一）因地制宜调整项目的人力资源管理战略

对外承包工程企业应当明确其海外人力资源管理的战略方向。承包工程企业的人力资源管理战略首先应当与母公司整体发展战略相匹配，当母公司战略目标发生变化时，其人力资源管理战略也要随之改变。企业在东道国开展项目、进行人力资源管理活动时，在吸收母公司优秀管理经验的同时，应当因地制宜进行调整，使项目的人力资源管理模式适合东道国的社会环境、法律法规和相关劳动保护措施的要求，从而将东道国的制约因素降到最低。

（二）制定适合东道国的人力资源管理制度和程序

葛洲坝集团厄瓜多尔项目中，项目部根据当地法规制定了中西文对照的《当地劳务管理条例》，上报当地劳工部批准后执行。为进一步加强项目部内部管理，项目部还制定并实施《当地劳务管理办法》。《当地劳务管理条例》对当地雇员的行为及享受的待遇等做出规定，包括雇员的招募条件、试用期、雇员工作时间、工具及设备的保养、工作纪律、违反纪律的处分办法、雇员各种错误行为的列举、安全事故的报告、雇员的申诉、雇员的薪酬及发放、享受的其他待遇及解除合同的程序等等。《当地劳务管理办法》侧重项目部的内部管理，规范了项目部各用工单位的用工行为，对当地员工的招收、入场培训、试用期、合格性审查、合同签订条件、合同执行过程中的处理方式、对违反工作纪律的处罚、员工的调配和员工的待遇等都做出了规定。由项目部统一负责当地劳务的招聘录用、政策制定、工资核算、辞退手续办理等工作，各作业队、部门负责当地员工的具体使用管理工作。

项目部不断细化劳务管理办法，做到在当地劳务招聘、新员工培训、请休假及考勤管理、工资发放、纪律要求、提高工效等方面有据可依，并确保制度落到实处。

（三）根据实际需要不断改进人力资源管理模式

以上葛洲坝集团案例中，项目部根据东道国情况采取了以劳务分包管理为主、一定程度的劳务自营管理为补充的管理模式。劳务分包的模式使项目部不必将过多的精力放在工人的管理上，但由于劳务分包中存在管理难以到位的种种问题，项目部将劳务直营管理作为劳务分包管理的重要补充。在自营劳务管理中，最常见的模式是项目部直接管理雇佣工长，由班组长等对员工进行直接管理，鼓励他们行使职权，严格管理，提高工效，积极处理现场分内事务。用工单位从技能水平、工作态度、配合能力、劳务纪律、服从管理等方面进行严格考核，并将意见反馈到人资部。在这种管理方式下，项目部可以更好地对员工进行深入的管理和严密的控制。随着项目部管理水平的不断提高，劳务自营管理所占的比例还会不断加大。项目部这种大胆尝试利用"当地工带当地工、教当地工、管当地工"的管理模式，实现了项目合同履约和成本控制，并推进整体工作又快又好的开展。

（四）依据当地劳工（动）法合理确定员工薪资标准

对于工程承包这种劳动密集型行业来说，相对比较有效率的员工薪资管理方式是计量管理，即根据每个员工的工作量支付工资。但由于施工的特点，实际操作中难以做到对每个工人进行计量，企业一般采取的方式是对班组进行计量，再由班组对工人直接管理。计日工的计算方式相对比较容易操作，但是容易引起生产效率低下，企业需要加大对其生产过程的监督力度。在处理用工成本与合法用工的关系上，葛洲坝集团项目部从当地劳动法入手，在正常工作时间与加班、白班与夜班、节假日、带薪休假等方面做了充分的研究，同时考虑劳务的数量、各工种的薪酬标准等，制订出合适的岗位等级分类及工资标准，并灵活地将薪酬标准分成固定值与加班浮动工资两部分。

（五）根据项目需求多渠道建设人力资源队伍

企业应提高对国际化人力资源队伍建设的重视程度。首先，建立健全国际化人才的引进、评价和激励约束机制，在薪资和晋升方面实行有别于国内的差别政策，多种渠道高薪聘用具有跨国管理经验的国内外管理人员和专业技术人员；其次，建立系统的国际化人力资源队伍培训机制，包括培养体系的制定、建立培训基地、人才库储备、内部人才培养配置的市场化共享等；最后，建立企业内部交流和上下互动的人才动态管理体系。采用国际化人才标准择优聘用或降级辞退员工，确保企业人才队伍的动态稳定，形成与企业国际业务发展模式相适应、人员总量相匹配、专业结构配套、层级结构合理的国际化人力资源队伍。

（六）有针对性地对企业员工进行差异化培训

企业应制定完整的培训方案，加大对员工的培训力度，并实行有针对性的差异化培训。大多数中国企业"走出去"采用外派员工与本地招聘相结合的方式，企业的高层管理人员往往选择国内外派人员，东道国当地招聘的人员大多从事业务性或技术水平要求较低的工作。一些中国企业缺乏对本企业外派人员的系统培训，外派员工对东道国的政治、经济、法律、文化等缺乏足够了解；同时，为了节约成本，多数中国企业仅对东道国招聘的员工进行简单的技能培训，而忽视了对企业发展战略、企业文化等方面的培训。因此，在培训内容上，除了业务技能培训外，企业应针对外派员工和东道国员工的不同特点进行差异化培训。对于外派员工，企业应注重扩大其国际视野，加强外派员工对东道国政治、经济、法律、商业市场环境、风土人情及宗教信仰等全方位的了解。通过前期培训，缩短外派员工适应国外项目的过程，降低磨合成本费用。对于东道国员工，企业也应注重宣传母公司发展战略、企业文化等，加强东道国员工对中国企业的认知和了解，有助于双方员工沟通交流，构建和谐的工作氛围。

第二节　全流程推进海外并购的人力资源整合工作

中国企业海外并购的实际操作过程中，往往将工作重点集中在寻找目标公司和谈判收购价格上，较少关注对企业并购的人力资源整合工作。即使对整合工作有一定认识的企业，也主要在战略和财务方面进行整合，没有对人力资源整合加以重视。波士顿咨询公司相关调查报告显示，在并购前考虑怎样将双方企业人员进行整合的公司占比不到20%。人力资源的有效整合能够减少或避免并购双方的冲突，增进了解、信任和协作，消除或缓解并购给双方员工带来的心理压力及由此产生的消极行为，使双方组织中的监督、信任和激励政策得到平衡，充分释放人力资源潜力。

一、中海油并购尼克森的人力资源整合

2013年2月26日，中国海洋石油集团有限公司（简称中海油）以151亿美元收购了尼克森公司。本节将重点就该并购案中的人力资源整合进行分析。

（一）组建并购领导委员会，全权管理海外并购事宜

为了加快海外市场的发展，中海油于2001年设立并购领导委员会，委员会由首席执行官、总裁、法规主任、首席财务官、执行副总裁和负责海外业务的副总裁组成，由公司首席执行官任主任委员。并购领导委员会是公司管理层并购行动决策的最高机构。中海油制定了并购委员会运作的相应机制，具体如下：

（1）主任委员为并购领导委员会会议召集人，根据牵头部门的建议，负责决定会议召开的时间、地点和列席会议的部门名单。

（2）每次参加并购领导委员会会议的委员人数必须达到委员总人数的三分之二。

（3）并购委员会议事实行"票决制"。每位与会委员都要对并购领导委员会会议的各项议题投票表决，并可简要说明对项目的意见和建议；投赞同票的票数须达到出席会议委员人数的三分之二时，项目或所议事项才能被确定同意通过。

（4）公司首席执行官拥有一票否决权。公司首席执行官投赞同票时的决策权重与其他委员一样，但对即使多数委员投赞同票的项目或事项，首席执行官仍有一票否决权。

（5）并购领导委员会会议纪要由牵头部门负责起草和整理，并由主任委员签发。

（6）董事会是中海油并购活动的最终决策机构。并购委员会主任委员或其指定的人员代表并购领导委员会按照《中国海洋石油有限公司并购项目董事会审批要求》的规定向公司董事会报告并购项目。并购领导委员会的成立对于中海油的海外并购起了重要的主导、沟通和联络作用。在尼克森并购项目中，并购领导委员会在项目进入初评阶段、详评阶段和管理层审核阶段时都分别向董事会报告项目情况、项目进展和征询董事会的意见。

（二）增进与目标企业管理团队的相互了解

为进一步了解尼克森，中海油积极寻求与尼克森的接触机会。2011年11月29日，中海油并购OPTI Canada Inc.（简称OPTI）全部股权，从而拥有其位于加拿大阿尔伯塔省的油砂项目35%的工作权益，与拥有这些项目65%权益的尼克森成为合作伙伴。不久，中海油通过可靠渠道获悉尼克森董事会将解聘公司首席执行官，准确判断并购尼克森公司的时间窗业已打开，随即开始着手并购前期的准备工作。借助油砂项目的合作，中海油与尼克森的管理团队有了近距离接触，对其在油砂领域的技术、管理和团队有了更深的了解，也为接下来的并购开辟了重要渠道。

（三）成立并购项目组，进行充分尽职调查

2012年1月28日，中海油正式成立并购项目组。并购项目组由项目领导小组、工作组和外部顾问团队组成。项目组采用会议方式建立横向沟通机制，商务组负责综合协调建立纵向报告协调机制，使整个团队有效沟通和紧密配合。并购团队拟订并购项目工作计划，并分五个阶段执行，涵盖谈判前的初步估值，尽职调查范围和问题，高层会谈要点，非约束性报价，信使的沟通，高层会见的安排，谈判方案，尽职调查的安排，最终约束性报价，政府和监管机构审查的应对方案，并购后的整合方案。除此之外，并购团队开始筹备政府和媒体公关工作，并将此项工作作为贯穿整个项目过程、决定项目成败的关键。2012年7月11日，在尼克森接受第四轮非约束性报价后，中海油项目组随即展开尽职调查。各专业小组按照尽职调查的工作流程和工作方案（见表6-1）。经过两周不间断地现场调查，全面掌握尼克森公司组织机构、财税、资产、制度、契约、HSE等方面的信息。中海油项目组重新审视估值和报价方案、并购前后可能面临的风险，提出更加完善的解决预案，为并购成功提供关键的先决条件。

表6-1　中海油并购尼克森时各专业组职责

专业组	职责
商务	项目整体统筹协调，与投资银行对接，掌控并购进程
技术	（1）在产项目的储量、产量和成本；（2）在开发项目的进度和费用；（3）勘探潜力；（4）技术上现有问题和解决方案；（5）其他技术相关问题
法律	（1）资产所在国的法律环境；（2）矿证及合同的合法性及流转过程中的问题；（3）重要合同下的权利与义务；（4）优化购买权及批准；（5）环保责任和弃置责任；（6）其他

续表

专业组	职责
政府及公共关系	（1）起草GR、PR和IR策略；（2）制定GR、PR和IR计划及实施细则；（3）起草演示文稿和Q&A；（4）泄密应对预案；（5）中、加、美、英政府批准；（6）加、美、英反垄断审查；（7）各证券市场和股东批准
经济评价	（1）资产所在国的财税稳定性；（2）确认财税制定和模型建立；（3）产量和成本参数确认；（4）确认并量化法律纠纷、环保责任和弃置责任；（5）确认税务框架及税务筹划；（6）其他
财税	（1）主要资产的财务和税务状况；（2）保险；（3）税务筹划；（4）并购对公司财务状况的影响；（5）合并报表分析；（6）价格分配；（7）其他
资金	（1）负债；（2）衍生金融工具；（3）目标公司资本结构；（4）并购后公司资本结构；（5）并购后现金流预测；（6）融资预测和分析；（7）其他
人力资源	（1）目标公司管理架构；（2）人员构成；（3）员工福利和退休计划；（4）并购带来的相关责任；（5）其他

（四）成立整合运营工作组，实现企业平稳过渡

为成功实施并购整合和保障公司平稳运营，中海油成立了"尼克森公司整合运营工作领导小组"，尼克森公司的平稳过渡是企业成功整合的先决条件。在交割前，中海油制定涵盖高管保留方案、员工保留方案、长期激励计划替代方案、储蓄与养老金计划替代方案、沟通计划、法律问题、绩效管理、人力资源管控（包括董事会）等八个方面的人力资源工作方案。依据"有计划、有原则、有策略、有保留"的谈判思路和"参考市场实践、兼顾竞争优势、分类区别对待、附带约束条件、稳定留住人才"的谈判原则，中海油与尼克森公司管理层就首席执行官和首席财务官留任、其他高管留任、美国和英国的地区负责人留任、关键人才保留、全体员工过渡期奖金、长期激励计划替代方案和储蓄计划替代方案等七个实施意见全部达成一致。

（五）与目标企业员工充分沟通，营造良好内部环境

中海油建立多种与尼克森公司员工沟通渠道以赢得尼克森员工的信任，为并购整合营造良好内部环境。在尼克森公司内部网站提前播放中海油宣传片，实时上传中海油董事长和CEO讲话录像；将欢迎信发送到尼克森员工的邮箱里；开设网上咨询点和固定咨询点，与尼克森员工直接沟通；通过宣传册和期刊让尼克森员工更多地了解中海油。2013年2月24日至3月13日，中海油在加拿大、美国和英国的卡尔加里、长湖、休斯敦、阿伯丁、阿克斯布里奇及伦敦召开7次员工大会（包括加拿大公司和美国公司员工见面会），尼克森公司共2260余人参加，占总员工数的74.5%。中海油董事长人力资源整合方案也收服从经营大局，持续不断进行优化调整。亲临卡尔加里员

工大会讲话，全程参加所有员工大会，并回答员工关心的问题，给员工极大的鼓舞和信心。中海油CEO赴加拿大长湖油砂现场和英国北海Buzzard油田现场考察，与现场一线员工面对面交流。在各地员工大会期间，中海油CEO都与各地的中高级管理层见面，听取当地管理层介绍各地的业务情况、面临的问题以及对未来工作的建议等，打消尼克森各级管理层的顾虑。交割后，尼克森公司成为中海油全资子公司。依照加拿大政府要求，尼克森公司新董事会成立。中海油CEO出任尼克森公司董事长，中海油副总裁任副董事长，其他董事会成员分别是2名中海油派出董事、2名尼克森公司前高管Kevin Reinhart与Una Power、2名加拿大籍外部独立董事。尼克森公司前CEO Kevin Reinhart继续担任该职务。

在完成并购交易后，通过资产组合、业务整合和管理融合，推动管理有效对接、技术及时共享、人员合理配置和文化融合。经过几年的整合与运营，中海油与尼克森公司管理团队建立了较好信任。当然，不同文化、不同价值观的融合并非能"毕其功于一役"，尤其是全球大宗商品价格在2013—2017年间总体走低的情况下，尼克森公司的经营业绩不如预期。在双方业务的互动协同中，人力资源整合方案也将服从经营大局，持续不断进行优化调整。

二、经验启示

中国企业在海外并购的人力资源整合方面应当注意以下问题。

（一）树立对目标企业人力资源整合的尽职调查意识

很多参与海外并购的中国企业没有对尽职调查提高重视，或者采取了不恰当的调查方式。尽职调查中与人力资源相关的风险包括退休金及福利负债、解除聘用员工的成本，以及雇佣合同中控制权变更的条款等。中国企业往往难以辨别海外并购中可能出现的人力资源风险；对尽职调查本身，或调查的不同类型、角度以及能给企业带来的价值等缺乏足够理解；对海外并购的艰苦程度估计不足，尤其是在定价时对被并购企业的人力成本缺乏足够考虑，并购后该部分成本成为企业的包袱。这些因素使得并购的人力成本以及企业文化的整合成为难点。相关分析显示，55%的失败并购案例是由于人力资源企业文化整合失败而导致的。在进行海外并购前的尽职调查中，企业应通过有效途径深入了解东道国并购、劳工相关的法律法规及政策措施，方便并购中企业人力资源整合方案的推进。具体体现在并购后企业内部的人员调整上，从企业整体发展规划及在东道国经营战略方面考虑，并购后企业往往会出台相应的员工管理等一系列政策，包括员工的解雇政策，该政策必须符合东道国劳动（工）法的相关规定，避免给并购企业带来不必要的损失。

（二）全流程统筹海外并购各阶段的人员整合工作

企业海外并购的过程中，人力资源整合工作应当从并购前期开始准备，贯穿于整个海外并购过程，并且在人力资源整合工作全面结束后，整个并购过程才算结束。具体包括以下三个阶段：

第一，调查准备阶段。该阶段从并购双方企业有并购意向、逐步接触，直到达成并购协议、整合经理入驻被并购企业。包括企业海外并购前的准备工作、并购谈判以及签订协议。

第二，快速整合阶段。在该阶段，并购企业整合经理入住被并购企业，进行人事调整和优化组合，并依据并购企业的战略目标重新配置两家企业的人力资源。

第三，全面融合阶段。快速整合阶段完成后，并购企业进一步在观念意识上使两家企业员工逐步融合。在该阶段，并购企业需要深入了解、细致入微地把握细节，来与员工进行沟通交流。

（三）制定相应的核心人才保留政策

企业最有价值的资产体现在其行业专属管理能力以及企业专属人力资源方面，相对稳定的人力资源管理体系能够使企业获得核心知识和技能，并有效联结企业内部各个部门。P.浦里切特和D.鲁滨逊相关调查结果显示，如果企业并购后没有采取相应措施挽留被并购企业员工，并购第一年内会有47%的高层管理人员流失，三年内会有72%的员工流失，剩余员工大部分也不会忠于职守。核心人才的替换将导致在决策制定上产生不可预知的问题，可能使整个并购价值降到最低；同时，核心人才的辞职不仅削弱企业竞争力，更有甚者可能增加竞争对手的人才竞争力。核心人才的流失虽然已经得到并购企业的关注，却很少有企业对该问题进行评估，或制定相应的人才保留政策。企业往往根据被并购企业股东的公告、并购方管理团队对员工的印象，或外部代理咨询企业专业人员的建议，草率制定人力资源识别的结论。

留住核心人才是实现企业海外成功并购的关键。具体做法包括对核心人才离职的动因及其离职可能给企业带来的损失进行评估；与核心人才就企业未来发展方向、管理方式、人员培训等相关政策进行深入沟通交流，听取其意见和建议，使其尽可能了解企业相关信息和意愿，有助于增进双方了解和互动，减少人才流失。

（四）积极应对企业并购的文化冲突问题

文化冲突问题是企业跨国并购进行人力资源整合面临的最突出的问题。企业在海外并购过程中，通常涉及两个或多个企业或国家，关系到不同的企业文化。来自不同国家和企业的员工所具有的价值观念、伦理道德、思维方式和行为方式往往不同。并购过程中，每家企业都能觉察到企业文化的差异性和破坏性，使并购的整合过程和股东的利益也受到影响。中国本土成功企业一般具有较强的企业文化，海外并购企业也较成熟，其员工对本企业文化也有优越感，对中国文化的认同度较低，造成人力资源整合难度的加大。

并购企业有必要对目标企业的文化进行调查和研究，找出双方企业文化的异同点，确定企业文化的可融合之处。在这一点上，曾任思科公司人力资源总监的巴巴拉·贝克说过，思科公司考虑并购的企业大多与本企业在工作制度、管理方式、企业文化等方面较为相像的企业。这一做法对于企业并购后通过有效的沟通来弥补双方文化差异、促进文化融合，最终建立新的企业文化较为有利。

（五）实施统一的考核和有效的激励机制

并购企业应当为被并购企业员工提供与本企业员工平等的待遇，搭建公平的绩效考核政策。对于并购后的企业来说，绩效考核的公平性对于员工的心理契约重新建立至关重要。为了消除被并购企业员工由于并购带来的心理落差，企业在海外并购前需要在企业内部说明，并在并购后实施有效的统一考核标准和激励机制，以及统一的人才培养策略。这要求并购企业平等对待每一个员工，为其提供平等的工作机会，增强被并购企业核心人才继续在本企业发展的信心，提高被并购企业员工的工作积极性。相关研究显示，企业并购过程中，被并购企业员工被公平和诚实地对待，将会使员工更易接受企业并购的结果，更容易信任并购后企业的管理层。

具体做法包括：第一，建立公正、透明、科学的绩效考核体系。不仅对员工的道德、资历等进行考核，而且设立可量化的与其业绩挂钩的考核指标；绩效考核与员工的经济回报挂钩，也与内在奖励如个人职业生涯的发展和晋升机会挂钩。第二，建立健全的薪酬制度和公平的升迁制度，尤其是针对被并购企业员工的升迁制度。为员工提供富有挑战性的工作以及提供学习和发展的机会。第三，结合东道国社会环境和实际情况，建立相应的员工福利体系。在为员工提供基本福利（如带薪休假等）的基础上，增加可选择的福利项目，实施有效的激励措施。

第三节　强化管理水平规避人员管理风险

一、永泰纺织品公司孟加拉国投资事件

永泰纺织品公司由中国香港客商在孟加拉国投资设立，总投资超过1000万美元，公司位于孟加拉国COMILLA出口加工区。2009年7月，工厂的孟加拉国雇员与中方管理者发生冲突，冲突造成一名中国内地员工、一名中国香港员工，以及一名菲律宾员工受伤，并造成若干财产损失。该冲突的起因是公司一些孟方工人工作拖沓、不服从管理，经常偷盗公司财物，因此，公司决定对这些员工予以开除，并向其出具了决定开除的文件。在该文件中，永泰公司使用单词"termination"作为解除与孟方工人合同的用词。"termination"是中止的意思，即永泰公司单方面解除与孟方工人的工作合同。依据孟加拉国当地法律规定，凡雇主单方面解除合同要一次性补发员工4个月工资，并按照其工作年限每一年补一个月工资。按照一个人工作两年计算，如果解除合同，雇主需要支付员工6个月工资。永泰公司认为中止孟方工人的合同是由于孟方工人的过错，无须支付赔偿金。在各执一词的情况下，双方情绪失控，爆发激烈冲突。随后事件在中国使馆经商参处与孟方出口加工区的积极斡旋下顺利解决。

事实上，依据本案例的情况，永泰公司只需要将"termination"一词改为"dismiss"即可解决。企业海外投资过程中很多误会都是由于沟通不畅所导致的，语言是企业发展必须要跨越的关口；此外，虽然永泰公司并不缺少懂英文的管理者，但仍然出现此种情况，这与有永泰公司相关人员对当地法律法规不熟，出具文件过于随意有很大关系。

二、C公司外派员工流失案例分析

C公司是一家中央企业旗下的全资子公司，在国际工程承包、对外援助、对外投资、劳务合作，以及进出口贸易等领域有着较为雄厚的实力。作为一家世界500强企

业，C公司拥有广泛的国际合作关系，培养了一批掌握多国语言、精通国际业务、熟悉企业管理、拥有丰富国际工程实践经验的复合型专业人才。

作为最早进入国际工程承包、对外投资和对外劳务合作领域的中国企业之一，截至2012年年底，C公司在全球多个国家和地区承建大、中型项目上千个，累计合同额63亿美元，营业额38亿美元，进出口贸易额8亿美元，派出各类劳务人员5万余人次。

（一）C公司外派员工的流失情况

C公司采取总部和子/分公司的组织架构，总部的各职能部门实施各自管理职能并为子/分公司提供服务；公司在境外分区域或国别设立子/分公司经营业务。目前，C公司拥有7家境内外全资子公司，2家控股子公司，2家参股企业，以及39个海外分支机构，主要分布在南非、东非、西非（马里）、毛里塔尼亚、科特迪瓦、摩洛哥以及亚太（巴布亚新几内亚、斯里兰卡）等地区。截至2012年年底，C公司拥有各类专业技术人员共400名，其中海外员工130人。

随着C公司国际业务的不断扩展，很多大型工程项目对人才的需求越来越大，外派员工的增加的同时，员工流失问题日益显现，2009年以后越来越突出。C公司全年外派员工离职人数从2009年的18人飙升至2012年年底的64人；外派员工离职率由13%增加到49%(见图6-1)。

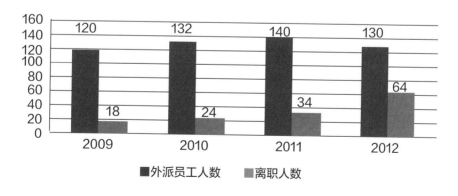

图 6-1　C公司外派员工流失情况

从年龄分布看，C公司外派员工的离职高峰年龄集中在26~35岁，这一年龄段离职人数占外派员工总数的80%。

从工作年限上看，工作4~5年的员工离职人数最多，占总数的60%以上，其次是工作2~3年的离职员工，约占25%。

从离职去向上看，C公司离职员工去向主要包括脱离工程承包行业、竞争对手公司、兄弟公司，以及投行、进出口银行、国开行等。选择脱离工程承包行业和进入竞争对手公司员工较多，所占比例也大致相同，约40%；选择进入兄弟公司和投行、进出口银行、国开行的员工的比例相对较少，基本占10%左右。根据以上数据，80%的员工离职后与C公司脱离了关系，尤其是选择去"竞争对手公司"的员工，给C公司造成重大损失，严重影响到公司竞争力的提升。

通过以上对C公司2009—2012年外派员工流失相关数据的分析，可以得知外派员工流失问题已经严重影响了C公司海外业务的扩展。首先，公司管理骨干员工的流失影响到公司人才梯队的建设，使公司面临后备力量不足的困境，同时培养管理骨干需要耗费很大精力和成本；其次，核心技术员工的流失可能造成公司核心机密的泄露，尤其是进入竞争对手公司的员工，可能直接威胁到公司的生存，造成致命损失；再次，离职员工对C公司的负面评价会引起公司员工或求职者的猜测，可能对公司声誉造成不良影响，使公司面临难以招聘到合适人才的尴尬局面。

（二）外派员工流失具体案例

L先生硕士毕业后应聘进入C公司，鉴于其积极主动的工作态度和扎实的法语功底，很快得到公司领导的赏识，被长期派驻非洲A国作为公司监理工程师联络人。由于之前派驻的工作人员对监理制适应较慢，导致与A国监理时常发生冲突。L先生到达A国后，充分发挥其语言优势和沟通协调能力，很快找到应对冲突的策略，有效控制冲突升级，逐步改善了公司与A国监理的关系。两年后，L先生出色的工作能力得到公司领导的认可，被调到公司驻A国首都办事处，全面负责处理与当地政府的关系以及公司员工的保险事宜。L先生逐步对公司业务有了较为全面的把握，其人脉资源也得到很大提升，出现一些紧急和特殊事件，如罢工事件、劳资纠纷、严重交通事故以及施工营地遭受洪水围困等问题，领导也总是指派他前去处理。

但与此同时，L先生也面临着现实的个人问题。在去A国工作前L先生已经结婚，在非洲工作的几年里，其按照公司规定的探亲假早已用完，L先生希望公司能够安排妻子一起在A国工作。依据公司相关规定，只有处级干部和项目经理（L先生尚不是项目经理）才能安排家属去国外工作。正逢办事处在A国筹备新项目，L先生主动要求负责该项目的前期投标等工作，希望项目中标后顺理成章作为项目经理，能够把妻子带来A国工作。然而，新项目虽然中标，项目经理却不是L先生。办事处给出的理由是因为

L先生的专业并非工科，不适合做工程项目经理。不久之后，L先生向公司提出回国，公司总经理劝说无果后只能安排其回国探亲。然而，L先生回国后立刻递交了辞职信。

（三）外派员工流失原因分析

L先生的情况在国际工程承包公司中是普遍存在的，企业流失的外派员工往往是中坚力量，年龄介于28~40岁，多为公司的中层管理人员。L先生当初选择进入C公司，并实现了其前往国外工作的愿望，这是非常有效的激励举措。L先生在国外的工作从最初的辅助性工作到独立负责某一方面的工作，难度逐渐增大给L先生带来了职业上的成就感，工作重要性的提高也满足了L先生被尊重的需要。

然而，首先由于公司外派人员家属政策的限制，其后，当L先生的项目经理梦破灭时，在非洲工作对他的吸引力已经没有几年前那么强了。最重要的是，L先生难以看到自己在公司未来的职业发展，选择辞职也就在情理之中了。

三、经验启示

中国企业"走出去"过程中，往往缺乏既熟悉东道国法律，又精通外语的专业人才。一些企业在境外投资中急于求成，没有事先仔细研究东道国当地劳动法律、环保要求等，对财务审计以及不同国家法律差异等掉以轻心，势必对企业在当地的人力资源管理带来影响。因此，中国企业应当善于借助中介机构的力量，包括精通东道国法律法规的律师、咨询管理顾问、跨国会计师事务所的会计师等来有效规避海外员工管理风险、法律风险，以及不同文化的非共融性风险等。同时，在中介机构费用的考量上，由于投资理念的不同，中国企业习惯将中介费当作是投资以外多出的费用；发达国家企业则倾向于把中介费用作为投资的一部分，甚至是必要的部分。中国企业需要转变思想观念，建立健全海外投资风险评估体系，充分利用中介机构和专家资源，准确判断和评估风险，找到有效降低风险的方法。在以上案例中，由于孟加拉国极为重视信件往来，信件在可能发生的法律纠纷中将成为重要的证据，中国境外投资企业在出具正式信函时，应当征询律师的意见，将面临的风险降到最低。

同时，中国企业应当借助中介机构加强对国际化人才的培养，提高本企业员工的专业素养，完善自身管理团队建设。入驻东道国管理人员的素质和能力参差不齐将对公司的决策和经营产生不利的影响。一方面，中国企业应积极引进国际化专业人才和高素质管理人员；另一方面，企业应注重对本企业在东道国管理人员的培训，借助中介机构和专家的力量，对涉及东道国政治、经济、社会、法律、文化环境等方面，加强管理人员对东道国的了解，尽快融入当地环境。

此外，中国企业应加强与中国驻东道国使馆、领馆的联系，及时掌握商务信息和政策法规，研究投资动向，制订科学的投资策略，有利于帮助企业决策和解决企业在当地的问题。

通过以上C公司外派员工流失以及员工个人角度的案例分析能够发现：缺少归属感、缺乏良好的职业发展、工作地点，以及生活环境是影响外派员工离职的重要方面。企业应当总结经验教训，采取措施积极应对外派员工流失问题。

（一）改进外派员工选拔制度

企业外派员工的选拔需要综合考虑各方面因素，包括外派员工的年龄、适应能力、工作热情、职业发展及其亲属等。C公司在外派员工的选拔方面虽然较为严格，但同时存在很多问题。例如，注重考察外派员工的个人能力是否适合国外的工作岗位，而忽略外派员工的个人心理需求、职业发展规划，以及家庭因素。一些员工仅仅把派驻国外工作当作其职业生涯发展的跳板；外派员工的家庭因素对其工作的稳定性有着较大的影响，配偶的工作、子女教育、异地分居等因素都会影响员工为企业工作的期限。因此，企业在外派员工的选择上，应当考虑多种因素，并注重员工的国际化技能水平而非单纯的业务能力。

（二）完善外派人员管理机制

中国企业在海外经营中如何对外派员工进行妥善安置，提高其适应能力和工作积极性，减少员工流失率成为企业面临的重要问题。从企业角度看，外派员工人力成本较高，员工往往需要较长时间来适应东道国环境，不利于企业业务的推进和人际关系的迅速展开；外派管理人员的素质和能力参差不齐也会对企业决策和经营产生不利影响。从员工角度看，企业通常不注重外派人员的遣返工作，很多员工回国后很难再被安排到原来的岗位，容易使一些有职位的老员工产生不满；企业难以妥善解决外派员工配偶及其子女在东道国的工作和教育问题，致使外派员工选择提前回国；外派员工由于难以适应国外环境和融入当地文化，可能会选择提前回国；一些员工由于对收入和企业管理机制的不满选择跳槽，从而加大了企业人力资源的重置成本。

通过对以上案例的分析和总结，企业可以在以下方面加强完善外派人员管理机制：制定规章制度对外派员工的管理、培训、薪资、休假、配偶等做出相关规定，并保证外派员工回国后的工作及其相应职务；对外派员工配偶工作及其子女教育的问题上，鉴于企业经济能力所限，可以采用类似公积金的制度，由企业和员工共同支付并纳入外派员工的福利体系；在外派员工亲属的签证办理、入学手续等方面给予帮助；对在艰苦和落后地区的外派员工采取相应补偿措施；落实外派员工每年多次的探亲假，鼓励员工探亲和休假；实行更为灵活的轮换制度等。

（三）做好外派员工归国管理工作

如何做好外派员工的归国管理工作对于防止员工流失至关重要。归国的外派员工是企业获取东道国信息的重要途径。外派员工在国外工作期间获得的相关技能和管理经验不仅有助于企业培训新的外派员工，同时也对企业制定东道国未来市场发展战略大有裨益。相应的，外派员工的离职将给企业带来难以估量的损失，不仅将对企业造成经济损失，还有可能给企业声誉造成不良影响，不利于企业竞争力的提升。因此，企业在派遣员工去国外工作前应当制定相应的归国计划，确定外派员工归国后可能担任的岗位，在给员工更多信心和对自身职业发展的期望的同时着力降低企业外派员工流失风险。

（四）加强企业文化建设

L先生的案例中，他所做的努力没有得到企业的任何回应，使其最终选择离职。通过对离职的外派员工的调查显示，超过80%的员工表示在国外工作缺乏归属感。虽然企业努力改善外派员工的生活环境，但物质层面的改善无法解决员工心理和情感的问题。如果企业文化无法增加外派员工的归属感，员工很有可能在任期结束后选择离职。

优秀的企业文化能够营造良好的工作氛围，形成强大的凝聚力、向心力和约束力，增强员工的归属感。企业文化是一种精神激励，能够激发员工的积极性、主动性和创造性，从而增强企业的整体执行力。以上案例中，C公司遵循"以快制胜的竞争观""美美与共的合作观""业绩至上的价值观"以及"员工与企业共同成长的发展观"的企业文化。事实上，外派员工最需要的是来自企业的关怀和尊重，希望在国外工作时面临困难、语言障碍、人身安全、家庭问题等时，企业能够及时给予帮助并切实替员工考虑。

第七章 | 属地化经营与
融入当地社会

中国企业在东道国经营，要紧密结合东道国发展方向和重点领域，积极开展属地化经营与融入当地社会，将企业自身成长与东道国发展有机结合，找准战略利益契合点，与各方建立长期合作关系，形成互利共赢发展局面，从而企业也获得良好经营效益。在运营中，企业要努力向产业链上游延伸，积极关注东道国发展规划，努力成为东道国经济社会发展的咨询师、规划师，为企业后续发展谋求更大优势。

第一节　属地化管理"走出去"企业的海外员工

一、中鼎国际员工属地化管理实践 [①]

在中国企业进军海外市场的过程中，充分发挥当地人才优势，实现人力资源属地化发展是企业面临的重要课题。中鼎国际工程有限责任公司在"走出去"发展历程中，从一家百年老矿下仅有七名员工的出国筹备办公室，到ENR全球最大国际承包商225强之一，其成功经验之一就是充分发挥当地人才优势，有效进行员工属地化管理。本节将以中鼎国际印尼朋古鲁煤矿项目为例进行探讨。

（一）中鼎国际及其项目属地化管理概况

中鼎国际工程有限责任公司（简称中鼎国际）是江西省煤炭集团下属的一家国有独资企业，经营业务涉及建筑工程、地质勘探、对外投资和国际贸易等多个领域。作

---

①本案例由中鼎国际工程有限责任公司提供。

为中国煤炭行业第一家走出国门承包工程的跨国经营企业，中鼎国际1991年就在阿尔及利亚西米迪加承建了14000公顷的农田灌溉项目，迈出进军非洲的第一步。目前，中鼎国际在阿尔及利亚、博茨瓦纳、喀麦隆、尼泊尔、阿联酋、马来西亚、泰国、印度尼西亚等国家均有承包工程或投资项目，拥有中外员工6000多人。

中鼎国际承包的朋古鲁煤矿位于印度尼西亚苏门答腊岛东南部，下属三个单位（一井、二井和自备电厂），共有本地员工300人左右，包括管理人员6人。印度尼西亚是世界上穆斯林人口最多的国家，约87%的人信奉伊斯兰教。由于历史、宗教等原因，中国与印尼在政治、社会文化、生活习俗、就业观念等方面有很大差异，这给中资企业在当地的招聘、培训、人员管理等带来较多困难。

为维护队伍的稳定、不断提高工作人员整体素质，中鼎国际结合当地政治、社会环境实际情况和员工特点，逐步建立和完善管理制度，充分调动员工的劳动热情，发挥其主动性和创造性。通过努力，形成中印尼两国员工和睦相处、和谐共事的局面，使本地员工队伍成为公司在当地生产、建设和发展中不可或缺的重要力量。中鼎国际的管理模式也得到了中国驻印尼大使的称赞，成为中资企业在当地实现人员属地化管理的典范之一。

（二）中鼎国际属地化管理具体实施办法

第一，委托当地劳务公司负责人员招录事宜，保证企业稳定用工。虽然印尼的劳动力市场很大，但印尼员工的就业观与中国员工有较大差异，对工作和收入的期望值不高，再加上对煤矿工种较为陌生，最初中鼎国际在当地承包工程的员工流失率很高。经过近一年的探讨，中鼎国际摸索出适合本公司发展的用工模式：企业与当地劳务公司签订招、用工合同；依据所招员工人数付给劳务公司相应的服务费。企业只需要提出用工的岗位和所需人数，由劳务公司负责招聘、体检（中方医生把关）、资格审查、合同签订、日常跟踪管理、社保和税收的缴纳、劳资纠纷以及员工解聘等事宜。企业则负责员工培训、业绩考核和现场用工的管理；根据用工岗位、完成工作量、出勤率等计算工资，由劳务公司代为发放。这种招、用工模式为企业的稳定用工提供了保证，是其员工属地化管理的有效途径。

第二，聘用当地管理人员负责项目的人事管理、对外沟通和交流。印尼的用工观念与中国差别较大，其劳动法较为完善，涉及劳务人员保护的条款多且细，人事管理制度也与中国有很大不同，这就使"由本地人管本地人"的方式成为必然。中鼎国际聘用本地管理人员代表企业与劳务公司进行联系、沟通，并协调相关事宜；同时，管理人员也负责在工作现场对员工进行日常管理。中鼎国际实行管理人员本地化具有明显的优势：一是管理人员与员工之间文化和观念差异较小；二是对当地的管理方法较为熟悉；三是语言交流无障碍；四是民族和宗教信仰相同，不易产生对立情绪，这对在印尼的外资企业来说尤为重要，在处理劳资纠纷的时候，当地管理人员有着不可替代的作用。

第三，加强对当地员工的安全教育和技术培训。印度尼西亚工业发展水平有待提升，缺少技术熟练的工人。提高当地员工的技术水平和熟练程度成为中鼎国际人事管理的工作重点。中鼎国际采取了加强安全教育和技术培训的办法来解决这一问题：通过岗前培训使新招聘工人了解矿井开采的基本原理和井下安全知识；通过岗位培训使员工熟悉工作环境、掌握操作规程、学习工作技能；通过每月集中一次的安全教育来加强员工的安全防范意识；建立劳动纪律和业绩考核奖惩制度，赏罚分明。通过几年的实践，印尼当地员工的煤矿安全知识水平和工作技能得到迅速提高，绝大多数员工能够适应矿区工作，员工流失率也由最初的40%～50%降到10%左右。中鼎国际建立了较为完善的培训机制，通过对当地员工进行安全教育和技术培训，使其掌握技术的同时增强安全防范意识，对煤矿安全生产和企业在当地的可持续发展起着至关重要的作用。

第四，多种渠道加强中印尼员工的工作交流和沟通。在日常工作中，中印尼员工之间需要经常进行工作的交流和沟通，然而中国工人普遍文化程度不高，在工作中与当地员工交流较为困难。针对这一问题，中鼎国际通过多种渠道采取措施来加强双方交流，例如鼓励双方员工加强语言学习，提倡采用简单或约定的用语、手势进行交流；建立相对稳定的工作组合，增进相互了解和熟悉程度，最终达到一个眼神、一个手势就能明白对方的意图，不仅有利于工作，还增进了员工感情，减少误会和矛盾。此外，中鼎国际每年在海外项目中评选一批外籍劳模，邀请他们到中国参加公司的年度表彰大会，颁发证书并领取奖金；组织外籍员工到北京、上海、广州等地旅游观光，这在很大程度上调动了外籍员工的工作积极性和工作热情。

第五，妥善处理中印尼员工之间的误解、矛盾，以及宗教问题。由于语言障碍、工作摩擦、生活观念的差异、宗教信仰的不同等，中印尼员工之间不时会出现各类误解和矛盾。如何妥善解决这些矛盾，特别是涉及宗教和民族问题的事件，对于在印尼的中资企业来说较为棘手。对于这一问题的解决，中鼎国际主要采取以教育中方员工为主的方式，经常教育和提醒中方员工自觉遵守当地法律法规，尊重当地的民族习俗和宗教信仰；只要不是涉及民族尊严和人身伤害的事，中方员工尽可能忍让，避免发生不必要的矛盾和冲突，保护员工自身和企业财产安全。

二、经验启示

中鼎国际印尼案例是中国企业海外员工属地化管理的一个缩影。通过以上案例能够看出，尽管企业做了大量的工作，但是要完全实现属地化管理还需要做更多努力，改进工作的方式方法。有效稳妥地推进海外员工属地化不仅要求中国企业主动融入东道国社会环境，入乡随俗，结合东道国实际情况制定相应的人员管理措施，还需要在遵守东道国法律法规的基础上，建立对当地雇员的录用、培养、管理和退出机制，不断改进和完善，形成良性循环。

（一）与东道国企业或院校合作，拓宽员工招聘渠道

中国企业在东道国员工招聘上不能墨守成规，需要拓宽招聘渠道，充分利用东道国社会资源，开展广泛合作。例如，对于中级管理人员的招聘可以与当地公司合作，委托当地企业全权负责招聘事宜，企业只需要做好关键环节的把关；此外，还可以与当地院校以校企合作的方式进行人员招聘。根据以往经验，从院校招聘的毕业生的个人素养，对企业的忠诚度相对较高，适合在东道国长期从事经营活动的中国企业。对于初级管理人员的招聘，中国企业可以通过东道国媒体或发布广告等渠道进行招聘、通过可靠的当地员工推荐的方式，或者通过有实力的劳务中介机构提供服务等渠道招聘。企业在当地员工招聘流程的设计上，可以根据不同岗位的需求设计有针对性的流程，以保证引进合适的员工。

（二）注重沟通和融合，提高东道国员工对企业的忠诚度

面对东道国不同的文化和环境，中国企业在跨国经营的过程中需要不断调整管理模式、融入东道国法律、商业和社会环境；尊重东道国员工的文化习俗，通过加强沟通、交流和进行培训，使当地员工逐步接受和适应企业的管理方法和融入企业文化。在员工管理方面，企业需要制定符合东道国法律要求的本土员工管理制度，注重对员工的日常管理；注重对员工的人文关怀，切实考虑当地员工的内在需求，关心员工的生活；对当地员工进行心理疏导，帮助其缓解工作压力，提高对企业的忠诚度，营造

和谐的工作氛围，激发员工的工作积极性和创造力。

（三）加强教育和培训，提高东道国员工的岗位技能素质

由于社会文化、教育水平等差异，各国劳动力水平有很大差别，尤其是经济不发达国家和地区，国民受教育程度普遍偏低，中国企业在当地很难招聘到合适的技术工人。加强对东道国员工的教育和培训，使其成为适合企业工作岗位要求的专业技术人才，成为企业在属地化管理的重要内容。在实际操作过程中，中国企业可以采取岗位培训和外训结合的方式，例如岗位培训建立"师带徒"的制度，通过奖励的方式充分调动员工积极性；在当地相关院校和社会培训机构建立外训基地，作为企业培养人才的"蓄水池"，经过培训后的员工随时可以补充到相关岗位；建立员工晋升渠道，通过晋升的方式使优秀人才在相应岗位上物尽其用；重视对东道国员工的绩效考核，将考核结果与平时工作表现、员工的职业道德有机结合；建立相应的员工退出机制，有效避免在一些国家存在的解雇难、成本高等问题。

（四）注重对东道国本地管理人员的培养和队伍建设

东道国本地员工对当地社会文化、风俗习惯、宗教信仰等较为熟悉，对外沟通协调具有先天优势。中国企业在日常管理中，应注重提高各个管理岗位的员工属地化程度，在非核心管理岗位上大胆聘用当地管理人员，因地制宜创新管理模式。重视对东道国管理人员的队伍建设，发挥当地人管理当地人的优势，协调和处理好与当地员工的关系，化解纠纷和矛盾，这对中国企业海外员工属地化管理大有裨益。

第二节　积极融入当地社会

中国企业对外投资合作领域日益广泛，已从简单的商品、劳务输出发展为资金、技术、人才和服务等全方位、立体式的合作。享誉世界的华为技术有限公司（简称华为公司），用世界顶尖技术助力非洲国家马里的信息化进程，深化中非产业合作。

一、华为用顶尖技术助力马里信息化

非洲的马里，通信基础设施建设滞后。21世纪初，马里主要电信运营商有两家：

马里国家电信公司（SOTELMA）和ORANGE（IKATEL）电信公司。马里电信1989年成立，为100%国家所有，其麾下拥有MALITEL移动运营子公司，成立于1999年，主营GSM900移动电话，至2003年移动用户数仅为7万。ORANGE（IKATEL）电信公司是法国电信在当地的合资子公司，拥有全运营牌照，主要以移动业务为主。2004年马里全国固定电话用户约8万户，人均占有率仅为0.06%；移动电话用户约70万户，人均占有率仅为8.3%。

进入21世纪，马里政府实施了一系列振兴经济的政策法规，马里经济状况逐步改善，2002—2006年，GDP年均增长达5.3%，在西非经济货币联盟八国中排列第一。随着马里社会经济不断发展，马里人民对基础设施改善和互联网络的需求日益增多，国家开始重视电信发展。

华为公司于2005年进入马里市场，经过10年发展，至2015年华为马里子公司已成为马里第一大电信设备和解决方案供应商，业务持续快速增长。2015年，马里子公司获得华为公司总部颁发的"赛马"综合绩效一等奖。2013年至2016年，马里子公司年营业收入增长3倍。

其间，华为马里子公司先后参与建设了由中国进出口银行优惠贷款支持的"马里光网络与信息现代化"项目和"马里国家宽带网"项目，目前正在积极探索参与"数字马里"项目。

（一）华为进军马里市场

华为公司于2004年在马里建立了办事处，并于2005年成立子公司，从最初的一无所有，成长为现在毫无争议的第一大电信设备供应商。在一次市场大会颁奖晚会上，北非地区部集体贡献了一个小品节目——"姚奋斗的故事"，就是取材于马里代表处的真实工作和生活情景。那时的吃住条件都很艰苦，现在随着公司加大改善艰苦地区的办公和生活条件，马里代表处也即将迎来新租办公室和宿舍。

后来子公司业绩节节提升，作为公司的传统粮仓，公司也提出要通过反哺来改善艰苦地区的条件，让员工在艰苦地区持续奋斗，为公司筑起"第二道防线"。艰苦地区及岗位管理部也要努力真正成为艰苦地区的"娘家"，在一线将士的发展机会、成长、赋能等方面探索行之有效的政策保障。

（二）将自身成长与东道国发展有机结合

2005年11月，华为击败西门子、阿尔卡特、中兴等公司，中标马里电信公司

DSLAM项目，成为马里电信INTERNET宽带网络建设的独家网络设备供应商。2011年，华为公司中标马里光纤网和国家信息现代化项目，该项目是中马友好合作的重要项目，也是中国政府提供优惠贷款项目。光纤网总长915公里，连接马里、阿尔及利亚和尼日尔三国，项目建成后将改善马里北部地区的电信基础设施，推动当地经济社会发展，同时有助于马里巩固邻国关系，推进地区一体化。

2014年马里政府发布"数字马里2020"国家信息和通信技术发展战略后，华为公司与马里有关部门积极互动，深度参与该战略的制定，并与马里政府签署了合作备忘录。华为公司专业的技术水平和积极主动的合作态度受到马政府相关部门的好评，华为公司也由此成为马里国家信息和通信战略规划师和咨询师，为其下一步在马里发展奠定了更好的基础。

在马里推进国家发展战略的过程中，华为马里子公司积极寻找自身发展机遇，不但为企业获得了市场和经济效益，在某种程度上也成为中国对马里经济援助的有效落实，促进了中马双边关系发展。

（三）创造当地就业

华为马里子公司积极实施人才本土化战略。人才本土化充分发挥了当地员工熟悉马里国情、行政体制和人脉关系丰富等优势，而且降低了人力成本，也为华为进一步开拓马里市场增添了优势。当地员工具有相对稳定的特点，华为已培养了一批有归属感，接受华为企业文化的黑皮肤华为人，为企业在当地的长远发展做好了人才储备。

华为马里子公司目前有当地雇员100余名，占公司总人数一半以上，从事销售、人力、财经、交付、行政服务等核心业务。事实上，马里子公司通过直接招聘或与当地企业合作等方式，直接或间接为马里创造了上千个就业岗位，累计培养了400多名本地工程师，为当地输送了本地人才。

（四）遵守当地法律法规，严明工作纪律

中资企业在马里发展常常受到马里《劳动法》和工会势力干扰的困扰，许多企业为此疲于奔命。遵守当地法律法规，合理规避用工法律风险，是企业在当地经营需要走好的第一步。

华为马里子公司经过法律研究和成本核算，果断采取将劳动关系外包的决策。通过与马里当地的劳务派遣公司合作，规避了用工法律风险，也使公司主要精力可以集

中在主营业务拓展和提高企业绩效上，减少了不必要的精力分散。

同时，公司严明工作纪律，对于不合格员工、不守规矩和纪律的员工，公司可依规直接解雇，树立了公司权威，基本做到令行禁止，保障了公司运作的高效率和执行力。

二、启示借鉴

在融入当地社会方面，中国企业"走出去"既要有相对长远的规划，也要有恰当有效的经营管理策略。

（一）沉下去，坚持长期发展战略

随着中国对非洲的经济活动已从简单的商品输出和工程总承包逐步走向技术+资本输出和建营一体化，未来中国企业在非洲发展必须着眼于向非洲经济的骨髓深处渗透。在这样的背景下，企业必须改变"捞一把就走"的理念，而应着眼长远、做好打持久战的准备，走进去、沉下去，一步一个脚印，瞄准市场和产品，不断发展创新。

（二）先进的技术与优质的服务，是市场拓展的利器

过硬的技术、高性价比的产品、优质的服务是华为公司在马里不断拓展市场的利器，并以此形成良好的品牌形象。经过几十年的发展，中国企业已经具备了"走出去"的实力，"以服务为基础，以质量为生存，以科技求发展"的理念也深入人心。哪些企业做得好，就能发展得好。

（三）优秀的企业管理和文化，保障企业长远发展

凭借优质的服务和高性价比的产品，华为公司在非洲获得了成功。华为公司总裁任正非提出要在艰苦地区构筑第二道竞争防线，更加明确了非洲艰苦地区的战略地位和价值。华为公司"以奋斗者为本、持续艰苦奋斗"的管理导向，和针对艰苦地区陆续推出差异化的管理政策，包括改善工作和生活条件、调整艰苦补助标准、加强循环赋能和学习机会、差异化考核等，真正让艰苦地区的优秀员工"来得了、留得住、干得好"。华为公司的管理和文化，或许可以成为其他企业的借鉴。

第八章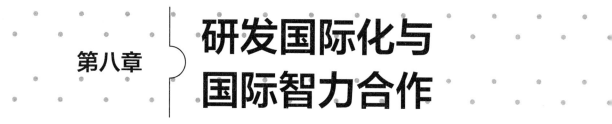

研发国际化与
国际智力合作

　　近年来中国对外直接投资增长迅速，企业海外拓展的步伐进一步加快，但企业创新能力不足仍然是中国企业在国际竞争中面临的突出问题，提升创新能力成为中国企业在全球竞争中做大做强的关键。跨国公司海外研发中心的发展为中国企业海外拓展提供了有益借鉴，中国企业也要积极关注和顺应跨国公司全球布局的这种发展趋势，积极设立海外研发中心，在强化全球生产能力的同时，提升企业核心竞争能力。

　　根据商务部研究院中国海外投资咨询中心问卷统计，在有国际技术合作业务的企业中，企业在境外设立研发中心的类型以技术支持和应用研究为主，此二者之和占比近70%。在对外投资合作获取技术的方式和途径上，与外国公司建立技术战略联盟、并购东道国技术型企业或跨国公司的技术研发部门、海外技术培训相对较多，三者合计占比42.9%。本章中我们选择若干案例，审阅已经发生的中国企业研发国际化行动所涉及的若干问题，以及企业分析解决问题的方法。总体上看，设立海外研发机构主要有以下三种典型路径和方式：一是构筑全球协同研发体系；二是通过并购等手段优化全球研发资源和研发成果的再配置；三是通过研发同盟等形式推动全球研发互补和供求对接。通过研读相关案例，读者将体会企业如何根据技术需求和企业国际化发展阶段，在研发同盟、绿地投资、跨国并购、研发外包等方式中，灵活选择研发国际化的实现途径。

第一节　构筑全球协同研发体系

在构筑全球协同研发体系模式下，通过国内外研发中心在研发环节、研究重点等业务链上的协作，利用不同地区研发中心的时差，强化对全球研发资源的整合与全球研发协作，海内外协同开展技术攻关，实现企业在全球范围内24小时不间断连续研发，缩短产品研发周期，降低研发成本。全球研发中心的协同联动，能够有效降低不同地区研发中心研发能力和研发水平的差异，尤其是加快国内研发中心学习赶超国外先进水平，提升本国研发能力。

一、华为布局全球研发体系

（一）总体情况

信息和通信技术是当今世界前沿科技之一，其发展水平一定程度上代表一个国家科技创新水平。随着华为的市场不断壮大和国际竞争日益激烈，华为已从技术跟随者变为行业领先者，其技术策略变为技术领先与技术适配并重。为此，华为在全球设立研发中心和创新中心，加大研发投入，华为每年在研发上的投入约占公司总收入的10%~15%，远高于同行平均水平。2017年，华为研发总投入897亿美元，占总收入的15%；截至2017年年底，累计获得专利授权74307件。经过多年发展，华为已成为全球领先的信息与通信解决方案供应商。

（二）管理流程模式

华为全球研发体系建设并非一帆风顺。华为公司1994年的CT2项目组和1997年的DECT项目，都曾投入大量资源，但因市场和政策的变化而流产，并导致蒙受巨大损失。产品研发失败使华为意识到科学管理的重要性，并引入了美国IBM的集成产品开发流程（Integrated Product Development，简称IPD）。IPD是一套产品开发的模式、理念与方法，强调产品创新一定是基于市场需求和竞争分析的创新，是一套以市场为导向的产品开发方法，可有效地对产品从项目分析到推向市场的过程进行管理。华为将IPD与关注过程管理的CMM有机结合，形成了具有华为特色的IPD-CMM开发流程。IPD-CMM成为华为全球研发体系管理的重要工具，它是华为所有软件开发人员的统一规范，是华为研发人员共同的语言。统一的开发管理流程和管理工具使得华为在印度所、美国所、瑞典所、俄罗斯所可以同步研发，运用科学的管理方法使得华为可以有效管理和协调世界各地的研发机构。

（三）地域功能分工

华为先后在海外和国内设有16家研发中心，这些研发中心成立的时间、区位选择的动因和功能都有所不同。华为的区位选择可以分为技术高地和人才富地两种类型，技术高地通常是发达国家的某个地区，在某个技术领域处于世界领先地位，如华为在美国、瑞典、加拿大的研发中心。人才富地通常是在发展中国家，有丰富的人力资本和优良的研发环境，华为在印度的研究所是其中的典型。海外研发机构的功能可分为三类：技术开发、技术转移和基础研究。华为1999年在印度班加罗尔，2000年在瑞典斯德哥尔摩成立研发中心，作用主要是技术开发。2001年在美国达拉斯和硅谷成立研发中心，主要作用是技术转移。2009年在瑞典哥德堡，2010年在加拿大渥太华成立的研发中心以基础研究为主，标志着华为海外研发中心已涵盖了这三大功能。2016年5月，新设立迪拜研究中心也满足了中东北非地区业务需要。

华为在美国的研发机构具有重要作用。华为在美国硅谷和达拉斯分别有一个研究所，在达拉斯的研究所主要负责国际对外合作、跟踪最新技术动态和NGN总体系统分析设计。硅谷的研究所则侧重于芯片设计与研究。美国是全世界技术发展最活跃的国家，各种创新的技术和创新的管理模式从这里走向世界。沿达拉斯中央快速通道的达拉斯"通信走廊"是以电子、通信、软件等产业为主体的全美第三大高技术产业园区，是美国通信技术发展的核心动力区域，就业人员中70%受过高等教育，50%以上拥有硕士以上学位。从职能上讲，这些研究所更像是华为的鼻子，能敏感地把握住通信技术发展的潮流，一步步缩小与著名企业的差距。

在华为海外研发机构中，印度研发机构地位相对特殊。印度所是华为海外最大的研发中心，承担着华为核心软件平台产品的开发工作。同时华为印度所在华为全球研发体系管理中发挥标杆作用，在印度所形成的研发管理模式被运用于其他的研发机构中。另外，印度所开发产品面向的市场范围也具有一定特殊性，不仅像其他所一样要面向全球市场，而且也要相对兼顾印度和中国市场。

（四）自主性与合作性

在华为创立初期，华为认识到自己实力不足，体会到全方位追赶不现实，而是应该紧紧抓住核心网络中软件与硬件的关键部分，形成自己的核心技术。因此，华为在其发展早期，相对注重自主研发。华为一般都是确定一个方向后，集中力量进行攻克，也就是所谓的"压强原则"。2001年开始，华为对自己过于强调独立自主有过反思，并且重新强调对核心领域采取"压强原则"，但对非核心领域则要争取合作。

华为研发国际化中有很多与国外企业合作的案例，如2000年华为与英特尔公司签订的合作备忘录，涉及开放、合作和技术资源共享三个关键领域。华为还与摩托罗拉、Agere、Altera、微软、NEC等世界一流企业建立了联合实验室。在开拓美国、欧洲市场时，华为曾采取合资形式与3COM、西门子进行合作，开发了一系列投入国际市场的产品。2007年，华为与赛门铁克合作成立合资公司，开发存储和安全产品与解决方案。现在的华为正走在合作开放的道路上。在2010年11月29日"华为云计算战略"发布会上，华为表达了将来会更加开放，和合作伙伴共同发展的思想。到2015年，华为联合创新中心增长到36家；2018年2月，华为和沃达丰宣布，两公司合作采用非独立3GPP 5G标准完成测试。

（五）人才策略

在华为进行海外研发过程中，注重吸收国外优秀人才，进行技术交流，并积极培养本国人才。华为力图通过人才在研发过程中实现相互交流，并使得企业保持一种活力和进步的状态。华为在美国、瑞典、加拿大、俄罗斯等国的海外研发中心，都发挥人才引进作用，它们获得国际先进技术和人才的信息，引进华为，为华为的产品开发提供支持和服务。

华为印度所是华为海外最大的一个研发中心，自1999年建立开始，华为派遣了数百人去建设印度所，到现在，印度所中大部分是当地人，中国人只占很少的一部分，回国的技术人员基本都成了业务骨干，而印度所方面也会有一部分人到国内工作。这样人员相互交流的方式很好地融合了双方的技术人员，使得研发和交流工作进行得更加顺利。在建设印度所过程中，华为也遇到了企业文化难以渗透的问题，面对不同的文化和语言，华为的方法是用科学的管理来规范，在研发的过程中强调流程的重要性，前面提到的IPD-CMM就是一种各国技术人员都要遵守的文化和语言。

华为瑞典所在成立早期，是一个以技术为导向，纯粹为提升企业自身研发实力、获得关键领域的突破、吸收关键人才而设立的研发机构。华为瑞典所成立后，很快就笼络了一些国际电信领域排名100位以内的技术大师，最终为华为在无线通信领域的突破成长与壮大提供了有力的支撑。

二、长安汽车的研发先行"走出去"

中国长安汽车集团（简称长安汽车）是中国汽车行业第一个在海外设立研发机构的企业。

2003年，长安汽车在意大利都灵建立了第一个海外研发中心，零距离地触摸汽车产品研发的时尚与灵感，开始了积极"走出去"的跨国经营之路。

2008年，长安汽车在日本横滨设立研发中心。

2010年，在英国诺丁汉设立研发中心主攻发动机和变速器，发展目标是成为长安汽车全球动力总成研发核心基地。

2011年，在美国底特律设立研发中心专攻汽车底盘技术，包括底盘性能开发、设计和制造工艺研究等。底特律是美国汽车工业最发达的城市，三大汽车巨头福特、通用汽车、克莱斯勒的总部都坐落于此。同时，世界知名汽车企业丰田、日产、三菱、现代等也都在此设立了分支机构或技术中心。

这四个海外研发中心与国内重庆、上海、北京、哈尔滨、江西等地的研发中心，共同构成"五国九地、各有侧重"的24小时不间断全球化研发布局。而每个研发中心的特点不同，各有侧重，均为长安汽车研发链条上的重要环节。

长安汽车国外研发中心均居于全球汽车业的"技术高地"上，其主要功能是获取东道国的先进技术，改进母国产品技术，提升产品质量。各大研发中心战略任务各有侧重。在有1400多家汽车设计制造企业、每年推出400余款新车的意大利都灵建立造型设计研发中心，负责造型趋势研究、外观设计和车身开发；日本横滨设计中心负责内外饰造型和工程化设计；在诞生过劳斯莱斯、阿斯顿·马丁、捷豹和路虎等的英国诺丁汉成立设计中心，负责发动机、变速器等动力系统产品研发与新能源技术研究；在全球知名汽车城、北美三大车商大本营的美国底特律的研发中心负责汽车底盘技术研究。在国内，长安汽车成立工程研究院重庆本部、北京分院、上海分院、江西分院和哈尔滨分院。

在长安汽车研究院天工楼420室，每天召开可视电话会，共同商讨新车研发问题。从造型设计、工程化设计、仿真分析、样车制作、实验开发评价，到整车总装，所有数据通过数字数据网和设在重庆的中央数据库实时传输、同步。

曾一度单月销量超过8000台的逸动是全球研发系统结出的果实之一，外形设计来自都灵、内饰设计来自横滨、动力设计来自诺丁汉、底盘设计来自底特律。全球研发体系令长安汽车自主创新能力不断增强。长安汽车每年都把销售收入的5%左右投入到研发当中去，多年来长安汽车持续加强核心研发技术上的投入，目前已经累计投入超过700多亿元，建成了涵盖振动噪声、碰撞安全、制动性能、底盘试验、驱动系统等14个领域的国际先进实验室，拥有安全碰撞与振动噪声国家重点实验室；经过多年的自主研发实践，已具备国际S5/P5级开发能力。在造型/总布置设计、结构及性能设计、CAE分析、工艺及样车制作、试验验证、项目综合管理六大能力方面已达到国内一流、国际领先水平，并建立了符合国际惯例的产品开发流程。

三、经验启示

在海外研发网络形成过程中，企业要把握以下行动要领。

第一，充分发掘和利用东道地的特殊功能和特定优势。两家企业在境外机构的选址上，都体现了这一点。境外研发选址，要基于研发目标，选取创新活力和产业实力位居世界前列的特定卓越技术中心和全球市场潮流引领地带。如华为在达拉斯"通信走廊"设立专司芯片设计与研究的研究所，长安汽车在全球新车创意中心意大利都灵造型设计研发中心，都是这种选址原则的体现。

第二，在境外研发机构和境内研发管理之间形成顺畅高效的沟通联络和绩效激励机制。企业发展到一定阶段，全球研发体系的联络是动态、实时的。通过现代数据通信技术，企业全球研发体系能将行业最前沿的技术发展动态和本企业海外最新研发成果，实时反馈到企业集团的核心层，并由此迅速触发本企业对全球技术创新和市场动态的反馈机制。如华为公司探索形成IPD-CMM开发流程进行全球研发管理，长安汽车的天工楼420室的日常全球可视电话会议，都是建立顺畅高效沟通联络机制的体现。

第三，注重境外研发优势和本土条件优势的相互结合。境外研发优势需要企业相对高的投入，而本土制造业可能相对较长时期都存在市场规模和低廉成本优势，因此，当境外创新中心取得前沿研发成就之后，应选择在国内度过创新成果产业化的中前期，在量产取得初步成就基础上，再通过出口和FDI多种途径，实现创新成果的全面国际化。

第四，注重人才的利用和培养。企业既要充分利用全球世界技术高地的高级人才，又要自觉地在通过境外研发网络，培养和造就本企业的高素质研发队伍。只有将这两方面结合起来，企业的研发才能始终处在全球产业技术的最高端。

第二节　并购再配置全球研发资源

一、汉能抓住全球市场机会实施海外技术并购

汉能控股集团（简称汉能）是全球化的清洁能源跨国公司，全球最大的薄膜太阳能企业。公司成立于1994年，总部设在北京，员工逾15000人。在国内多个省份以及北美、欧洲、亚太等地区设分支机构，业务横跨水电、风电、光伏发电。

（一）全球市场机会显现

2011年下半年开始，全球太阳能产业进入快速发展后产能过剩期，全球经济危机背景下各国开始逐步缩减对光伏产业的补贴，美国石油企业推动的全球页岩气热潮进一步降低了投资者对太阳能光伏发电技术投资的热情，短期之内太阳能技术企业上市套现已不现实，风险投资和私募基金也纷纷退出该领域止损。在这种形势下，汉能决定利用太阳能产业的暂时低迷，借助技术并购，实现消化、吸收、再创新，以加速占领薄膜光伏技术优势；并利用技术整合，充分发挥被并购企业的技术优势和协同效应；取得市场上最成熟的量产技术。

（二）海外收购的一波三折

在汉能海外收购实施过程中，汉能经历从不被海外技术企业认识并被拒绝，到海外公司主动出售技术、寻求合作的过程，同时也经历从美国市场到欧洲市场，再回到美国市场的过程。

第一阶段，并购美国公司被拒。2011年8月，汉能经过系列调研，锁定第一个技术并购目标是美国的Solopower，该公司拥有柔性CIGS（铜铟镓锡）薄膜技术电镀法技术公司，此技术在薄膜光伏领域是领先的。在美国硅谷的第一次谈判中，Solopower拒绝了汉能3.5亿美元占股51%的报价。2011年9月，在与美国Miasole公司谈判时，公司为Miasole玻璃基CIGS技术溅射法技术开出10亿美元的高价，变相拒绝汉能收购意向。通过上述两次谈判，汉能意识到当时美国市场薄膜光伏技术公司还未到山穷水尽的地

步，所以，汉能将并购的目标进行转移，开始在欧洲市场寻找目标。

第二阶段，成功并购德国光伏企业。经过对欧洲光伏市场认真调研，2012年年初，汉能在德国确定了三个收购目标并签署了意向协议，但随着Solibro（欧洲转换效率最高达12.5%的量产CIGS薄膜蒸发法技术公司）的母公司Q-Cell宣布进入破产保护，汉能对主要目标公司Solibro的收购意向协议面临作废的危险。经过汉能一系列努力，2012年9月，汉能最终完成对Solibro并购。汉能光伏国际发电集团在欧洲有多家发电企业，在意大利、保加利亚等国家进行光伏电站建设和运营。通过此次收购，汉能海外拥有第一家光伏制造企业，并将在欧洲形成包括高端装备制造、太阳能光伏组件制造和下游光伏发电在内的完整产业链。

第三阶段，汉能两次成功并购美国公司。2013年1月，因为汉能已成功并购Solibro，原来拒绝汉能的Miasole反过来寻求与汉能合作，最终汉能以承债收购的方式，以不到原价1/10的价格成功并购Miasole。值得一提的是，Miasole在美国有160兆瓦生产能力。2013年7月，汉能再次成功并购全球商用柔性电池量产公司GSE，GSE在美国有40兆瓦柔性CIGS电池的生产能力。

（三）汉能海外技术并购后的操作

技术并购企业的价值不仅在于其持有的专利和设备，更在于其掌握的专有知识和技术诀窍，因此专业技术人才是技术企业的核心价值，汉能在并购之初就着力于通盘考虑留住专业人才，被维护和加强海外机构原有的研发能力。为此，汉能在原地保留原来的研发中心，并尽量留住核心技术团队，也尽力维护原有研发环境的稳定，比如继续争取当地大学等机构的支持。当然，汉能也将利用这些海外研发机构，配套培养本国技术人才，并努力在未来提高技术和设备的国产化程度。

（四）海外并购对公司未来发展的影响

通过海外技术并购，汉能成为全球首家柔性薄膜太阳能组件大规模量产公司，通过全球技术整合，汉能得以占据薄膜光伏技术的最前沿。海外技术并购既为汉能带来先进技术，也为汉能建立了进入欧美市场的渠道与跳板，并提升了汉能的品牌影响力和市场知名度，使汉能快速成一家国际化的清洁能源公司。

二、苏州固锝在恰当行业发展时机进行境外收购

苏州固锝电子股份有限公司（简称苏州固锝）主营业务是各种二极管、桥堆产

品、表面贴装器件、光伏旁路集成模块和QFN/DFN封装集成电路产品、SMT表面贴装技术的生产和销售。该公司是全球最大的二极管生产商之一，每月产量可达2.5亿只，占世界产量的8%~9%，公司产品全部出口，远销43个国家和地区。得益于国内物联网产业的高速发展，物联网用传感器作为关键设备早已渗透到诸如工业生产、宇宙开发、海洋探测、环境保护、资源调查、医学诊断、生物工程、文物保护等范围广泛的诸多领域，苏州固锝预判，传感器件将迎来黄金发展期。为此，从2010年下半年开始，公司与境外多家传感器研发机构进行了广泛接触，积极寻求技术合作。

2010年12月30日，苏州固锝与台湾探微科技股份有限公司签订了购买协议，双方约定苏州固锝出资364万美元购买探微科技全资子公司美国明锐光电股份有限公司100%股权。2011年3月完成相关转让手续。自此，明锐光电成为苏州固锝全资子公司。境外企业全名为明锐光电股份有限公司（英文名：Miradia Inc.），境外经营地址美国特拉华州，主要从事MEMS-CMOS三维集成制造平台技术及八英寸晶圆级封装技术及产线和产品研发，拥有130项专利，引领新一代MEMS-CMOS三维集成和封装产业，其技术水平为国际先进，国内尚无同等技术。公司拥有研发场地3000平方米，各种研发设备108台，该公司营业收入主要来源于技术转让和专利许可。

收购明锐光电对苏州固锝具有重要意义。

第一，公司引进了国际先进技术。公司获得MEMS（Micro Electro Mechanical Systems，微机电系统）-CMOS（Complementary Metal Oxide Semiconductor，互动金属氧化物半导体）三维集成制造平台技术及八英寸晶圆级封装技术（Wafer Level Packaging，WLP），公司技术水平由国内先进提升至国际先进水平。公司利用明锐光电已有八英寸晶圆级封装的技术，结合苏州固锝已有封装优势以及与国际龙头企业的合作，公司晶圆级封装得以做大做强。

第二，公司获得海外研发机构，研发能力大为提升。本次收购为公司引进了国际先进技术研发团队，既有利于公司整体研发能力的增强，又有利于中国本土对国际先进技术、核心知识产权的掌握。

第三，公司销售和财务表现得到提升。目前明锐光电第一代加速传感器已经研发成功，且样品已通过认证并投放市场，2013年其研发产品在国内销售收入突破千万，2014年实现销售收入3000万元。此类产品定位于高端消费电子，主要为智能手机及高档数码相机等，全球市场需求量每年以21%速度增长，可供挖掘的市场潜能大。

第四，公司乃至中国关联产业链整体水平得到提升。收购完成后，苏州固锝适时在国内设立子公司——苏州明皜传感科技有限公司，新公司致力于将明锐光电的MEMS专利技术产业化，业务重点是传感器应用客户的开发，主要服务欧美、日本及国内市场。由此，一条完整的产业链已初步形成：明锐光电（子公司）研发→苏州固锝（母公司）封装→明皜传感（子公司）推广应用以及提供技术服务。明锐光电的成功收购既符合公司T型发展战略，也有助于引领国内形成新一代MEMS-CMOS三维集成和封装产业。

三、联想集团在丰富国际化经验支持下开展跨国收购

联想国际化起步较早。1988年，联想以中国香港为中心建立研发、生产和销售网络。1990年，联想在美国洛杉矶、法国德斯多夫成立分公司，1991年在德国成立分公司，1992年在英国成立分公司，在美国组建硅谷实验室。1993年和1994年，分别在西班牙、法国、荷兰和奥地利成立分公司。1996年，组建联想荷兰物流中心。2001年，投资组建美国联想翱龙公司，2002年，出资控股收购香港汉普咨询公司。

联想通过国际化聚集大量国际技术和管理人才，积累了丰富的国际化经验。2004年，联想以12.5亿美元收购IBM全球PC业务，5年内无偿使用IBM品牌，保留"Think"商标及PC研发、生产中心和世界销售网络，强化了联想PC业务核心技术优势。整合过程中，联想实施"一企两薪制"和"英语学习运动"，成功留住关键技术和管理人才，加快整合双方生产和营销渠道，迅速推出新业务。2004年净利润同比增长7.7%，2007年销售收入同比增长12.07%，PC业务在原基础上增长4倍，占全球PC市场份额7.8%，排名第三。

联想国际化是一个由量变到质变的演变过程，而发生质的飞跃，则以联想收购IBM的PC业务为里程碑。目前，联想同时在中国北京和美国北卡罗来纳州的罗利设立两个主要运营中心，通过联想自己的销售机构、联想业务合作伙伴以及与IBM的联盟，新联想的销售网络遍及全世界。联想在全球有27000多名员工。研发中心分布在中国的北京、深圳、厦门、成都、上海，日本的东京和美国北卡罗来纳州的罗利。

四、经验启示

把握时机，利用并购获取研发资源有时能给企业实现研发国际化综合目标带来事

半功倍的效果。

一方面，抓住全球宏观经济景气周期带来的机遇。在全球宏观经济不景气时，发达国家会有较多企业面临经营困境，原来的企业或面临破产重组，或需要战略调整，这就为中国企业海外收购提供了机会。另一方面，发挥母国企业总部资本优势，利用并购等手段对全球技术信息的汇集、决策，搭建全球研发技术共享平台，优化全球研发资源配置，使位于全球不同区域的研发人员可以共享最先进的技术，并通过对技术的消化吸收和再创新，提升不同地区的研发能力。

第三节　战略合作推动全球研发对接

当一个企业处在国际化中前期，没有足够能力和跨国经营经验时，适宜开展绿地投资或并购，并对被并购研发机构进行技术、制度和文化整合。这时，组建跨国技术联盟是企业获得技术知识最有效的方式。跨国技术联盟为企业间充分沟通、交流及知识共享提供了条件，使得企业能充分利用合作伙伴的经验和技术知识，降低技术创新和商业化风险，提高技术创新能力。

一、中兴通讯与境外企业构建技术联盟关系

在1995年以前，中兴尚处在缺乏核心技术，技术依赖程度较高的发展阶段。1995年，中兴参加日内瓦ITU世界电信展，1998年开始大规模承包电信工程，2001年将国际化作为其重要战略，2004年正式大范围拓展海外市场。

由于在国际化中前期，缺乏国际关键技术和管理人才，国际经营和管理经验不足，研发部门尚不能提供大量创新成果。因此，从2000年开始，在适当组建海外研发机构的同时，中兴也选择和多家通信设备运营商组建技术联盟。例如，在WCDMA领域与和记黄埔、法国电信等合作；在CDMA2000领域与Clear Talk组成联盟；在TD－SCDMA领域与爱立信建立战略合作关系。

技术联盟的建立，弥补了中兴国际化经验、技术实力的不足，国际研发风险得到有效控制，技术知识基础、创新和国际竞争能力有效增强，为其进驻欧美等高端市场

打下坚实基础。

二、吉利早期开展的研发外包

吉利汽车曾投资数亿元建立汽车技术中心和研究院，进行自主研发和技术创新，并在部分技术领域取得国际领先成果。但显然，作为后起步的发展中国家汽车企业，不可能在所有技术领域都实现全球领先。在2003年以前，吉利国际化水平较低，2003年，首批轿车才出口到海外，2005年公司在中国香港上市。由于跨国经营人才和经验缺乏，在2007年之前，吉利汽车主要通过与境外公司签订研发外包协议，来实现本公司研发滞后领域的技术水平的全面提升：2002年与意大利汽车公司签订合作协议；2002年与韩国大宇签订技术合作协议；2003年与德国吕克公司达成技术合作协议；2005年与中国香港生产力促进局合作开发新型轿车体系；2006年与北京华冠、福臻合作开发新车型。

三、经验启示

以上案例说明，企业可根据自身国际化经验、技术自主创新能力等多方面综合因素，灵活选择技术联盟、研发外包方式，来实现本企业的研发国际化。以下要领可视作（非绝对化的）指导原则。

第一，如果企业处在国际化经验相对缺乏且技术需求相对强烈的发展阶段，适宜选用跨国技术联盟方式。如早期中兴案例所示，处在这种发展阶段，企业亟须提升技术水平，但没有足够能力和并购经验对被并购企业或研发机构进行技术、制度和文化整合。组建跨国技术联盟为企业获得技术知识提供了有效路径，企业能够充分利用合作伙伴的经验和技术，同时相应成果产业化和商业管理风险又降低到最低程度。

第二，企业国际化经验充足且自主创新基础较好，适宜先绿地建设境外研发网络，并以此为基础开展跨国并购和技术合作。处在这种发展环境，企业的使命应该是充分调动国际化网络，在维护核心技术安全的基础上，实现总体技术水平提升和研发费用降低。

第三，企业具备国际化经验但创新能力和世界先进水平尚有较大差距时，适合选择跨国并购。例如，与IBM、HP等相比，联想PC业务核心技术薄弱，技术创新能力、资本实力和品牌知名度等方面差距大，这时，通过有针对性地并购海外研发机构，企业能够迅速获得研发成果和人才。同时，由于国际化经验比较丰富，企业能够有效克服双方制度、管理和文化等方面的差异，实现并购后的企业再整合。

第四，企业国际化经验欠缺且自主创新基础较好，适宜选用研发外包方式。研发外包是外包的高端领域，是开放式创新环境下获取互补性技术知识的新型研发模式。离岸研发外包能够加快新产品开发速度、缩短新产品生命周期、提高技术创新能力，在企业国际化经验相对欠缺时，选择离岸研发外包，能降低国际研发风险，迅速形成核心技术优势和自主知识产权，提升研发国际化水平。

第九章　境外园区与集群式发展

为贯彻实施国家"走出去"发展战略，商务部于2005年年底提出建立若干个有影响、效益好的境外经贸合作区，鼓励和支持有竞争优势的企业参与国际经济技术合作。境外经贸合作区已成为中国形成面向全球的贸易、投融资、生产、服务网络，加快培育国际经济合作和竞争新优势的重要安排。2017年，中国境外合作区入区企业投资额达83.36亿美元，占当年对外非金融类直接投资总额的6.9%，已成为中国对外投资合作的重要平台。目前，中国境外经贸合作区3/4数量和九成投资额均集中在"一带一路"沿线。除北美洲和大洋洲外，其余各洲均有中国合作区。据商务部最新数据，截至2017年年底，在建初具规模的境外经贸合作区99家，累计投资307亿美元；其中中国企业在"一带一路"沿线国家推进建设75个境外经贸合作区，累计投资270多亿美元。这些园区发挥了作为企业"走出去"过程中协同、集群发展的重要载体和平台作用，有力地拓展企业的海外市场空间。从境外经贸合作区建设的用户来看，可分为公共平台型和自用型；按不同的产业定位来看，可分为商贸物流园区型、重化工业园区型、加工制造业园区型以及科技园区型等。面对不同的用户群体，不同的产业定位，其在运营中都形成了一些独特经验。

本章通过对一些典型案例分析，为中国企业建设境外经贸合作区提供一些思路。江苏永元、徐工集团、广西农垦、瀚海智业等案例显示：真正发挥平台作用才能做好境外园区建设；整合对接资源能更好推进境外园区建设；选择良好可靠的合作伙伴有利于化解各种风险；要根据建设境外经贸合作区的类型，要从政策、选址、资金、管理、招商等方面全方位筹划等等。读者通过剖析相关案例，可初步掌握"走出去"园区开发的相关经验。

总体来看，中国境外经贸合作区仍处于初级建设阶段，尚以少数"走出去"企业为主导，在建设境外经贸合作区设施的基础上吸引国内企业入驻的形式为主。要把中国开发区、特区的成功经验复制到国情迥异的国家，不啻为一个艰巨任务。中国企业在开展境外经贸合作区建设时，应做好前期调研工作，尽可能争取更多资源支持，同时应当做好风险防控预警机制，减少潜在风险。

第一节　境外加工制造经贸合作区建设

公共平台型境外经贸合作区是促进中国企业集群式"走出去"的重要载体，是中国产业转移的重要依托。本节通过江苏永元投资有限公司（简称永元公司）投资东方工业园的案例来谈谈双边政府支持做好公共平台型境外经贸合作区的几点经验。

一、永元公司投资埃塞俄比亚东方工业园

埃塞俄比亚东方工业园于2008年开始建设，位于埃塞俄比亚杜卡姆市。东方工业园项目于2007年8月中标商务部第二批境外经济贸易合作区项目。工业园是埃塞政府"可持续发展及脱贫计划"（SDPRP）的组成部分，被列为国家工业发展计划优先发展项目。合作区的国内投资主体是永元公司，全面负责埃塞俄比亚东方工业园的投资、开发、建设、管理和经营。截至2017年，合作区已启动建设面积为4平方公里。2015—2017年，合作区总产值累计53409万美元；上缴东道国政府各类税收费用总和累计5013万美元。截至2017年年底，合作区内企业总数（含建区企业和入区企业）为83家，累计各类投资4.92亿美元，其中外资企业8家，入园企业上缴各类税收6970万美元；2017年合作区就业总人数约为14650人。

总体来看，东方工业园较为成功有如下因素值得关注。

（一）交通位置是硬指标

东方工业园离埃塞俄比亚首都亚的斯亚贝巴博莱国际机场约30公里，北侧大门紧靠连接亚的斯亚贝巴和吉布提的国家高速公路和铁路，距吉布提港约850公里。工业园两侧有60万人口的两个重镇塔博尔赞提镇和杜卡姆镇。

（二）平台基础设施建设是基础

根据园区服务规定，开发商应为入园企业提供仓储运输、商务会展、与当地政府和机构协调中介服务以及安全保卫等服务；工业园为入园企业提供"五通一平"的入园条件，建立保税仓库、商贸、医疗、消防、培训、餐饮、娱乐等配套设施，提供部分厂房、工业用地、生活用房的出租或出售。东方工业园总规划面积5平方公里，其中一期2.33平方公里，规划形成居住用地、商贸用地、工业仓储用地、道路用地、市政公用设施用地、绿化用地等六大类布局。工业园已完成铁丝网围栏、供水系统、污水系统、供电系统、主干道、标准型厂房、办公用房、绿化、12.6万KVA变电站、污水处理总站等。

（三）落实平台优惠政策是重要发展条件

作为中国在非洲建立的经济合作区，永元公司作为投资者可充分享受中埃塞两国的相关扶持和鼓励政策。2008年12月，埃塞俄比亚政府与工业园管委会签订了优惠政策框架协议。2011年12月，埃塞俄比亚工业部与工业园进一步签订了《关于东方工业园发展的协议》。根据协议，工业园享目前的优惠政策包括：区内企业所得税享受4～7年免税期，比区外外资企业延长2年；外汇留存30%，比区外企业多10%；区内设保税仓库，为区内企业提供保税业务服务、优先承接区内企业海陆运输服务，运费低5%。工业园已批准为海陆联运的目的港，区内享受埃塞海关、税务、商检和质量标准等"一站式"服务，电力总线和通信网络线已全部拉至园区，园区电力供应和通信正常，目前正在跟埃塞政府争取"税收返还"的优惠政策。

（四）平台规范管理和高效运营是关键环节

为加强工业园管理和建设，提高园区服务质量和水平，塑造管理有序、服务周到、优质整洁的园区形象，提供现代化企业发展的生产、生活环境，永元公司借鉴苏州新加坡工业园区的管理模式，成立了园区管委会，由江苏省张家港经济技术开发区管委会常务副主任担任主任，全程指导园区开发建设和经营管理。工业园管委会下设行政管理办公室、财务管理部、人力资源部、公共关系部、规划建设部、安全环保部、采购管理部、物业管理部、绿化管理部和投资服务中心等部门。投资服务中心下设招商部、法律咨询部、行政审批服务部，与埃塞俄比亚政府海关、商检、税务等行政服务窗口形成"一站式"服务，并根据中埃有关法律法规，先后制定出台30多个园区公共管理规范性文件及相关办事规程。

建立高效有序的管理体制是工业园开发及后期经营管理得以高效运作的重要手段，永元公司作为苏州市本土企业，学习、借鉴苏州新加坡工业园区的成功管理经验，建立了一套较为全面的管理体系，为满足入园企业需求、促进园区整体运转提供了有力保障。

（五）有效平台风险防控措施是重要发展保障

尽管埃塞俄比亚政局较为稳定，政府治理较为有效，民风淳朴，社会治安情况较好。但园区内还是成立了风险防范和应急处理领导小组，按照预警和处理规范，所有赴埃塞人员均办理了境外人身安全保险。永元公司同所在地杜卡姆市政府签署了《治安工作备忘录》，组建了一支拥有近80人的专业保安队伍，配置了卫星电话、对讲机以及枪械、警棍等必要的技术装备设施；杜卡姆警察局4名警察长驻园区开展治安协防；园区内设监控摄像头50余个。同时，永元公司还向中国出口信用保险公司投保海外保险，以保障海外资产的权益，这在一定程度上消除了入园企业的后顾之忧。

（六）积极履行社会责任是提升平台口碑和品牌效应的最重要途径

永元公司注重履行东道国社会责任。在环境保护方面，园区按当地环境保护规划要求，对大气环境、水环境、固体废物处置、噪声严格控制等方面进行监督管理，定期、不定期的进行监测和治理。在促进当地发展方面，入园企业不仅给埃塞俄比亚带来了资金、管理理念、技术和装备，还给当地相关产业带来了技术上的革新，有力促进了当地产业技术的提高。在促进当地就业方面，入园企业雇佣本地劳工4000余人，使越来越多的当地人掌握了专业技能。

二、经验启示

总体来看，要真正发挥好园区的平台作用，以下要点需要关注。

第一，顺畅的政府间合作沟通机制是平台发挥作用的基础。境外经贸合作区建设离不开中国政府和东道国政府之间的协作。境外经贸合作区投资企业及所属省政府要积极推动中国和东道国政府签署关于建设经贸合作区的政府间框架协议，建立两国政府间的磋商机制，为合作区的整体发展提供指导。同时，推动成立由中国商务部和东道国外资投资促进中心、海关总局等相关部门参加的合作区工作委员会，并设立合作区联合办公室，处理合作区日常工作，并组织协调解决合作区建设中遇到的重大问题。

第二，拓展海外资产融资渠道是海外平台建设的重要环节。中国的境外经贸合作区采取国际通行的"滚动开发"模式，前期投入较大，固定资产等沉没成本较高，投资建设主体面临较大的资金压力和投资风险。与国内开发区相比，境外合作区建设更多的是企业行为，政策性投入力度要远小于国内开发区。因此，境外园区建设资金以企业自筹为主。企业应对此予以关注。

第三，打通劳务和通关等制约因素是平台发挥作用的关键。中国境外投资合作区投资所在地大都为经济不太发达的国家，东道国经济环境、基础设施环境、制度环境、信用环境等都存在一定的不足，这些问题会在一定程度上加大合作区建设难度。比如，据俄罗斯乌苏里斯克经贸合作区工作人员反映，俄罗斯新移民政策执行后，国内劳务输出难度增大，持旅游和商务护照不允许在俄打工，并且俄联邦政府分配给远东地区的劳务大卡数额减少，办事时间长，影响了企业正常生产计划的落实。争取劳务指标的工作也成为合作区入区企业和招商企业落户的瓶颈。

第四，园区招商引资的有序推进是平台真正发挥作用的前提。相对于遍布全国有"走出去"潜在需求的企业来说，合作区投资开发企业的辐射力和影响力相对有限。境外经贸合作区在政策、服务和环境等方面的宣传力度还不够大，容易造成招商单位和有需求企业之间的信息不对称，这也是一些境外经贸合作区招商计划不能如期完成的原因之一。未来，为加速推动园区招商进度，帮助投资企业和园区建立联系，使平台能良性运行起来，才是平台发挥作用的重要前提。

第二节 整合对接资源推进境外园区建设

一、徐工集团投资徐工巴西产业园建设经验

自用型境外经贸合作区是指企业在东道国投资建设，并供企业自身使用的合作区。本节通过徐工集团投资徐工巴西产业园项目的案例，强调利用企业自身资源来搞好自用型境外经贸合作区的相关经验。

为了推进自身的国际化战略，徐工集团（简称徐工）首选金砖国家——巴西建设产业园，这是徐工第一个海外绿地建厂项目。当时徐工选择巴西有三个因素：一是巴

西和南美市场有着极好的成长前景，并可进一步辐射发达的北美市场；二是通过多年扎根经营，徐工在巴西和南美有着非常深厚的网络、人脉基础，徐工的产品和品牌在当地有着极好的口碑；三是希望在这样的区域广阔、前景很好的市场打造一个徐工的国际化样板。

徐工巴西产业园（位于米纳斯维拉斯州包索市）项目一期投资额为2亿美元，积累了一些海外投资和工程项目经验。

（一）充分使用前期调研资源合理规划园区建设

徐工在巴西进行投资的计划由来已久，最终经过一系列调研论证之后，于2010年正式启动。在此之前，徐工与专业咨询机构共同对巴西宏观环境及工程机械市场做了细致的分析和预测，并对项目的选址进行了模型分析。通过调研分析，徐工制定了项目的可行性研究报告，涵盖了市场分析、产品范围、生产要素、组织形式、时间进度、投资估算以及后续运营模式等内容。对于至关重要的项目选址，徐工依据巴西市场的特点，从当地的生产制造能力（工业聚集与配套条件），投资优惠政策与税收，地理位置与周边市场（区位），人力成本及其供给量，当地政府的态度，警察及工会力量，物流成本，经销商网络，建设成本等多个方面进行分析，先后考察了9座城市的14块土地，最终选定了位于米拉斯吉拉斯州包索市的现址。

作为金砖国家之一的巴西，凭借其巨大的幅员和人口，以及较快的经济增长，加之当时要接连举行世界杯和奥运会等国家重大赛事，推动了基础设施建设的大规模投资，使得巴西成为全球工程机械市场的一块热土。同时，由于巴西高昂的关税，成熟的制造条件，以及竞争对手加快在巴西布局等因素促使徐工决定在巴西抢滩登陆，实行当地化的发展战略，即在巴西建立产、供、销、研发、租赁、服务等一体化的运营体系，全面提升竞争力。因为巴西项目的重大意义，徐工在实施过程中先后克服了多个难关，坚持执行项目规划。

（二）对接整合东道国各种资源，有效降低经营成本

与亚洲和非洲的部分新兴经济体不同，巴西是一个经济体系相对成熟的新兴国家。第二次世界大战后较长时间的快速增长和20世纪90年代巴西货币雷亚尔改革，为如今巴西经济的再次起飞奠定了基础。所以，巴西是一个市场化程度高、社会分工专业化的国家。在这里，企业通过市场可以获得所需的各种资源，而无须在企业内部建立相应的职能。比如，工程项目的施工管理，在巴西规定必须要由专业的工程管理公司来进行。这样的专业公司具有工程管理的专业人员和实际的项目经验，精通巴西相关法律和施工要求，了解各类项目承包商（施工企业），甚至与当地政府也有很好的合作关系，可以规范化管理和推进项目实施，并确保项目的安全和质量。但聘请管理公司的费用也不菲，通常高达项目建筑安装工程费用的6%~9%。另外，巴西的母语是葡萄牙语，很少人能用英语沟通，要找到既有英语沟通能力又价格合适的工程管理公司很困难。徐工曾先后与巴西三个州多个城市近十家具有工程管理资质的公司进行洽谈，同时对其示范工程以及在建工程进行现场考察，但都因成本的问题没能找到合适的企业。之后，该公司采用了灵活的组合方式，选择一家有业务能力的工程管理公司和一家有华人的管理公司联合参与该公司的项目招标，避免因语言障碍影响效率、造成经济损失以及法律风险等问题，为此，在工厂管理这一项降低费用约3000万元。同样，在巴西施工单位施工时所用的图纸必须是经过巴西有资质的工程师设计或签字的，经过调研、谈判，该公司采取了国内甲级设计单位设计，巴西拥有资质的设计单位进行标准转换，为此该公司在项目设计方面又节省了费用约2200万元等。至今这些方法在项目的施工中得到了很好的验证。另外，在钢结构厂房建筑上，徐工采取国内制造钢结构，巴西施工单位负责在徐工巴西产业园安装的一些做法也节约了几千万元等等。

此外，为了避免法律及品牌出现负面影响的风险，徐工借助当地政府的支持并充分利用当地的资源，与巴西当地的法律咨询机构、会计审计机构以及环境保护管理公司等签订相关协议，为徐工提供专业服务，既提高了效率，减少了成本，也降低了风险。

（三）双重矩阵管理模式协调内部资源

为调动徐工内部相关部门和单位对巴西项目的支持，增强其积极性、主动性，保证项目所需资源的及时供给，提升管理效率，徐工制定并推行了双重矩阵的管理模式。这一模式吸取了卡特彼勒等先进企业在巴西的经验，结合了徐工事业部制的内部特点，是徐工海外项目实践中摸索出来的重要管理创新成果。双重管理模式以共同参与、协作管理、共享成果为原则，为徐工巴西制造公司、国内产品事业部和进出口公司三方提供了分工与协同的大平台，使得各方权责明确，又相互依存。在双重矩阵模式之下，徐工巴西基地的职能分成了直线式职能和矩阵式职能两种：对于直线式职能，根据业务所属类型划归单一的相关方，由其进行从上到下的直线管理，对于矩阵式职能，则由业务涉及的多个相关方共同管理，且各方之间有主辅之别。

具体来看，巴西制造公司建立全系列的管理职能机构，搭建运营管理的平台，但只对其中的人力资源、财务、物流供应等部门进行直线管理，而营销部门则归进出口公司在巴西的营销系统直线管理，其他的生产制造类部门，如工程技术中心、制造管理、精益质量、生产分厂等机构则由巴西制造公司和产品事业部双重管理。产品事业部选派技术和研发人员进驻巴西基地，担任相关机构的管理者，并负责各自产品的生产过程管理及人员调度。采取这种管理模式对徐工巴西项目具有重要的推进作用，一个直观的效果是产品事业部快速选派了大量技术人员前往巴西基地，弥补了人员不足的困境。截至目前，共有78名产品事业部选派人员在巴西基地工作，占人员总数的将近一半。

（四）善用东道国法律资源，化解各种纠纷

巴西是一个法律比较健全的国家，对于工程施工也有很多法律和规定。徐工在项目实施的初期曾将一利益相关方告上法庭并胜诉，之后很快地解决了相关问题。这种依靠法律手段解决问题的方式，既维护了自身利益，也赢得了当地相关部门和机构的尊重。同时，巴西是一个非常注重保护环境的国家，在经济活动与环境相冲突时，优先保护后者。如，在施工过程中砍伐了1棵树木，则需要补种25棵树木。一旦出现违规行为，工程就会被叫停，进而造成时间和经济上的严重损失（巴西规定项目业主在项目因故停滞期间仍需支付施工人员的工资）。

（五）整合全球供应链资源，提升运营水平

徐工在巴西产品能否达到菲纳米标准，决定了市场竞争力的强弱，因此，获得菲纳米（FINAME）审批就是首当其冲的一项重要工作。菲纳米是一项低息融资措施，而巴西是一个信贷业发达的国家，在产品销售上，高度依赖融资手段。同时，一些大的工程和政府招标项目都以产品能达到菲纳米标准为条件。

在巴西当地采购，建立有效的供应链，也是有难度的。由于徐工产业园建设的是大规模的生产基地，产品种类多，产量大，这对供应商具有吸引力，但是能够满足徐工需求的供应商并不多。通过筛选，最终能够在产品质量、数量和供应周期上符合徐工要求的厂家多是欧美跨国公司在巴西的分子公司。与这些厂家谈判，以获得合适的采购价格和供应量，甚至结成战略伙伴关系，需要足够的智慧和耐心。徐工与供应商的谈判议价能力较强，以发动机产品为例，徐工与世界一流的发动机供应商——康明斯美国总部直接沟通徐工在巴西使用其发动机的问题，经过谈判，双方决定由北京康明斯在国内为徐工的相关产品进行发动机试验和认证，之后由巴西康明斯向徐工巴西生产基地供货，从而免去了在巴西进行试验、认证的麻烦。

二、经验启示

第一，调动各种资源研判投资的可行性。大部分企业在投资区位选址问题上会考虑自身所具备的优势和劣势，以及投资环境的优势和劣势。企业投资境外产业园区也应结合自身优势和承受风险能力，考察投资备选国市场环境的优势和劣势，对备选国家的区位因素进行全面的比较分析；具体计算或预测在各个国家进行投资的成本和收益情况，从中选出最优或最满意的投资区位。此外，还应考虑本国实际情况，比较境外产业园区在该投资区位是否比在国内投资更加有利。

第二，调动企业内部资源，激发内部活力。要增强企业内部积极性、主动性，保证项目所需资源的及时供给，提升管理效率，创新管理模式。同时，企业投资境外产业园区的运营与企业一般对外直接投资运用有所不同。企业应充分考虑成本最小化、税收最小化等因素，激发内部经营活力。

第三，全方位、多层次争取国内和东道国政策资源支持。境外经贸合作区投资企业及所属省政府要加强与东道国地方政府沟通，推动当地政府尽快完善合作区内金融、货代与清关代理等公共服务条件，进一步明确企业优惠政策实施细则，积极争取更优惠的经济特区政策。同时，资金问题是制约境外经贸合作区建设的关键问题，为保障境外经贸合作区的持续开发建设，要积极拓展多元化融资渠道，创新融资模式，为合作区建设和产业发展提供有力的资金保障。

第四，尽量使用各类风险防控资源。一是加强与驻外使领馆联系与沟通，利用驻外使领馆，对东道国安全信息进行收集、评估和预警；二是认真研究中国商务部境外经贸合作区办公室先后于2010年8月17日和2011年4月12日分别发布的《关于加强境外经贸合作区风险防范工作有关问题的通知》和《合作区风险防控和安全防范的政策依据和基本要求》两个文件，制定境外经贸合作区突发事件应急预案，应对合作区建设过程中的投资风险、信用风险和劳工风险；三是建立风险预警系统，根据东道国政治、经济和法律等变化，建立观测指标体系，建立风险预警模型，定期预测，分级别设定应对方案，提高企业应对风险能力。

第三节　境外农业经贸合作区建设

一、广西农垦投资中国—印尼经贸合作区案例

中国—印尼经贸合作区项目不仅是广西农垦集团在印尼最大的投资项目，还是中国在印尼设立的唯一一个经贸合作区。合作区总体规划面积4.55平方公里，分为两期开发建设：一期规划建设2.05平方公里，主要产业定位为汽配制造、机械制造、农产品精深加工、建材、仓储物流服务等；二期规划建设2.5平方公里，主要功能及产业定位为保税物流、精细制造、智能制造等。总体目标是要将合作区打造成集工业生产、商贸、仓储、服务为一体的现代化国际经贸合作区和中国优势产业在印尼的重要产供销仓储集散中心。

截至2017年，合作区已开发面积为3.85平方公里，比2015增加1.8平方公里。2017年，合作区总产值约为9595万美元，比2015年增长1.1倍，上缴东道国政府各类税收费用总和4736.8万美元，比2015年增长36.5倍。截至2017年年底，合作区内企业总数（含建区企业和入区企业）为40家。中国—印尼经贸合作区"走出去"取得初步成功是和多方面因素分不开的。

第一，选好合作伙伴。好的合作伙伴可以使企业事半功倍，反之则事倍功半。广西农垦集团在印尼的合作伙伴是布米巴拉巴的汽车装配总公司，该公司虽然不是国际知名企业，但亦是经过广西农垦集团精心挑选的。布米巴拉巴汽车装配总公司的董事长是一名印尼华裔，诚信可靠、信誉度高，1994年曾经在北京受到国家领导人的接见。事实证明，选择这家公司作为合作伙伴是正确的选择，合作伙伴在广西农垦集团项目选址、购地以及与地方政府联系沟通等项目前期工作方面发挥了重要的作用，达到事半功倍的效果。2009年，广西农垦集团与印尼布米巴拉巴汽车装配总公司在印尼雅加达注册成立了中国—印尼经贸合作区有限公司，明确了经贸合作区的建设主体。

第二，熟悉东道国商业习惯，减少投资阻碍。2007年，广西农垦集团工作人员刚到印尼的时候，由于不熟悉当地的办事习惯，常常在周六、周日找当地官员协商解决问题。但之后广西农垦集团工作人员发现，在周末谈好的事情都得不到兑现，为此，他们找到当地的华商了解其中原因。原来，在印尼有一种不成文的办事习惯就是"周

末不谈正事，谈了也白谈，惹了官司更麻烦"。印尼的法律法规比较完善，印尼人不提倡周末时间加班，认为这是工作效率不高的表现。所以，在周末时间所签订的合同往往不受法律保护。

第三，熟悉东道国政策法规，减少投资风险。购置土地是项目落地的根本，在中国-印尼经贸合作区项目建设前期，广西农垦集团先后6次组织工作小组到印尼进行实地考察，共考察了20多处拟选地块。在考察时，印尼某县县长提出合作方案，许诺零地价供地，只需以10%合作股份进行交换。但经过核实后，发现在该县的拟选地块权属于印尼国家林业部，县长给出的承诺并不算数。在对各地块的区域位置、政策税收等方面进行充分论证和多次研究后，工作小组最终确定将合作区项目地址定在印尼首都雅加达西部的国际工业区集中地带贝卡西县的"绿壤国际工业中心"内。

二、经验启示

在选择合作伙伴之前，首先要客观地分析了解自身优势和不足；然后从合作互补的角度上寻求与自身实际需要相吻合的合作方；其次对合作伙伴的诚信度进行多方面的考证，可靠的合作伙伴不仅可以帮助加快园区项目建设进程、减少前期投入，还可以在投资国政府与中方之间搭建起有效的沟通桥梁，避免矛盾发生，为项目顺利建设提供保障。

另外，获取土地是项目落地的根本，而依法依规获取土地是确保项目风险最小的保障。要注重土地购置（租用）法律程序，确保土地使用的合法性及经济性，减少投资资金流失的风险。

第四节　境外商贸物流园区布局要点

物流服务主导型境外合作园区以提供商贸物流等综合服务为主导，通常集商品展示、货物分拨、物流、仓储、信息服务等配套功能于一体的现代化物流园区。如山东帝豪国际投资有限公司（简称山东帝豪）在匈牙利设立的中欧商贸物流合作园区，商贸物流体系遍布匈牙利、奥地利、斯洛伐克、乌克兰、罗马尼亚、德国、波兰等27个国家和地区，成为临沂商城在欧洲展示商品、营销接单、物流配送等多功能为一体的商品推广渠道和欧洲分销中心。在此，以山东帝豪、某商城集团等主体为例，深度剖析境外商贸物流园区建设需要考虑的种种问题。

一、山东帝豪建设匈牙利中欧商贸物流合作园区

中欧商贸物流合作园区（简称合作园区）于2011年开始规划建设，位于匈牙利首都布达佩斯市。合作园区由山东帝豪投资建设，2015年4月，园区被商务部、财政部确认的国家级首家境外商贸物流型合作园区。合作园区以商贸物流为主导产业，产业定位集商品展览、展示、交易、体验、仓储、集散、物流、配送、信息处理、流通加工、办公、生活于一体，商贸和物流服务平台，服务于园区企业和进入欧洲的中国企业。目前，项目总投资2亿欧元，规划总占地面积0.75平方公里，建筑面积47.95万平方米。入区企业达到167家，园区企业累计投资额10600万美元，解决当地就业1400余人。

（一）物流辐射网络初步形成

匈牙利位于欧洲中心，是东西欧交汇地，区位优势优越，通达欧洲各地，与奥地利、斯洛伐克、乌克兰、罗马尼亚、塞尔维亚、克罗地亚和斯洛文尼亚七国接壤，是巴尔干地区通往欧洲腹地的必经之路。匈牙利物流、交通运输等基础设施体系高度发达，公路、铁路、航空和河运（多瑙河及其支流蒂萨河纵贯全境）网络完善，交通十分方便。布达佩斯周边已建成物流圈，全国各交通要道附近建立有11个国家级物流区和13个国家级物流中心，欧亚大陆桥的节点扎霍尼在匈乌（克兰）边境，是铁路窄轨和宽轨系统货物换装中心，与东、西欧联系方便快捷，以匈牙利为生产基地，产品可快速交付到欧洲各地。

合作园区目前入区企业达到167家，物流强度达到161万吨/平方公里·年。随着"一带一路"建设推进，长沙至匈牙利"湘欧快线"、西安—布达佩斯、中欧海铁联运快线"海虹班列"、香港—布达佩斯空中丝路货运新通道陆续开通，中匈陆海空立体式货运网络正式形成。

（二）商业服务模式基本确立

中欧商贸物流合作园区以"一区多园、两地展示、双向代理、内外联动"模式进行运作。国内、外互设商品展示交易中心，境外设加工园区，对中国出口的大宗产品

进行就地组装加工，充分利用当地商家的人脉关系和市场网络，实现本地化经营。积极发展中国商品欧盟区域代理，利用匈牙利及周边国家代理商的营销渠道，将中国商品融入当地销售网络。同时促进临沂商城业户代理匈牙利及欧盟商品，扩大欧盟商品在中国的销售份额。合作园区建设完成园区"中国商品交易展示中心""切佩尔港物流园"和"不来梅港物流园"建设，开发面积12.7万平方米，其中展览展示中心4.05万平方米，商贸物流网络涵盖匈牙利、奥地利、斯洛伐克、乌克兰、罗马尼亚、德国、波兰等27个国家和地区，成为企业在欧洲集展示销售企业产品、营销接单、品牌推广、加工服务、物流配送和促进贸易平衡等功能于一体的产品销售渠道和欧洲贸易平台。

（三）政策运行机制日趋成熟

合作园区作为企业服务的商贸物流平台，为入驻企业提供展场使用、公司注册、产品商标注册、长短期代理签证、政策、税务、法律咨询等方面提供十几项全面、周到细致的免费服务。同时合作园区作为全球性货代联盟的成员，为园区入驻企业实时提供空运、路运、海运、铁路运输、空陆联运等各种运输形式的货代服务，为入驻园区企业提供保税仓储、增值税保税仓储、海关监管仓储等保税仓储服务和增值仓储服务以及报关业务、运输、货物保险、物流咨询、跨境电商、物流供应链服务和供应链金融服务。

在电子商务平台建设上，中欧商贸物流合作园区和欧洲知名电商网站合作，整合园区入驻企业，展示入园企业产品，世界知名企eBay、兰亭集势等签约进驻，在匈牙利切佩尔港物流园、德国不来梅港物流园建立欧洲海外仓，利用园区平台为国内跨境电商提供物流服务，形成了区内商贸产业和物流产业相互支撑、相互促进的格局。

二、某商城集团在坦桑尼亚前期建设受阻

某商城集团创建于20世纪90年代，拟在坦桑尼亚建立商贸物流园区，但在前期建设阶段出现了一些阻碍，值得相关企业借鉴。项目建设阶段遇到的主要困难如下：

第一，项目地块未能落实。坦桑尼亚对中国态度友好，但政府官僚主义较为严重，办事效率低下，突出表现在原先承诺的项目用地时隔两年多时间仍未得到落实，即使与工贸部商谈在限期内完成拆迁工作，但实际执行情况依然值得怀疑。其实，坦桑尼亚政府方面意见尚未完全统一，工贸部表示经贸合作区项目需在A地块建成，而

出口加工区管委会则建议项目可在B地块启动。有鉴于此，该公司积极寻找适合项目开展的地块，但经过实地考察，这些地块因为土地性质变更、债务问题、坦政府无限期搁置以及土地尚未开发等各种原因，均不适用于项目启动。

第二，基础配套落后。坦桑尼亚国内基础设施建设落后，交通主要以公路为主，但是全国有很多地方不通公路，早期建成的坦赞铁路也无法利用。此外，坦桑水、电、燃料价格高，其电力工业发展滞后，电力供应严重短缺。经贸合作区项目实施涉及水、电、气、供排水、通信、网络、地下管网、道路等基础设施配套，现有的基础配套无法满足需求。

第三，体制文化差异。据坦桑中资机构反馈及考察发现，坦桑尼亚受文化、宗教等因素影响，导致部分当地合作方甚至个别政府机构遵守和约与承诺的意识薄弱，效率低下，致使项目开展不可控因素增多，推进困难。

第四，坦桑尼亚市场容量有限。坦桑尼亚辐射东非国家的能力及中转的服务功能并不十分明显，限于坦桑尼亚4490万人口及当时的人均GDP662美元，并不能完全支撑今后项目建成后的市场发展需求。

三、经验启示

境外商贸物流园区选择区域，应综合考虑不同国家、地区的市场、基础设施、政府行为、人口特征等的差异灵活采取不同的方式。

第一，市场容量大，辐射能力强。在东道国拟建的境外商贸物流园区并不能较大规模地刺激出新的商机和新的购买力，一般只是将消费者从已有商业区吸引过来，提供他们在其他地方没能满足的需求，或者是捕获新增人口的购物需要。因此，原有的市场消费规模极为重要。新建的分市场会对已有的商业设施进行重新分配，它不能创造新的消费者，却可以改变消费者的购物习惯和生活习惯。市场分析又包括商圈界定、人口分析、购买力分析、竞争分析、专业批发市场类型选择、和财务可行性分析等。此外，境外专业市场的布点选址应符合东道国城市总体规划的要求以及城市商业网点建设规划，与城市人口和用地发展规模相适应。

第二，无行业准入，无政策限制。事实上，在海外设立境外商贸物流园区涉及较强的市场准入问题。一些国家对外国人从事分销服务，如商业佣金代理、批发、零售、特许经营、直销等商品经营活动有较严格的规定。同时，劳务签证方面的因素也常常是制约商贸物流园区"走出去"的重要因素。

第三，基础设施好，物流条件好。全球选择良好的国别区域市场、恰当的用地和合适的位置是企业进行专业市场开发的重要条件，直接关系到未来境外商贸物流园区跨国商业经营的成败，无论是可能开发的基地或是已取得的基地都必须对基地进行评估。基地评估包括区位、可及性、形状、面积、地形、公共设施、周边环境、土地使用分区等内容。同时，在东道国专业批发市场的布点选址应符合一个地区生产力的布局和产业结构，应顺应产品的合理经济流向，不应以行政区划分为依据进行布局，以避免不合理运输造成的浪费。境外商贸物流园区选址应发挥交通便利的优势，把批发市场设置在商品流转路线上的合适点，以达到商业由产地向销地移动过程中减少商品中转环节，缩短商品流通时间、降低商品损耗、节约流通费用、实现最佳经济效益的目的。场址应有利于市场人流或货流的集散。

第四，对华关系好，政治局势稳。国别政治稳定以及对华友好等因素也是境外商贸物流园区布局的重要指标。一些战乱不断、政治急剧波动的高风险地区，存在着巨大的政治风险，可能导致在这些国家投资的企业遭受巨大的经济损失。

第五节　通过制度建设推进产能合作园区

2015年，中国政府出台了《关于推进国际产能和装备制造合作的指导意见》，正式启动国际产能和装备制造业合作。2016年，既是"十三五"开局之年，也是国际产能合作的布局之年，国际产能合作成为中国同有关国家深化经贸合作的重要内容和推手。近年来，随着中国境外经济贸易合作区建设速度不断加快，合作区管理水平不断提升，其已成为中国企业国际产能合作的重要平台和载体。本节通过相关案例阐述双边制度框架下合作对境外合作区建设的一些启示。

一、中国—白俄罗斯工业园建设

中国—白俄罗斯工业园（简称中白工业园）坐落在丝绸之路经济带横贯欧亚的重要枢纽——白俄罗斯明斯克州，该园区由中国和白俄罗斯共同建设。该园区重点发展高端制造业，致力于建设生态、宜居、兴业、活力、创新的国际新城，国际产能合作的基地，借鉴中国发展模式的平台。中白工业园建设得到中白两国最高领导人的关怀，双方发挥政府间协调机制作用，谋划好园区未来发展，将中白工业园打造成丝绸之路经济带上的明珠和双方互利合作的典范。

（一）中白工业园概况

2010年10月，白俄罗斯总统卢卡申科访华期间，白俄罗斯经济部与中方投资者中工国际签署《关于在白俄罗斯共和国境内建立中国—白俄罗斯工业园区的合作协议》。2011年9月，中国和白俄罗斯共同签署《中华人民共和国与白俄罗斯共和国关于中白工业园区的协定》，标志着中白工业园的正式开始进入规划建设阶段。2013年6月，白俄罗斯政府发布447号内阁令，申明白俄罗斯政府对中白工业园总体规划通过审批。

中白工业园在当地的名字为"巨石"（GreatStone），意在将中白工业园打造成中白友谊的基石。园区位于白俄罗斯明斯克州，距离白俄罗斯首都明斯克市仅有25公里，毗邻国际机场、铁路、莫斯科至柏林的公路干线（E28欧洲高速公路和E30欧洲高速公路），交通便捷，位置得天独厚。

（二）项目内容

中白工业园由中国和白俄罗斯两国合资建设。中方股东为中工国际工程股份有限公司（简称中工国际）、国机集团、招商局集团和哈尔滨投资集团有限责任公司（简称哈投），所占股比68%；白俄罗斯股东为明斯克州政府、明斯克市政府及白俄罗斯地平线控股集团公司，股份占比为32%。该园区重点发展电子信息、机械制造、生物医药、物流仓储、精细化工、新材料等高端产业。园区总占地面积91.5平方公里，是迄今中国最大的海外经贸园区，也是"一带一路"重点项目。

园区实行分期滚动开发的模式。一期工程8.5平方公里，其中的3.5平方公里起步区已完成"七通一平"，建成了13公里双向六车道，供电、供气、供排水、通讯等地下管网，形成可供外商投资使用的土地303公顷，厂房和办公楼主体已完工，已于2017年6月投入使用。

截至2016年10月，招商局集团、中国机械集团一拖农业机械、中兴通讯、华为、中联重科等中国企业正式入园，30家中国企业签署了意向入园协议。未来，中白工业园将吸引超过200家高新技术企业入驻，就业人口总数超过12万，形成科技含量高、产业协调发展、结构布局合理、社会经济效益明显的综合性开发区，打造一座20多万人口的产城融合的国际化空港新城。

（三）经营模式

中白工业园在开发规划阶段就明确了将面向全球招商的发展思路，通过设立研发中心、制造中心、商贸中心、物流中心和结算中心，整合全球资源，打造世界级的现代工业园区。

园区的管理架构设置为三级：第一级，由两国政府主管部门组建中白政府间协调委员会，负责统筹推进中白工业园重大事务；第二级，为园区管委会，负责园区相关政策制定、行政审批事务；第三级，为园区开发公司（简称中白合资公司），负责园区投资融资、土地开发、招商引资和经营管理。2012年，中白合资公司由中工国际与白方共同发起设立，国机集团、招商局集团、哈尔滨投资集团陆续加入。目标是在三级管理体制的引导推动下，实现政策畅通、法制顺通、信息灵通、资金融通、服务全通、人才流通、生活便通，成为吸引世界各国企业投资经营的优质高端产业平台。

2015年5月12日，在中国国家主席习近平、白俄罗斯总统卢卡申科的共同见证下，中白工业园的首批进驻项目之一——中白商贸物流园启动。该项目由招商局集团投资开发，规划用地84公顷，预计总投资5亿美元，计划建设35万平方米各类仓库、分拨中心、堆场、综合保税区、物流信息中心、商贸展示中心、商务中心，以及企业公馆、商务酒店等配套设施。建成后将成为白俄罗斯最大的物流园区和物流集散中心，依托国内物流网络，建设连通中国—哈萨克斯坦—白俄罗斯—立陶宛—欧洲的国际物流大通道，服务于中白工业园企业、白俄罗斯当地企业乃至波兰、立陶宛、俄罗斯、哈萨克斯坦等周边国家企业，提供覆盖欧亚的综合物流服务。

二、启示借鉴

中白工业园作为中国"一带一路"沿线的重要境外经贸合作区，面对建设和发展过程中出现的各种问题，两国政府和企业组建的园区管理体制充分发挥作用，使之成为中国对外投资合作层次最高、政策条件最为优越的境外经贸合作区。中白工业园的开发建设，对白俄罗斯成为独联体国家与欧洲的交通枢纽起到了推进作用。同时，还提供了产品免征关税销往统一经济体（俄罗斯、哈萨克斯坦、白俄罗斯）和1.7亿人口的俄白哈关税同盟市场的机会。

中白工业园是中白两国务实合作的新探索，也是中国构建丝绸之路经济带的标志性工程。中白合作园是两国政府和企业践行丝绸之路精神，共商共建共享的典型范例，中方不仅出资，而且以中国的建设经验参与对方制度建设，对中国企业在其他国家建设境外经贸合作区具有以下启示：

（一）参与制度建设，把中国建设开发区的经验推广到海外

在中白工业园的投资建设及业务发展过程中，中白两国建设标准、商业环境、行业发展水平、法律法规等方面存在明显差异。中白两国经济体制不同，白俄罗斯是典型的计划经济体制国家，70%以上的企业均为国有企业。国家有进行市场经济体制改革的愿望，但是缺乏相关经验，也缺乏相应的政治环境基础，中白工业园作为白俄罗斯改革开放的试验田，在诸多方面均在进行开创性的摸索和尝试，其中很多内容借鉴中国开发区的经验。

对于曾经建立了蛇口工业区、漳州开发区而享誉中外的招商局集团而言，园区开发建设运营是其竞争优势，也是其重要的产业构成。此次响应国家"一带一路"倡议，招商局集团到海外投资建设工业园区，不仅在白俄罗斯创办了中白工业园，还在吉布提建设自贸区，在坦桑尼亚建立以港口为主导的开发区，并和多哥政府合作建立产业园区。其目的在于：一是把中国改革开放中建设园区的经验推广到海外；二是通过建立海外产业园区发展物流和贸易产业；三是借此来提高招商局集团的国际化程度，在国家"一带一路"建设中发挥更重要的作用。

白俄罗斯行政命令指导经济发展的色彩浓厚，市场化水平相对不高，在某些领域尚未有与国际接轨的行业规则，一些在国内普遍开展的业务（如公共保税区业务）的资质办理没有现行的规章制度可循，如需要改变则需以总统令的形式进行确认。中方努力争取有利于项目发展的政策支持，使中白工业园在中白国际合作的框架下推进，成为拥有特殊法律制度的区域，签署一系列政府间文件。白俄罗斯共和国为园区入驻者创造了良好的投资环境，并以国家立法、专项国际协定和义务来保障，为其提供前所未有的优惠和特惠条件，设立了独立的国家管理机构，以实现一站式的综合行政服务。

（二）改进投资环境，两国政府大力支持借鉴中国模板

中白工业园建设双方在筹建之初，就明确提出要学习中国—新加坡苏州工业园的成功经验。苏州工业园是中国第一个与外国政府合作建设的工业园区，经过多年的建设发展，目前已成功跻身国际最具竞争力的高科技工业园区之一，开创可供复制的建设模式。中白工业园被称为苏州工业园的"白俄罗斯版"，它秉承了苏州工业园"借鉴、创新、圆融、共赢"的发展理念，借鉴了苏州工业园的成功经验，致力于打造生态、活力、兴业、宜居、创新的国际新城。中白工业园的开发建设获得了中白两国政府的大力支持，投资环境不断改善。白方为筑巢引凤，加快园区建设，白俄罗斯颁布总统令，赋予园区优惠政策，之后两度修订总统令，解决园区建设中出现的新问题。2017年5月，白俄罗斯共和国第166号总统令正式生效，该总统令旨在完善中白工业园专门法律制度，提高项目的投资吸引力，包括最大限度创造舒适的行政环境、优化税收政策及其他优惠政策。总统令赋予入园企业土地使用年限最长可达99年，头10年完全免税、第二个10年仅征半税的优惠条件，为投资商营造宽松的投资环境。中方将中白工业园列为"一带一路"的重点建设项目，党中央、国务院领导亲自部署，商务部、国资委牵头成立工业园对内、对外协调机制，与白方共同制定了工业园起步阶段的任务目标，明确各有关方面的责任，完善园区建设和发展规划，解决了资金来源、总承包商招标、工程造价、劳务配额等问题。特别是2015年5月习近平总主席在访问白俄罗斯期间专程前往该工业园考察，为该园区建设指明方向，注入了全新动力。

（三）推进产能合作，重点发展高端制造产业

中白工业园发展的重点有生物医药、电子信息、新材料、精细化工、机械制造及仓储物流业等。中白双方遵循"政府引导、企业主体、市场运作、科学规划、分步实施"的发展思路，进一步完善工业园运营管理体制和机制，优化政策、投资环境，加快推进园区内基础设施建设，加大招商并吸收高科技项目入园，协助在白俄罗斯及其境外举行工业园推介活动，共同致力于将工业园打造成"一带一路"标志性工程及双方互利合作的典范。中国商务部和白俄罗斯经济部牵头的中白工业园协调工作组为推动工业园发展发挥了积极协调作用。中方支持中国大型生产企业和高科技企业入驻工业园，鼓励中国公司向创新项目投资，在园区内建设高科技企业。此外，入园企业在税收、劳工和土地政策方面均可享受极大优惠，同时可得到政府、投资、金融、物流等方面的保姆式服务。

第六节　在技术和管理密集区域建设境外科技园区

境外科技园区是由中国政府或企业在东道国建立的以科技研发为主要功能，同时提供其他增值服务、优良场所及设备的产业园区。建立境外科技园区不仅能够规避发达国家的技术出口管制，还能利用和获取发达国家的新技术，缩短新产品开发周期，加速国内产业升级；充分利用发达国家的科技人才，推动中国企业在东道国市场的本土化。本节通过中国比利时科技园、中关村瀚海硅谷科技园的案例来阐述建设境外科技园区的几点经验。

一、中国比利时科技园

（一）概况

中国比利时科技园（CBTC）项目始建于2014年，位于比利时新鲁汶莱德伯尼亚路3号。科技园源于湖北省与比利时瓦隆州的科技合作，作为中国在欧洲布局的首个科技型境外合作区，项目推进过程中得到中比两国国家首脑的关注：2014年3月，习近平主席和比利时首相共同见证合作区建设合作协议签署，中国和比利时两国也就加快CBTC科技园建设发表了联合声明。2016年10月，比利时首相夏尔·米歇尔在中比建交45周年之际访华，在活动发言中专门指出："CBTC是中比两国合作之典范。"

截至2017年，合作区已启动面积为0.0966平方公里。2017年，合作区总产值约为6130.938万美元，上缴东道国政府各类税收费用总和685.452万美元。

（二）合作区已高度国际化和本地化

截至2017年年底，合作区内企业总数（含建区企业和入区企业）为19家，其中外资企业11家；就业总人数为90人，均为外籍员工。

合作区分为BAROC高新孵化园、SBIRD创新示范区、CBTC智慧谷三大功能区，其中BAROC、SBIRD已投入运营，BAROC孵化园建筑面积2400平方米，已进驻中欧创新企业20余家；SBIRD创新基地建筑面积1800平方米，由全球生物科技领军企业IBA公司整体入住；智慧谷为在建工程。智慧谷占地82700平方米，总建筑面积12万平方米，是CBTC的主体核心区，是中国在比利时的最大投资项目，也是比利时最大的在建单体工程。根据合作区规划方案，智慧谷一期工程建筑面积5.7万平方米，建设投资1亿欧元，集研发、办公、酒店、会展、服务中心于一体，建设内容包括五栋研发办公楼、一栋会议酒店及配套商务服务区，建成后可集聚200多家中欧高新技术企业。

（三）选址需考虑良好的区域交通和环境条件

CBTC科技园位于比利时新鲁汶市，距有"欧洲首都"之称的布鲁塞尔仅25公里，通过比利时发达的铁路和公路网络，2小时内可抵达伦敦、巴黎、阿姆斯特丹等欧洲各大中心城市，合作区毗邻欧洲顶尖学府鲁汶大学（法语校区），坐享比利时最大科学园——新鲁汶科技园成熟科研与产业配套资源，致力于搭建中欧高技术行业双向绿色通道，为双方在技术转移、战略投资、行业合作及市场准入提供平台和支持。

（四）产业导向紧扣当地优势科技研发资源

该合作区主导产业是科技研发。目前入区企业行业分布为：信息传输、软件和信息技术服务业；科学研究和技术服务业。当地投资和中资企业投资分别占入区企业投资总额的60%和40%。

根据比利时产业基础和新鲁汶大学科研优势，CBTC科技园重点支持生物技术、光电子及通信技术、清洁环保技术、物联网、智能制造、互联网金融领域的中欧企业，合作区将提供开发建设、合作区运营、金融服务、企业孵化等一站式服务，为进驻的中欧企业提供全产业链运营支持。

（五）对科技研发产业明确的优惠政策

合作区所在地比利时瓦隆大区政府出台了一系列极具吸引力的投资补助与财税优惠政策，为进驻合作区的中国企业提供全方位支持。

第一，投资补助方面，企业购置新设备、无形资产投资（专利、许可、已获得或尚未获得专利的专业技术），可获最高达40%比例的补贴。

第二，研发支持方面，基础工业研究补贴为50%（对于中小企业而言，该额度可升至70%），应用研究项目的先融资贷款为50%（对于中小企业而言，该额度可升至70%）。

第三，税务优惠方面，专利收入扣减、研发中心内项目投资扣减、研发项目税收抵扣、研究人员个人所得税部分免除、增加雇员税务补助、创新奖金、研发项目外派人员优惠税务机制、地区津贴免税等。

二、中关村瀚海硅谷科技园

（一）科技园成立背景

2012年2月，中关村瀚海硅谷科技园在时任国家副主席习近平访美期间举办的中美经贸合作论坛上成功签约。2012年6月，该科技园在美国硅谷正式开业，成为中国第一家在海外投资置业建立的高科技园区。该科技园区由中关村科技园区管委会和北京瀚海智业投资管理集团联合共建，旨在以服务于中国产业升级、结构调整为宗旨，以孵化高新前沿技术为目标，探索中国科技园区的国际化道路，搭建中美科技、人才、文化交流合作桥梁，打造"引进来"与"走出去"的国际服务平台。

（二）科技园"走出去"情况

科技园位于美国加利福尼亚州圣荷西市布洛克路97号，地上三层，办公面积近8000平方米，占地25亩。邻近101号、17号高速公路，880号州际公路和87号国道，距离圣荷西国际机场五分钟车程。毗邻eBay、富士通、西门子、索尼等众多世界知名企业，科技创新氛围浓厚。

该科技园目前以电子信息、互联网、软件服务业产业为主要方向。入驻的企业主要分为两类：一类是美国当地对中国市场感兴趣的中小企业；另一类是由中国留学生或者海外华人成立的小微企业。针对后者，瀚海硅谷科技园单独辟出一块1000多平方米的孵化园，希望能孵化出更多好项目并引入国内。同时，科技园重点吸引高端人才创建的企业和国际知名中介机构，鼓励高端人才携战略性新兴产业项目入驻，进行项目预孵化并与中关村示范区全面对接。为了与国内对接，园区还要求入驻项目必须符合北京市乃至国家科技产业发展方向。科技园还与中关村示范区不定期沟通，积极推荐一些有意回国发展的高层次人才和项目。

如今入孵企业数十家、组织各种创业论坛与互动活动百余次，多次接待来自中国的企业家和政府代表，更有超过300多位创业者前来进行项目推介，希望得到中关村瀚海创业投资基金的注资。开业至今，中关村硅谷高端人才基地、中关村发展集团硅谷国际孵化中心、北京大学硅谷科技园、青岛高新区硅谷基地、浙江桐乡海外招才引智基地等国内各大高新区海外招商平台纷纷落户科技园。科技园还与硅谷其他领域的孵化器合作，组团到国内有关地区考察洽谈。

科技园着力打造中关村人才特区的海外基地，建立留学人员创业服务平台，着眼参与全球竞争，大力聚集海外高端人才。作为中关村延伸到国外的"触角"，引导和帮助海外高端人才尤其是海外留学人才归国创业，为中关村示范区提供人才储备和智力支持。科技园引入管理咨询、人力资源、展览展示、风险投资等服务机构以及律师事务所、会计师事务所，为入驻企业和国内中关村示范区提供全方位、专业化、国际化创业服务。

经过几年的不断发展，中关村瀚海硅谷科技园也逐渐步入正轨并发展成熟。近年来，瀚海智业协同其他相关公司共同投资建立了淄博瀚海硅谷生命科学院、瀚海QB3生物医药孵化器、淄博瀚海慕尼黑科技园和瀚海加拿大科技园区。

三、经验启示

（一）专注科技园区创业服务

境外科技园入园对象多为中小型科技创新企业，具备某些领域的技术专长，但企业规模相对较小，管理水平参差不齐。对于这些企业来说，应重点发挥其技术专长，避免因园区的服务设施和水平不到位而影响到入园企业的高速发展需求。因此，中国企业在境外设立科技园区时，应在为入驻园区的企业提供全方位、多元化的服务配套的同时，专注、务实地为入园企业提供创业服务。

（二）平衡投资企业与入园企业间的利益

由于国外与国内有着完全不同的创业环境和政府办事作风，中国企业在境外建设科技园区时将面临更多的困难。为此，中国企业在决定在海外建立科技园区时，不仅要帮助入园的中小企业的发展，也要积极建立自身品牌效应，吸引更多的中小企业和高科技人才聚集到该平台。帮助有技术和市场需求的中小企业进行项目对接，将园区和投资企业的盈利点建立在合作的桥梁上。

（三）关注东道国技术和管理水平

境外科技园区主要是利用东道国先进的技术和管理经验，对资本技术密集型产业进行投资，建设境外科技园区应重点考虑东道国技术和管理的水平与成本。

第一，关注东道国的技术水平及获得成本。境外科技园区建立的主要目的之一就是利用东道国技术优势，开展技术合作。境外科技园区在选址方面应主要考虑技术水平较高的发达国家或新兴工业国家。同时，一些国家对于技术流出有着较强的保护意识，技术获取较难或成本较高，因此企业在选择园区区位时也应当考虑这一因素。

　　第二，关注东道国的管理水平及管理人才获得成本。对于资本技术密集型产业的投资，其产品技术含量较高，相应的要求东道国具备较高的管理水平，以适应资本技术密集型产业的生产和经营管理。一般来讲，相对于不发达国家，发达国家或新兴工业国家相对具备较高的管理水平和拥有较多的管理人才，能够有效地帮助园区提升管理水平并降低管理成本。

第十章 品牌经营与价值提升

　　品牌建设是企业走向全球，做大做强的必然选择。中国企业在跨国生产经营活动中，利用好国内国外两个市场、两种资源，面向国际市场开展有效的品牌建设活动，不断扩大品牌知名度和影响力，使中国品牌成为国际品牌，也使中国从"制造大国"逐步向"品牌大国"转变。

　　就企业品牌国际化来看，主要包括品牌国际化的实施战略及品牌的海外管理两个重要组成部分，而品牌海外管理主要由品牌定位管理、品牌文化管理、品牌资产管理、品牌推广管理、品牌延伸管理及品牌危机管理几方面组成。因此，本章也由品牌国际化一般规律，品牌海外管理筹划及品牌的海外危机处理三部分组成。第一部分（本章第一节）特选取了迪尚、李宁、中车三个公司的品牌国际化发展路径进行分析，总结了企业品牌国际化的一般规律；第二部分（本章第二节）从品牌海外营销、品牌国际并购及品牌海外延伸三个方面选取美特斯邦威、海尔和北方工业三家企业来进行佐证；第三部分（本章第三、第四节）选取了王致和公司及华为公司在海外遭遇的品牌侵权及知识产权侵权案例对品牌的海外危机处理进行了阐述。

　　总体来看，品牌的海外管理是一项复杂的系统工程，就中国企业品牌国际化而言，要重点关注以下几个问题：在国际化前期要进行准确的品牌定位，并且要视情况进行适当的调整；对品牌名称和标识进行设计，以满足当地市场的偏好；以品牌的广告推广作为品牌推广的核心工作，并辅以一定程度的公关推广；明确品牌延伸的边界，努力提升品牌的延伸能力；同时进行有效的品牌国际维护。

第一节　把握品牌国际化的一般规律

品牌是企业重要的无形资产，是商业竞争的核心要素。随着经济全球化发展，随着中国"走出去"战略、"一带一路"建设的推进实施，中国产品走向全球，中国企业也加快了海外投资并购步伐。在非本土市场上开拓的时候，企业尤其需要注重营造品牌的力量，打造国际化品牌成为必要和必然。提升国际化品牌效应一般有以下途径：有更高的国际知名度和美誉度；占有更大的国际市场份额；产品或服务品质更有保证；更独特的理念、持续的技术创新能力、积极履行社会责任等等。这些特征都决定了品牌的内在价值和溢价程度。

一、迪尚集团的品牌国际化之路

迪尚集团有限公司创立于1993年，是中国大型服装出口企业集团之一，在美国、欧洲、日本、韩国、孟加拉国和中国香港等国家和地区建有生产基地、研发中心和营销机构，是一个工贸一体、产研结合、市场多元的跨国型集团企业，2017年贸易额逾15亿美元，是全国最大的服装出口企业之一，年产量1亿件（套），与海外400多家品牌客户保持着良好的合作关系，营销网络遍布亚、美、欧等，产品销往全球近100个国家和地区。在品牌国际化方面，迪尚采取了利用已有国外服装品牌和推广自身子品牌两种模式。

（一）多种方式进行国际品牌合作

在利用已有国外服装品牌方面，迪尚集团采取了并购和合作两种方式。公司从2008年起，积极陆续将一批海外服装品牌收归旗下，2008年，迪尚集团成功收购美国威高利集团公司，并注册了JRG和CHERRY APPAREL两个公司。2012年11月，迪尚集团成功收购韩国AVISTA公司，以38.96%的股权份额成为该公司的最大股东，并将其旗下4个知名品牌收入囊中。这是中国企业首次成功收购韩国上市公司，也是迪尚集团实现新模式下跨国并购的标志性成果。2012年12月，迪尚集团再次以股份并购的模式收购了纽约BRANDON THOMAS DESIGN公司，持股比例达到85%，并将旗下的5个注册商标收入其麾下。2017年7月，迪尚集团又收购了日本公司，通过其掌握的支付平台系统，直接将产品送到上千家日本中小企业的零售名单，是典型的跨界融合案例，可以把产品直接供应到日本的中小店铺，精准提供货源保障。

国际合作方面，公司主动引进和代理世界著名品牌，逐步由贴牌生产向品牌经营转变，到现在已经成功向国内引进法国Feraud、Lilith以及美国IZOD等5个国际品牌，与日本住商以及英国某著名品牌的合作已达成合作意向。

（二）加强自身品牌海外影响力

在培育自有品牌方面，公司同时从研发设计和海外品牌推广两方面着手，加快了公司由OEM（代工贴牌生产）向ODM（自主品牌生产）转型。研发设计方面，公司相继在中国北上广等一线城市和欧美日韩等发达市场建立设计研发机构，提升自主品牌的内在价值。2009年，集团在美国设立了JRG公司，其设计运作的自主品牌INDIGO Rein在美国市场已小有名气；2012年，又在美国注册了CHERRY APPAREL公司，设计运作STANDARD&GRIND品牌，该品牌在美国AGENDA秀上表现突出，并开始在JIMMY JAZZ销售。在自身品牌的海外推广方面，"迪尚"商标已在世界40多个国家注册，海外品牌推广工作逐步推进。

二、李宁品牌国际化探索得与失

李宁公司成立于1990年，经过二十多年的探索，已经由最初单一的运动服装，发展到拥有运动鞋、运动服装、运动配件、运动器材等多系列产品的专业体育用品公司。公司采取多品牌业务发展策略，除自有核心李宁品牌（LI-NING），还拥有乐途品牌（LOTTO），艾高品牌（AIGLE）、新动品牌（Z-DO）。此外，李宁公司控股上海红双喜、全资收购凯胜体育。到2010年年底时，李宁全球营业网点高达8000多家，遍布中国1800多个城市，并且在东南亚、中亚、欧洲、美国等地区拥有多家销售网点。从2004年公司在香港上市以来，业绩逐年走高，但从2011年起，受国内行业整体运营不景气的冲击以及其自身品牌建设和品牌国际化定位失败的影响，李宁公司业绩开始迅速下滑，2012年，李宁公司甚至巨亏19.79亿元，店铺总数减少1821家，占店铺总数的比例接近30%。2013年上半年实现收入29.06亿元人民币，同比减少24.6%。2013年以后，李宁公司经过不断的调整商业模式、拉低库存等方式，于2015年扭亏为盈。但是，总结其在低潮期的一些品牌国际化得失，依然有一定的启示和意义。

（一）制定品牌国际化发展目标

制定品牌国际化发展目标，分阶段促进品牌国际化战略的实施。李宁公司早在1999年就提出品牌国际化战略，但当时是相对盲目的，国际化也导致其国内市场地位受到威胁。这一阶段的海外市场销售情况并未达到李宁公司的预期目标，也未能大幅提高李宁品牌的国际形象。2004年之后，激烈的市场竞争使李宁公司反思其经营模式，重新制定了自身的国际化道路，计划到2018年跻身世界五大体育用品品牌，实现20%以上的收入来自海外的国际化战略目标。为此还制定了阶段性的发展目标：2004—2008年，专注国内市场，打造国际品牌；2009—2013年为国际化准备阶段，专注加强国际化能力；2014—2018年为全面国际化阶段，有步骤地实现市场国际化。通过品牌重塑、聘请国际高精尖专业人才等一系列手段增强其品牌国际化的能力。这为国内其他的体育品牌开展品牌国际化提供了很好的借鉴作用。

就计划实施效果而言，计划在后期不符合公司的实际发展情况。在2008年之前，李宁品牌的国际化实施效果基本符合自身的规划设计，其通过赞助国际赛事、聘请境外体育明星代言人、在国外设立研发中心、人才队伍国际化、在海外小规模设立品牌形象店等方式打造李宁品牌的国际影响力。但到2008年后，李宁品牌的国际化推进开始受阻。在2010年品牌成立20年之际，李宁公司对外宣布，更换李宁品牌全新的logo和口号，还对其目标消费群体进行了改变，定位为90后人群。而根据李宁公司的调查，其超过50%的消费者年龄在35~40岁之间。因此，其品牌文化的定位出现了明显偏差，为了配合这一新的"品牌重塑计划"，李宁公司选择频繁在各种媒体播出以"90后"为主题的广告，以贴近年轻消费群体。以"90后李宁"为主题推出系列产品固然无可厚非，但作为品牌广告则不够谨慎。品牌重塑不是为标识、口号寻找一个简单载体，更不能把载体的极端瞬时特征作为品牌重塑的方向。而且从当时情况来看，新的品牌文化并不太成功，因为2011年以来，李宁品牌产品销量同比下降了30%左右。李宁的品牌重塑过程，创意转换出现偏差和混乱，定位"90后李宁"无疑对原有消费群体产生影响，而90后对李宁品牌兴趣不高，使销量下滑。公司多项重大措施也表明其品牌国际化战略开始出现摇摆，公司实力也大幅下降，国内行业第一的位置丢失、大量产品出现积压、店铺成批关闭、低价甩卖现象开始出现，这些现象表明其原有规划已明显不符合内外部实际情况。

（二）采用先难后易的品牌推广模式

李宁品牌的国际化模式属于典型的先难后易模式。李宁公司在初期就采用了先在欧洲及美国等国家开设专卖店的策略，使自身产品以高端品牌形象进入当地市场，树立品牌形象后，再将产品销售至东南亚等发展中国家市场的策略，而并没有采用OEM等间接国际化方式。具体而言，2000年李宁公司在美国设立了公司总部，其产品开始以高端品牌形象进入欧美市场，2001年，李宁公司首家海外品牌形象店于西班牙开业，随后在波兰也设立了一家零售店，到2004年，李宁公司在西班牙、希腊、法国等9个欧洲国家拓展了自己的特许经销商，产品已在23个国家和地区销售。相对其他先易后难和中间模式，这种模式的优点就是，只要产品在发达国家树立了品牌形象，那就意味着品牌经受了国际最高标准的认可，此时再转向中等发达国家或发展中国家市场就相对容易，会很快被全球市场所接受，缺点是这种模式见效时间漫长，而且需要大笔投入，风险也比较大。

就当时李宁品牌的海外推广情况来看，其在发达国家的影响力还十分有限。截至2012年底，其海外销售收入仍然仅占全年销售收入的1.4%，这一比例反倒低于2004年2.4%的海外销售占比，由此可见，先难后易的品牌推广模式见效较慢，且需要大量投入，风险甚高。

（三）多样化的品牌运营措施

李宁品牌的国际化渠道主要包括品牌授权、品牌自营及电子商务三种模式。品牌授权是指授权者将自己所拥有或代理的商标或品牌等以合同的形式授予被授权者使用。李宁品牌的授权模式主要以西班牙为代表，李宁公司在西班牙授权当地一个合作伙伴来进行自身品牌的运作，李宁公司不负责设计、销售和生产，全部是由这家西班牙公司从事相关业务。该公司抓住西班牙人的行为、文化和休闲运动等特征，设计出适合西班牙本地人的运动服装和鞋帽等，对打开西班牙市场起到了一定作用。品牌自营主要以美国部分城市和新加坡为代表，李宁公司在美国波特兰的珍珠区开设了美国第一家自营店，主要销售李宁公司最新研发的篮球、羽毛球和中国功夫系列几大类产品，其中中国功夫系列产品全部由国内制造运往美国，专卖店的雇员则在当地招募。新加坡的部分店也属于自营店，主要是销售羽毛球类的产品，通过羽毛球打开新加坡以及整个东南亚市场。电子商务模式则主要在美国市场，2011年12月，李宁公司在美国正式展开网上销售业务，主要销售篮球装、女装运动服及跑步鞋，所有产品都是通过www. li-ning. com的网站进行网络销售。

（四）品牌建设重心因时因势调整

最初帮助李宁公司在市场上实现突破的是篮球业务，并取得了充分的市场认可。2004年5月，李宁公司正式成为当时还名不见经传的西班牙男篮、女篮的服装赞助商，西班牙男篮在2006年世锦赛中表现极为抢眼，李宁品牌知名度迅速提高，事实证明这是一次颇有眼光的品牌运作决策。2004年8月，李宁公司发布了公司历史上第一款真正意义上的专业级篮球鞋Free Jumper，Free Jumper一改本土品牌运动鞋的低劣形象，不仅设计精良，而且还注入了不少科技元素，比如主打缓震的概念。2005年1月，李宁公司更进一步与NBA联盟在北京签署战略合作协议，此后，李宁公司的电视广告中开始出现了一个全新的名词——"NBA官方市场合作伙伴"，李宁公司开启了与NBA的合作。一年之后，在NBA联盟的牵线搭桥下，李宁公司签下了克里夫兰骑士队的后卫达蒙·琼斯，就此成为第一个跻身NBA赛场的中国运动品牌。这则消息依然震撼了国内的消费者。在当时球迷的印象中，"神圣"的NBA赛场是属于耐克和阿迪达斯这样的国际巨头的，没人能够想到本土品牌会有机会杀到巨头的大本营。仅仅半年之后，李宁公司又带给国内球迷一则更加震撼的消息——签约超级明星"大鲨鱼"奥尼尔。奥尼尔是NBA中的巨星级球员，也是当时本土体育品牌历史上最大牌的代言人，双方的合作打破了耐克和阿迪达斯等国际品牌对超级明星资源的垄断，李宁公司再次开创了行业先河。市场推广上连续攻城拔寨的同时，在产品能力上，李宁公司也进步较快。2006年，李宁公司的王牌设计师郑永先为达蒙·琼斯设计的"飞甲"篮球鞋一举拿下"IF China 2006工业设计大奖"的纺织与时尚类大奖。不仅如此，李宁公司还推出了拥有自主知识产权的"李宁弓"缓震技术，在耐克凭借气垫技术引领篮球鞋市场近20年后，本土品牌第一次从技术上拉近了与国际品牌间的差距。

在篮球领域的强势出击后，李宁公司在新一代消费者心中的品牌形象也迎来了拐点，但是其并未坚持在篮球领域的深耕，而是转向了其他领域。从2007年起，李宁公司就放缓了在篮球领域前进的脚步，品牌建设重心从篮球运动产品陆续转移到跑步、乒乓球、国际品牌代理、北京奥运营销以及羽毛球运动等业务上。2007年，李宁公司开始主推跑步系列产品，凭借在篮球上积累的经验，李宁公司很快将跑步业务做得风生水起，然而随着2008年的临近，公司开始全力备战北京奥运会，对跑步的重视又戛然而止。除了拓展跑步运动，2007年李宁公司还斥资3.05亿元人民币并购了国内著名的乒乓球器材制造商上海红双喜股份有限公司，进军乒乓球市场。同年，李宁公司还获得了ATP（国际男子职业网球选手联合会）官方市场合作伙伴的身份。2009年，在经历了频繁的品牌建设核心业务后，李宁公司开始又重新聚焦一项运动，当年4月，李宁公司取代全球知名的羽毛球运动品牌尤尼克斯成为中国羽毛球队的主赞助商。在当年的财报中，李宁公司明确表示"要将羽毛球发展成为一个与李宁品牌具有最大关联度的运动项目"，林丹成为李宁品牌的头牌代言人。

这一系列产品建设重心的转移逐步实现李宁公司打造理想的全运动系列品牌构架的蓝图，在一定程度上也是公司随着市场变化不断形成新的特色和竞争优势的反映。

三、中车在美国提升国际品牌价值实践

中国中车股份有限公司（简称中车）正引领中国企业从"中国制造"走向"中国创造"，从"中国产品"走向"中国品牌"，成为最亮丽的中国品牌。2017年4月3日，中国制造的美国波士顿橙线地铁模型车首次在波士顿市政广场面向公众展出时，就赢得了当地政府和居民的好评，马萨诸塞州州长曾连续三次在Twitter上为地铁点赞，其表示："新车增加了门的宽度，增加了到站和上下站的屏幕和语音提示，提高了运行中的稳定性，让乘客体验更加舒适。"

近年来，中车加大了国际化步伐，产品已经覆盖了七大洲、102个国家和地区。2015年，中车海外签约金额已从2011年的19亿美元增长到57.81亿美元，年均增长32.1%；海外收入也从2011年的124.08亿元增长至264.9亿元，年均增长30.83%。中车产品在全球的市场份额保持在30%以上。截至2016年年底，中国中车在境外已经设立或拟设立网点62个，包含并购企业、区域公司、办事处、生产基地、售后服务点和研发机构等。目前，中车已经从产品出口的单一模式发展到产品＋服务、本土化投资与合资、产品全生命周期服务等复合商业模式。

（一）中车进入美国

中车的海外拓展，始于20世纪末期，顺应了国家"走出去"战略的推进，近20年的海外不懈拓展，中车成功从中国走向全球，从最初的产品"走出去"，到投资"走出去"，再到品牌走进去。

2012年中车申报的"车钩及车钩防跳机构""客车救援通道""车体综合试验台"等4项专利获得美国专利授权，实现中国轨道交通装备行业获得美国专利授权的

零突破。2013年中车申请的"铁路客车的卧铺车厢"和"用于辅助加工动车底架的定位压紧装置、压紧装置及工装"再获两项美国专利授权。专利的授予,标志着中车铁路车辆出口欧美发达国家,突破了技术壁垒。

2014年10月22日,中车中标波士顿地铁项目,波士顿成为中车登陆美国的第一站。美国马萨诸塞州交通局正式批准,向中车采购284辆地铁车辆,用来装备波士顿红线和橙线地铁。这是中国轨道交通装备企业在美国面向全球的招标中首次胜出。波士顿地铁始建于1897年,比纽约地铁还早7年,是世界上最早建成地铁的城市之一,承担着繁重的运营功能。中车自2009年起就跟踪波士顿地铁招标项目,在技术、标准、规范、法律等诸方面充分研究用户的要求,充分评估和规避商务风险,历经多年努力,最终中标。

2016年3月9日,中车又成功中标美国芝加哥地铁项目。这是芝加哥历史上规模最大的一次轨道车辆采购,也是迄今为止中国向发达国家出口的最大地铁车辆项目。项目包含846辆地铁车辆,项目金额总计13.09亿美元。芝加哥地铁历史悠久,自1947年开始营运,目前运营着8条、总长170公里的线路,是美国第二大公共交通系统。此次项目招标846辆机车,将用于更换芝加哥地铁线上的旧车,占芝加哥地铁全部运营车辆的一半。芝加哥项目启动后,中车青岛四方机车车辆股份有限公司在芝加哥当地建厂,负责车辆的总组装,总投资4000万美元,并可为当地创造169个就业岗位。

(二)品牌国际化进展

1. 品牌价值很大程度上取决于东道国社区层面主观判断

为深度融入美国市场,获取更多市场订单,中车宣布将在美国建立轨道交通研发制造基地,招募和培训美国工人,实现本土化生产。中车首先来到了马萨诸塞州的春田市。

春田是美国工业文明的发祥地,也是美国的"政治之乡",美国马萨诸塞州乃至美国联邦的众多政治人物,都出自春田。2014年年初,中车在春田购买了土地,来到马萨诸塞州议会报告。中车在议会上宣布,要在春田建造地铁工厂,建立在美国的第一个制造基地,就地招聘员工,就地采购配件。这时,议员们立刻爆发出雷鸣般的掌声,欢迎中车的到来。波士顿地铁的采购,州议会正是拨款方。中车在春田建厂的决策,为波士顿地铁的最后中标赢得了关键的一票。

马萨诸塞州的工会组织强大而成熟,劳工工种多、技术熟练、纪律严明。中车迈入美国的第一步，对工会问题也是忧心忡忡，在第一时间就着手处理这个问题。在当地，中车聘用当地专业劳工律师，与工会组织友好谈判并达成中立协议，获得工会组织的最大支持，形成与工会的和谐关系。

中车购买的土地上，有一座具有99年历史的红楼。根据最初的规划，应该拆除这座老房子，当地人听到这个消息都很难过。得知这座老房子承载了7000个家庭的眷恋，很多人家祖孙三代都在这儿工作后，中车决定修缮加固后作办公室使用。为此，中车需要多付出800万元的修缮费用。但是，保留并修缮春田红楼，得到了当地居民的认可，当地居民的强烈反响甚至超过了中车的预期。在9月3号的奠基仪式上，当地工会自行打出了"欢迎中国中车"的标语。

2．良好的媒体关系是品牌价值的放大器

品牌国际化建设必须尊重和符合国外当地的需求和口味，使当地人产生情感共鸣。中车进入美国市场，就使用恰当的宣传和公关，讲好故事，使中车品牌在美国得以成功推广。

为打造中国中车的高端品牌，推动并参与美国高铁建设，2015年9月，中车在美国各地推出名为"高铁梦之旅"的高铁品牌推广活动。在纽约，举办"高铁与中美合作"论坛，并举办"梦之旅——中美铁路合作150年回顾"图片展。中车拍摄了《中美铁路交往150年》的纪录片，配合中车领导人在哈佛大学和其他高校的演讲，将150年前华工建设美国太平洋铁路的历史和现在中车在美国的业务一起讲，通过攻克海外最容易掀起传播浪潮的高校，使中车迅速成为舆论的焦点。

同时，为了讲好美国人能听懂的故事，中车专门聘请了马萨诸塞州交通局（MBTA）的前发言人Lydia女士作为中车在美国的新闻官。Lydia使中车与波士顿、春田、马萨诸塞州相关主流媒体建立了良好的关系，这些媒体经常积极主动报道中车的动向，非常正面，甚至连《纽约时报》也进行了报道。

3．当地合作伙伴"背书"效应也能大幅提升品牌价值

去马萨诸塞州议会介绍宣传的同时，中车还与美国当地的几大轨道交通企业、20多家供应商、100多家小企业联系，与律师、房产经济、新闻媒体、银行、商会等本地资源组成了大型的合作团队。通过广泛的合作，他们都为中车背书，使客户认识到中车。

同如此庞大的团队合作，建立起最广泛的命运共同体，最大的好处就是消除杂

音。投标之前，这些机构纷纷发声：中车是最好的选择，是一个值得支持的企业。波士顿地铁中标后，业主承认：你们拥有这么多的支持者，我们不与中车合作都不行了。

春田的工厂主体构架就进行平顶仪式时，中车邀请马萨诸塞州政要悉数参加，连州长都在现场玩起了自拍，表达他们对中车的支持。

4．质量和专利技术是品牌的底气

优良产品和先进的技术是品牌赖以存在的基础，是品牌的底气。经过近10年的大规模建设，中国已成为世界上高铁发展最快、系统技术最全最新、集成能力最强、产品性价比最优的国家。中车依靠引进、吸收消化和自主创新，搭建了国际先进的轨道交通装备设计、制造与产品三大平台；中车的高速动车组、城市轨道车辆、大功率机车、铁路货车为代表的系列产品，已全面达到世界先进水平。

2016年，中车在国家知识产权局发布的"2015年中国企业专利奖排行榜"上名列第二。截至目前，中车共申请专利逾2万件，其中授权专利约15000件，专利遍布美国、欧洲、日本、俄罗斯、巴西、澳大利亚、南非等全球主要国家和地区。此外，中车还积极参与国际标准化组织ISO/TC269、国际电工委员会IEC/TC9、国际铁路联盟UIC、北美铁路协会AAR等国际组织标准提案及标准制修订工作。国内外专利布局及标准制定，为中车轨道交通设备走向世界提供了支撑和保障。

5．科技创新能力是品牌的支撑

科技创新能力是品牌的重要支撑，强大的研发资源和人才是科技创新的动力源泉。

中车科技力量雄厚，拥有高速列车系统集成国家工程实验室、动车组和机车牵引与控制国家重点实验室、国家重载快捷铁路货车工程技术研究中心、国家轨道客车系统集成工程技术研究中心等11个国家级研发机构；现有中国工程院院士2人、百千万人才工程国家级人选8人、国务院政府特殊津贴专家350余人，拥有詹天佑科技奖、茅以升铁道工程师奖等专家160余人。目前，中车技术研发投入占营业收入的5%以上，且研发投入保持8%左右的年增长率。

自主研发的同时，中车积极开展全球并购，快速获取关键核心技术，实现资本运作与技术创新的成功嫁接。如中车株洲电力机车研究所有限公司抓住时机收购英国丹尼克斯75%股权，使中车突破美欧封锁，掌握了IGBT在内的国际高端电力电子技术，并使丹尼克斯成为中车的一个以研发为主要职能的海外基地；此外，成功收购英国SMD100%的股权，提前布局深海装备领域先进技术。

6.恰当的形象代言，扩大品牌影响

恰当的形象代言，使中车快速成为辨识度高且广的国际品牌。中国高铁这一中国装备制造业最亮丽的名片，由此也成为通行世界的名片。中车的形象代言人，上至国家领导人、下至中车公司各个领导和每一名中车人，及中车选用的当地公关代言，都在向世界讲述"中车故事"，传递中车"连接世界、造福人类"的使命。

据《中国经济周刊》不完全统计，仅2014年，李克强总理就向12个国家领导表达了合作建设高铁的意愿。在《中美铁路交往150年》《高铁改变生活》等纪录片中，片中主角以当地普通人的身份，生动形象地向海外展示了高铁对人民生活带来的深刻变化，是中国高铁国际形象公关的标志性作品，成功地扩大了中车品牌在全球的影响。

品牌国际化建设成绩斐然。中车副总裁余卫平表示，中车成立后，明确要打造高端装备引领者的品牌形象，让中国中车的品牌价值在市场竞争、标准推广、用户服务、全球融合等方面得到更大的体现。根据英国著名品牌评估公司Brand Finance发布的报告，中车在"2016年全球最具价值品牌500强"中排名第179位，较2015年提升了96位；品牌价值为73.37亿美元，比2015年原中国南车和中国北车的价值总和增加22.3亿美元，成为中国少有的软实力排名高于硬实力排名的跨国公司。

（三）启示借鉴

中车的国际化品牌建设成效卓越。中车品牌已经成为其"走出去"和"走进去"的法宝，其品牌建设的做法，尤其是中车为成功进入美国市场而开展的品牌营销，值得其他企业借鉴和参考。

1.文化融合是品牌国际化的关键

文化融合是品牌获得认可的重要因素。文化差异，包括在思想、认知、情感、信仰、行为上的不同，决定了人们不同的消费习惯和行为。品牌国际化建设必须尊重和符合国外当地的需求和口味，使当地人，尤其是有影响力的当地人产生情感共鸣，进而在思想上接受和认可该品牌，并选择使用甚至主动推广该品牌。

2.实力是品牌国际化的基础

先进的技术、创新的理念、优秀的产品、良好的服务和管理，这些是中国企业"走出去"需要打造的实力，是品牌国际化的基础。中国产品和服务走向世界、中国

的技术及标准"走出去",需要打造亮丽的国际品牌,其依赖的基础也在于本身实力要够强。

中国高铁技术全球领先,中国高速动车组从引进之初就实施"引进、消化吸收到自主创新"的技术发展战略,经过十余年的努力,已经完全实现国产化,并形成了具有核心专利技术的自主知识产权;加上中国高铁运营里程全球最长、运营管理经验丰富,这些实力为中车国际化品牌建设提供了坚实基础。

3. 自主知识产权是品牌的生命力

品牌的生命力取决于企业拥有核心技术等知识产权的数量和质量。尤其是涉及产品和产业的关键技术或核心技术的重大发明专利,由于能为产品带来较高利润,是品牌的技术基础,更是价值源泉,可以说是品牌的生命力。中国企业,尤其是制造企业"走出去"跨国经营,产品如拥有关键核心专利技术支撑,并受国际知识产权保护,将对品牌构成良好的保护和屏障。因此,中国企业"走出去"的同时,有必要加快海外知识产权布局,以便形成一定的产业控制力和主导力。

4. 研发创新为品牌长青提供动力

创新和研发是企业长远、持续发展的不竭动力,也是企业品牌保持长青不衰的动力源泉。加大研发投入,持续提升技术创新、管理创新、文化创新的能力,将不断提升企业核心竞争力,打造百年国际品牌。此外,并购技术先进的海内外公司,也有助于中国企业快速掌握相关核心技术,提升企业技术研发及创新能力,助力国际市场开拓和品牌建设,从而不断增强品牌内生生命力。

5. 品牌也是社会责任的体现

在全球化背景下,企业跨国经营的社会责任已经由最初的经济责任,延伸到环保、道德和慈善等方面。中国企业"走出去",需要最大限度地增进各利益相关者的利益,为员工为社区为当地做贡献,践行企业社会责任。担下一份责任,才能扛起一个品牌。一般来说,借助慈善和公关活动,积极融入当地社会发展,有助于企业树立积极担当社会责任的品牌形象。

四、经验启示

(一)正确定位自身品牌

品牌定位,就是为自身品牌在市场中树立明确的、有别于竞争对手的、符合消费者需要的品牌文化和品牌形象。品牌定位需要建立在充分的市场调研和市场细分的基础上，进而发现或者创造自身品牌区别于其他品牌的特征和优势。成功的品牌定位要做到以下三点：第一是准确的消费者导向，企业要充分考虑消费者接受信息的思维方式和心理需求，对消费者心理把握得越准确，定位策略就越有效。第二是差异化的品牌定位，品牌定位必须与众不同，才能将你的品牌信息凸现在消费者面前，从而引起消费者注意，并产生品牌联想。第三是定位的动态调整。品牌定位不是一成不变的，随着整个市场和产品的不断变化，消费者需求也在不断变化，因此，品牌定位要不断变化调整，防止品牌老化，使品牌永远具有活力。

（二）制定品牌国际化规划

企业应对自身品牌的国际化推进制定合理的战略规划，符合内部条件及外部环境的要求。企业品牌国际化是一个综合的系统工程，从实践层面看，品牌国际化的推进将面临不同国家和地区在文化传统和价值观念方面的较大差别，因此在品牌推广时需要综合考虑企业自身及目标国市场的情况，从而使得品牌建设更符合实际情况。这就要求企业在品牌形象设计、品牌价值理念和标准、品牌推广的内容等方面做出较为详尽的规划。

（三）合理选择品牌推广模式

在进入国际市场时，企业需要根据自身实力及产品特色，在国际市场的选择中找到适合自身品牌的市场进入模式。总体而言，市场进入模式共分为先易后难，先难后易和中间路线三种模式。先易后难模式是先进入不发达国家，然后进入中等发达国家，最后才进入发达国家，这种模式的优点是市场容易进入，建立品牌形象和信誉的投资少，速度快，缺点是产品最终基本无法扩散到其他国家。先难后易模式是先主攻发达国家市场，然后再转向相对不发达的其他国家和地区市场，这种模式的优点是只要在发达国家树立了品牌形象和信誉，那就意味着品牌已经具备了全球公信力，会很快被全球市场所接受，缺点是这种模式的见效时间是漫长的，而且需要大笔投入，风险也比较大。中间路线模式是先进入中等发达国家市场，在这些国家取得成功再进入发达国家，由于积累了丰富的市场运作经验，因而在发达国家树立品牌的时间会短一些。企业在进行品牌国际化时，需要综合评估企业自身及海外市场的情况，从而选择更适合自己的品牌推广模式。李宁公司选择了先难后易的品牌推广模式，但十几年来，其海外品牌建设并未取得良好结果，而公司却为此付出了高额成本。因此，企业在品牌推广时，应结合自身情况，在三种模式中选择正确的品牌推广模式。

在品牌的塑造方面，要注意对已有的国外品牌的利用，借助国外提升自身品牌价值及产品附加值。对于中国企业来说，其长期以来形成了依靠低价劳动力实现竞争优势的经营模式，大部分企业都依靠这一优势长年从事代工产业，而忽视了自身品牌的培育。根据商务部研究院中国海外投资咨询中心一项针对品牌海外拓展的调查问卷显示，361家受调查企业中，有约40家企业为获取海外知名品牌而进行过海外并购，其中有超过一半的企业在日后的整合过程中获得了成功。此外，有三十余家企业采取了加盟国际知名品牌连锁店的模式提升自身品牌。

（四）专注品牌优势产品

优势产品是企业品牌价值的核心体现，可以说是优势产品是品牌价值的最重要构成因素。全球知名的企业都有其最知名的拳头产品，这些产品是其品牌的直接载体，只有拥有优质并且独具个性的产品，自身品牌才能获得消费者的认可，企业才拥有进入世界市场的通行证。清晰的产品核心竞争力在品牌国际化经营过程中至关重要。

以运动品牌为例，多数企业在自己擅长的领域精耕细作，自身产品在能够体现本行业最高标准的同时，还具备其特有的品牌特色和产品特征。以耐克为例，其新生产的篮球鞋大部分都能够在出品之后迅速得到大众的认可，阿迪达斯的足球产品也因为其品牌的专业性在消费者心中形成了品牌联想。连国内部分二线品牌也有自身专注的领域，如看到安踏就能想到CBA，看到匹克就能想到篮球、想到NBA，看到鸿星尔克就能想到年轻、时尚。

因此，企业在品牌国际化建设过程中必须专注于自身的核心优势产品，使该产品能够达到世界一流水准，从而带动企业整体品牌价值的提升。具体而言，要重视核心产品的品质，在品质达到优良的同时，也要突出自身产品的差异性。通过产品的差异化提升产品价格，从而增加企业的利润收入。在此基础上，将差异化与成本优势相结合，既可以保证企业的核心竞争力得到提升，又可以使得本企业的品牌与其他竞争对手的品牌区别开来，从而为品牌国际化经营带来新的战略。

（五）通过创新保持自身品牌的活力

只有通过不断的创新活动，企业才能够在这一传统行业中创造机会，吸引消费者的注意，增强企业品牌的异质性特征。以服装产业为例，中国服装企业与国际大型服装企业还相距甚远；就知名度而言，中国服装企业品牌声誉度也较小；就研发能力而言，中国大部分服装企业还处于仿制阶段。因此，企业必须加强创新能力建设，才能够提升企业实力，提升品牌知名度和含金量。

具体而言，企业应从创新理念、技术设备、产品设计以及营销渠道四个方面进行创新。首先是加强企业的创新理念，理念的创新主要表现为增加竞争意识和危机意识。管理创新是基础，在此基础上，形成新的改革与发展思维理念。其次是加强技术设备的创新，科技与产品相结合是企业制胜的法宝，品牌国际化与产品技术开发创新有密切的关系。对于服装企业而言，要提高生产技术，视技术设备的更新换代，从而提升生产效率，借助自身比较优势、熟练技能与本土原材料资源来吸引外资，同时购进高新技术设备，使服装业向深加工、精加工方向发展。再次是产品设计的创新，要把握自己的优点，发挥自己的优势，努力进行产品创新，从而创建自己的品牌形象，加深海外消费者的印象；还要在品牌推广的当地设立研发中心，接近市场，观察当地消费者的需求，把握市场变化的趋势，开发适应当地消费者需求的产品或服务，进一步增强企业品牌的国际竞争力。最后要做好营销环节的创新，中国的服装企业通常只注重生产，不了解市场，因此经常出现产品与市场需求脱钩的现象。这种重生产轻营销的理念使得中国的服装企业在激烈的国内外竞争中处于不利的地位。因此，企业必须从战略角度做好服装企业的营销工作，在市场细化、消费者需求预测、产品质量管理、品牌运营、价格定位、分销渠道建设、促销宣传等方面花力气、下功夫，为自身的不断成长和整个行业的健康发展打下坚实的基础。

（六）全球资源配置实现品牌优化

企业只有实现生产经营的全球配置，才是真正的品牌国际化。随着世界经济一体化的不断推进，企业发展虽然根植于某个特定的市场，但随着局部市场竞争格局逐步趋于饱和，企业发展必然将面临瓶颈，因此，企业经营不能局限于某一区域或国家，只有在全球范围内实现资源配置，才能有效地参与全球竞争，进而最大限度的实现企业的最大利益和促进企业的良性持续发展，最终实现品牌的全球化。

以迪尚集团案例来看，金融危机以来，在外需萎缩、成本攀升以及国内外竞争加剧的压力下，迪尚集团借鉴开放之初日韩在中国开展加工贸易的经验，开始探索打造属于自己的"制造三角"。一方面，在积极建设威海、青岛、大连、临沂四大生产基地，开展集约化经营的同时，到中国西部地区发展联合加工体，目前已发展外联加工企业500多家，拥有外协工人10万多人。另一方面，充分利用东盟及南亚国家成本低廉的优势，以及欧美日发达经济体对这些国家优惠的贸易政策，积极推进优势产能转移，把毛衫、工装等低附加值产品转移到海外基地生产，从一个加工贸易代工企业转型成为加工贸易外包企业。

总之，国内企业要从多方面进行自身品牌建设，善于学习发达国家品牌建设的经验，要具有长远眼光，舍得投入资金，要有品牌建设的长远规划和具体实施步骤，要重视现有品牌的保护和培养，积极开展以品牌为中心的国际营销和服务，扩大产品市场，拓展发展空间，通过长期不懈的努力，逐步打造自己的国际知名品牌，提升企业的国际地位。

第二节　细化方案提升品牌海外管理

一、美特斯邦威借助电影营销进行品牌海外推广

上海美特斯邦威服饰股份有限公司（简称美邦）是1995年创立于温州的中国服装企业，主要研发、生产、销售美邦品牌休闲系列服饰。其品牌logo在2009年上映的《变形金刚2》（简称《变2》）中崭露头角，这是好莱坞影片第一次出现了中国品牌的身影，这一广告植入形式在给中国观众带来强烈震撼的同时，也让国内厂商发现了品牌海外推广的新途径。

（一）利用好莱坞电影提升品牌影响力

与好莱坞大片合作，一向是耐克、百事可乐、宝马、三星等国际知名企业较长使用的商业手法，中国内地品牌以往几乎从未涉猎。而美邦成为第一个尝试此类娱乐营销方式的企业。据悉，促成此次合作的幕后机构为北京银幕智慧传媒公司，该公司在将《变2》的广告机会引向大陆时，同时向安利、中国移动和美邦三家企业进行了推荐，当时，电影《变2》已计划将于2008年6月1日开拍，这之前仅剩下短短两周时间供三家企业做出决定，而三家企业都没有在好莱坞电影中植入广告进行娱乐整合营销的经历，面对上千万的赞助费以及后期的广告营销效果，企业普遍比较犹豫，甚至对是否能真正执行此类跨国深度合作缺乏信心，而美邦最终在第一时间内做出合作的决定。

虽然美邦此次在《变2》中的出现仅是印有"Meters/bonwe"字样的广告牌和某货车背后"不走寻常路"的标语等五次场景，但毕竟这是第一次一个纯正的中国品牌在好莱坞大片中崭露头角，极易引起中国观众的共鸣。同时，电影的部分故事情节选择在上海拍摄，也为本土品牌的营销合作提供了文化背景。另外，"变形金刚"作为一个在全球范围内的具有巨大影响力的文化品牌，蕴含着极为深厚的媒体传播价值，这一优势也为美邦提供了一个很好的推广平台，有效提升了美邦的国际化形象。

在美邦的这次电影营销的带动下，大量中国企业开始牵手好莱坞，将产品广告植入到好莱坞大片当中。森马的logo不仅与奥迪、LG等国际品牌共同赫然出现在《钢铁侠2》的官方网站成为其赞助商之一，而且当斯嘉丽·约翰逊身着森马外套在银幕漫步时，中国观众惊奇地发现，继美邦之后，中国的本土品牌森马也与好莱坞进行了电影营销的合作。2011年《变形金刚3》在中国市场的登陆也让中国观众发现更多的中国品牌出现在好莱坞电影的大荧幕上，当观众发现电影主角身穿美邦开场、在电梯里喝着来自中国的伊利舒化奶、看着TCL电视，用着能变形的联想电脑时，中国观众意识到中国品牌的海外电影营销梦想已经在美邦与《变2》的合作下被牵引起航。

（二）全方位的电影营销整合方案

公司管理层高度重视自身品牌的海外推广，并积极探索新的品牌推广模式。在《变形金刚1》在国内上映时，美邦就已经在考虑能否将美邦广告植入影片当中，但由于当时国内尚无企业与好莱坞影片合作先例，所以并未成行。但自此以后，美邦高层就一直对这一营销模式进行关注，因此，当《变形金刚》卷土重来，以续拍的方式在国内寻找赞助商时，美邦欣然前往。于是，"Meters/bonwe不走寻常路"的品牌形象开始随着《变2》走向全球。

准确评估公司实力及品牌个性，选择合适的合作对象及电影广告植入方案。首先，美邦公司分析了美邦及目标好莱坞电影的品牌特性及文化特色，最终选择了变形金刚作为自己品牌推广的载体。美邦公司认为变形金刚以其科幻、现代的文化符号特征而深受年轻人喜欢，是时尚与个性的经典品牌，也是70后、80后共同的童年回忆，而该系列电影的受众正是美邦的目标消费群。同时美邦与变形金刚的品牌定位有着非常多的契合点，两个品牌的文化共性成为美邦选择变形金刚作为推广载体的重要原因。其次，美邦选择了适合自身的电影植入方式。在电影整合营销评估体系中，一般将电影的植入式广告划分为A+、A、B级三个植入级别，A+级是将品牌和产品巧妙、深度、全面地融入整个剧情之中，获得充分曝光，甚至成为推动影片情节发展的重要线索、成为丰富人物形象的重要道具；B级是使品牌logo或产品成为片中的重要道具或是成为重要的场景；而A级则介于两者之间，产品的特点在剧情中得到演示，或在片中人物对白中提及品牌及产品特性。与此相对应的是，A+级植入费用最高，A级相对较少，而B级植入费用则低于前二者，但传播效果也会打折扣。美邦考虑到目前自身品牌服装还仅仅是在中国大陆地区销售，如果在片中用比较大的投入来做比较深度的植入式广告，在全球其他地方的传播效果浪费就比较严重。另一方面也受时间因素限制，两个星期的时间不足以让赞助方、代理方和片方来做深度的沟通，所以最终选择了以美邦logo户外广告的形式出现在影片的几个场景中。

积极利用广告植入后的宣传效应，采用全方位立体式的后期营销模式。为了配合此次与《变2》的合作，美邦在后期充分借助媒体对《变2》的炒作，对美邦的品牌推广推波助澜，同时调动了多达数百万元的各种软硬广告宣传攻势。早在与《变2》的谈判初期，美邦就坚持了三个合作内容：植入式广告、电影形象授权、产品形象授权。而后者为美邦带来的商业效果则更为可观。当美邦拿到《变2》中的电影形象素材后，立即强力推出了"Transfashion变型看我"的概念，重新拍摄了全新的电视广告片，将影片原有的片段素材和新拍摄的片段巧妙结合，广告在湖南卫视等国内主流媒体推出后，立刻在视频网站上成了流行视频。而在线下，从2009年4月开始，美邦在全国2000多家专卖店开设变形金刚专区，推出了第一波变形金刚动画版产品，消费者可在店内看到变形金刚的新造型，包括大黄蜂、擎天柱、堕落金刚、大力神等，这些形象都融入产品系列中。而这些产品基本上都成为店铺最热销的产品之一，一些铁杆"金粉"甚至作为收藏，从头到脚全副武装。在淘宝商城，美特斯邦威官方网店内，"人气热卖榜"上几乎全都是变形金刚系列产品。上海一家美邦店在《变2》上映前后一周时间内，变形金刚系列T恤销量超过了1万件。

二、海尔收购三洋白电实现品牌多元化

海尔集团目前是全球最大的冰箱生产商和第二大洗衣机生产商，也是国内最早举起国际化大旗的企业，海尔国际化的早期路径基本是通过在欧美国家兴建产业园并展开海尔品牌产品销售的模式。2011年年底，海尔通过收购日本三洋电机在日本及东南亚地区的冰箱和洗衣机业务，实现了在这些市场的双品牌运作战略，同时获得了三洋

在这些领域的相关研发、生产、渠道等资源。

（一）采用渐进式的品牌收购策略

海尔集团收购日本三洋电机是渐进型收购的典型案例。早在2002年，海尔就与三洋建立了战略合作关系，双方合作的主要内容包括以下四个方面：（1）三洋充分利用海尔的销售网络，在中国市场销售三洋品牌产品；（2）在日本大阪，海尔与三洋合资成立三洋海尔股份有限公司，在日本市场销售海尔冰箱和洗衣机等家电产品；（3）双方在生产基地方面进行合作；（4）扩大三洋零部件向海尔的供应及技术协作，在技术和人员交流上进行合作。这种合作为后来的海尔对三洋的收购奠定了坚实基础，第一次收购是在2006年，海尔收购了三洋在日本的电冰箱研发业务；第二次发生在2007年，海尔收购了三洋在泰国的电冰箱生产工厂；第三次发生在2011年，海尔从松下电器手中收购三洋在日本、东南亚的白色家电业务。

第三次收购意味着海尔对三洋白电品牌的收购，从此以后，日本市场将再无三洋品牌。第三次收购内容包括以下五点：（1）将三洋电机所持有的研发、生产及销售家用和商用洗衣机的三洋AQUA株式会社以及生产洗衣机的Konan Denki株式会社的股份转让给海尔。（2）将三洋电机所持有的设计与开发家用电冰箱的海尔三洋电器株式会社，以及生产家用电冰箱的海尔电器（泰国）有限公司的股份转让给海尔。（3）将在东南亚生产及/或销售家用电冰箱和洗衣机等家电业务的三洋HA Asean有限公司（越南）、三洋印度尼西亚有限公司、三洋印度尼西亚销售有限公司、三洋菲律宾公司以及三洋销售及售后服务有限公司（马来西亚）转让给海尔。（4）双方协议海尔可以在一定期限内在越南、印度尼西亚、菲律宾、马来西亚销售SANYO品牌的冰箱、洗衣机、电视、空调等家用电器产品。（5）将上述家用电冰箱、家用和商用洗衣机的相关专利、设计和注册商标转让给海尔。三洋集团在日本从事相关业务的近340名专业人员加入海尔。

（二）根据市场采用差异化品牌策略

通过本次收购，海尔成功将SANYO、AQUA两个品牌收入囊中，并在不同地区采取多元品牌战略。SANYO多年来作为专业的家电生产企业，其生产的部分电器产品享誉全球，尤其是在亚洲国家具有较高的认可度和接受度。海尔此次实现了对三洋白色家电在日本的洗衣机和家用冰箱业务及其在印度尼西亚、马来西亚、菲律宾和越南的洗衣机、家用冰箱和其他家用电器销售业务的收购，从而实现了对三洋公司旗下白色家电品牌的完全使用权。就相关品牌的使用范围来看，海尔将在一定时间内，在印尼、马来西亚、菲律宾和越南地区生产并使用SANYO+Hair的品牌战略；在日本境内使用三洋旗下的AQUA和Hair的双品牌战略。

（三）借助品牌并购实现市场扩张

此次并购不仅使海尔获得了一个极具市场影响力的品牌，也同时帮助海尔迅速巩固了其在亚洲市场白色家电龙头企业的位置。在目前的日本和东南亚市场上，三洋洗衣机在日本市场有超过10%的市场份额，冰箱、洗衣机产品在越南一国有超过30%的市场份额。而海尔在日本和东南亚市场，冰箱和洗衣机的市场占有率一直落后于三洋。通过此次收购，海尔获得三洋在东南亚四国以及日本本土的销售渠道。并购日本的三洋白电部门后，海尔已经把日本打造成集研发、制造和营销三位一体的制造基地，成功地将三洋原有的技术、人才优势和海尔全球研发资源相融合，开启其全球化品牌战略的重要阶段，并通过不断推出与众不同的产品来赋予AQUA新鲜与活力。从市场推广成效看，2012年海尔在日本的销售额为500亿日元左右，而单单AQUA品牌销售额就占了七成左右，AQUA品牌在日本市场占有率达到了14%，大大地超过预期10%的预期目标，海尔AQUA品牌的市场占有率甚至超过了三洋电机时期。

三、北方工业公司在伊朗的品牌延伸

中国北方工业公司（简称北方工业）是以军贸业务为核心，海外石油和矿产资源开发、国际工程承包、民品专业化经营为支撑，在国际市场有重要影响的大型国有工贸公司。北方工业自成立起便积极开拓国际军品市场，树立了良好的NORINCO品牌。

（一）多元化的业务结构为海外品牌延伸提供基础

北方工业被认为是中国第三大武器制造商。在国外，北方工业主要出名于它质优价廉的防务产品。国际市场上，北方工业多出口精密攻击系统、水陆攻击武器与装备、远程武器系统、防空系统、夜视镜、反恐与民警设备等。在经营防务产品的同时，北方工业也展开了多元化经营模式以消化其累积的巨额资本。北方工业与国内外一流石油、矿产企业都有合作，主要开展石油及矿产资源的勘探、开发、生产、贸易等业务。北方工业在国际工程承包、物流、车辆等业务方面创立了自身品牌，在民爆化工、光电、运动器材等业务在技工贸结合基础上有一定竞争力。历史资料显示，北方工业连续多年进入全球225家最大国际承包商前列。

（二）通过军品贸易在伊朗实现品牌延伸

北方工业作为中国最大的陆军武器出口商，其出口的军火产品遍布全球多个国家，其中北方工业CQ5.56/M311和俄罗斯AK步枪成为伊朗精锐部队最钟爱的两款产品。随着军火产品品牌美誉度的提升，北方工业NORINCO品牌获得了伊朗各界的认可，公司顺势在伊朗本国推介了其在国内所涵盖的工程及设备等业务，并成功获得了伊朗的部分项目，品牌得到了很好的延伸。1995年，北方工业就促成了其子公司北方国际公司在伊朗德黑兰地铁5号线项目的合作，合同金额达1.17亿美元，项目完工后，获得了伊朗时任总统哈塔米的高度肯定；此后，北方工业于2012年5月签署了德黑兰地铁六号线合同，还成功承揽了库姆市单轨铁路和地铁项目，协议金额约为6亿欧元。

四、经验启示

品牌的海外管理是系统工程，是品牌管理在海外的实现过程，涉及很多方面。一般认为品牌管理应包含以下核心内容：品牌定位管理、品牌文化管理、品牌资产管理、品牌推广管理、品牌延伸管理及品牌危机管理等。以上的三个案例主要是围绕品牌在海外的资产、推广及延伸管理的三个方面。

第一，品牌定位管理是企业在品牌海外管理问题上的首要问题。品牌定位决定了该品牌在海外的基本价值取向，影响和决定品牌海外管理的其他方面，是企业长远性、全局性、关键性的品牌构思或方案，品牌定位失误将直接导致企业海外竞争战略中市场定位错误、从而导致品牌管理的相关投资的浪费。准确的品牌定位将使得企业在当地获取差别优势，可有助于企业获取目标顾客群的认同、突出自己品牌与竞争者之间的差异性，形成品牌的竞争优势。

第二，品牌文化管理的核心是品牌价值观的精确表述。首先，品牌价值观通过影响企业家的战略观而影响企业的战略定位模式与战略选择，进而影响企业的战略定位能力，最终影响企业战略绩效；其次，品牌价值观通过影响企业家的管理观而影响企业的管理模式与管理行为，进而影响企业的管理执行能力，最终影响企业的管理绩效；最后，品牌价值观通过影响企业家的经营观而影响企业的经营模式与经营行为，进而影响企业的经营支付能力，最终影响企业的经营绩效。

第三，品牌海外资产管理是决定企业产品溢价的基础，也很大程度上影响该品牌的市场份额。有些消费者对产品的要求不局限于实用性方面，而是通过拥有某种品牌产品而获得某种心理上的满足。因此他们对品牌产品的价格不敏感。品牌资产是提高市场份额的有力保障。品牌的品质认定和品牌联想都可以影响到顾客的消费满意程度。品牌资产还可以左右销售渠道。经销商与顾客一样，对那些共同认可的强势品牌有更大的信心。品牌资产能增加企业优势，使企业能够凭借这种优势把竞争者的客户争夺过来，从而导致市场份额在不同企业之间重新分配。因此，海尔收购三洋，也是看重了三洋品牌价值对亚洲市场份额的决定性。顾客忠诚度对企业有非常重要的利润意义。因此，收购三洋即意味着对客户群的占有。

第四，品牌海外推广的管理主要通过广告、销售及公关三个渠道来实现。在当今激烈的市场竞争环境条件下，大量实验证明了"商品+广告=品牌"这一公理。而且，广告是企业及其产品有效地树立起良好的形象的利器。但是，应该注意的是，广告是否达到了预期的效果是很难衡量的。美国的约翰·菲利普·琼斯（John Philip Jones）教授在1995年发表的一项研究报告中显示：在有代表性的重复购买商品中，35%的广告有显著的直接效果，另外35%则没有明显的直接效果，在短期内完全有效的35%的广告中，有2/3在一年内带来了销售的持续增加。而且随后在德国和英国所做的调查也得到了类似的结果。所以在进行品牌推广时要十分注意广告投资和品牌收益之间的关系。美邦的电影营销取得了很好的广告效应，原因就在于其前期做了大量的跟踪调查及分析。

第五，品牌海外延伸的管理是品牌海外管理的必要组成部分，成功的企业一般都能够很好的运用品牌延伸策略，从而提升品牌价值。企业通过品牌延伸策略，将新产品借助于成名品牌迅速地打入市场，这不仅为开拓新市场节约了大量的营销费用，也为新产品占领市场争取到了时间。品牌延伸将消费者对原品牌的一切印象和好感转移到延伸的品牌产品上，减少其心理抵触，增加尝试该产品的概率，使新产品较快获得认知，可迅速提高消费者对新产品（延伸产品）的认知率，有效节约新产品市场导入费用。从而企业可以降低成本，具有成本领先优势，该产品更具有竞争力。品牌延伸也能为生产商争取到更多的货架面积，这也增加了零售商对生产商品牌的依赖程度，为生产企业赢得了竞争的优势。

第三节 解决商标纠纷保护海外品牌权益

一、王致和公司成功应对海外品牌侵权案件

北京二商王致和食品有限公司（简称王致和公司）是中国著名的佐餐调料生产企业，其生产的腐乳、料酒等产品畅销全球，已经成为中国驰名品牌。20世纪90年代起，王致和公司开始了在全球的品牌注册工作，但公司于2007年在德国进行商标注册时，遭遇了企业商标被当地公司抢注的情况。双方就品牌使用权展开了激烈竞争，经过法庭裁决，王致和公司顺利拿回品牌使用权。

（一）王致和品牌在德国遭遇"抢注门"

王致和公司的海外品牌注册工作开始于20世纪90年代末，先后在美国、加拿大、东南亚等十几个国家和地区注册了王致和品牌，为产品走出国门，开拓国际市场铺平了法律道路，同时也赢得了较大的市场利益和很好的经济效益。随后王致和公司开始逐步扩大在海外的品牌注册范围，并基本取得圆满结果，扩大了产品覆盖地区，提升了王致和品牌的全球知名度。

而王致和公司在2006年7月开始筹备王致和品牌在德国注册的工作时，才发现该品牌已被一家德国公司于2005年11月21日申请注册，并已成功获得了品牌所有权。这家德国公司名为OKAI Import Export GmbH （以下简称欧凯公司），其于2006年3月24日起开始了品牌初审公告的工作，并顺利经过了3个月的品牌初审公告期。按照德国商标法的规定，商标初审公告期为3个月，如果在这3个月内，没有其他人对此商标提出异议，则予以核准注册。因此，欧凯公司从2006年6月24日开始就已经在德国拥有了王致和商标。

（二）积极通过法律途径维护自身品牌权益

得知商标被抢注，王致和公司明确表示欧凯公司此举属于侵权行为，明确表态要维护自身权益，要通过法律途径要回属于自己的商标权，为产品进入德国市场做好前期工作。为此，王致和公司于2006年8月委托律师向欧凯公司发出律师函，要求其归还王致和商标，并通过多种途径积极与欧凯公司进行协商，但对方并未回应。随后，

王致和公司接到欧凯公司运营商中咨货运公司的电话称，王致和公司想要拿回商标，必须付出一定的代价，双方关于商标的协商无果而终。

2007年年初，王致和公司委托跨国律师团向德国慕尼黑地方法院提起对欧凯公司的诉讼要求。1月26日，慕尼黑地方法院正式受理了此案。经过长时间的取证调查，王致和公司诉德国欧凯公司商标侵权和不正当竞争案8月在慕尼黑地方法院的知识产权庭开庭审理。双方就欧凯公司在德国注册"王致和WANGZHIHE及图"商标的行为是否属于侵犯他人在先权利，是否属于恶意抢注，是否属于不正当竞争行为，注册但没有实际使用商标是否存在损害事实等焦点问题展开了激烈的辩论，双方各持己见，据理力争。经过法庭取证调查，11月，慕尼黑地方法院对此案做出判决：经过法院调查，判定欧凯公司对王致和品牌属于非法盗用，依法撤销欧凯公司抢注的王致和商标，禁止欧凯公司在德国擅自使用王致和商标，判定其无偿归还商标、对王致和公司予以赔偿，并对其进行处罚。

2008年2月，欧凯公司向慕尼黑高等法院提出上诉。2009年1月，慕尼黑高法开庭审理。王致和公司与欧凯公司在庭上展开了激烈便利，王致和公司据理力争，并出示了充分证据。而欧凯公司并未能提出有力证据，法院提议调解，但被欧凯拒绝。当年4月，德国慕尼黑高等法院第29民事庭就王致和商标被恶意抢注案进行了二审判决，二审决定维持一审判决结果，要求欧凯进出口公司立即停止在德国使用王致和商标，并撤销它在德国抢注的王致和商标。至此，王致和商标维权案宣告结束，王致和公司胜诉。

（三）"抢注门"审判过程中的争议热点

就本案审判过程而言，双方首先争论的焦点在于王致和商标在先取得权的确认。王致和公司的商标在德国被欧凯公司抢先注册，但王致和公司对这一商标具有明确的在先取得权。德国的商标法对商标注册也有明确的申请在先和不能侵犯他人的在先权利的原则性规定。因此，经过德国法庭审理，认为王致和的图案作品设计在先，欧凯公司注册在后，王致和商标图案作品已经构成在先权利，德国欧凯公司抢注的商标与王致和公司享有版权的商标一模一样，这就是一种简单的复制。因此，欧凯公司的抢注行为侵犯了王致和公司在先的著作权。

本案争论的第二个焦点就在于王致和商标形象是否具有普遍性。欧凯公司辩称其注册的商标是通用的中国古代士兵的头像，具有普遍性，王致和公司对该图案不具有专有性，不能作为商标使用，欧凯公司的注册没有侵犯王致和公司的商标权。而王致和公司认为其使用商标是图文结合的商标标识，该商标标识是王致和公司聘请中国中央工艺美术学院的黄伟教授设计的，王致和公司通过合同方式取得了该标识在中国的著作权（也就是版权）。由于中国和德国均是《伯尔尼公约》的成员国，王致和公司就其在中国拥有的"王致和WANGZHIHE及图"的版权在德国同样享有该权利，享受和行使该版权权利不需履行任何手续。并且，抢注行为是侵犯了王致和公司的驰名商标所有权。最终，德国法院采纳了王致和公司的理由。

国际法层面对各国驰名商标都有特殊保护。"王致和WANGZHIHE及图"商标于2006年就被是中国评为驰名商标。中国作为《巴黎公约》和《TRIPs协议》的签约国，王致和商标的所有权就由该公司合法拥有，并有权取得《巴黎公约》和《TRIPs协议》的合法保护。欧凯公司的抢注行为违背了驰名商标注册优先权的相关规定，王致和公司有权阻止境外缔约国的其他公司注册"王致和WANGZHIHE及图"商标，德国欧凯公司的行为违反了《巴黎公约》对驰名商标的保护规定，即使欧凯公司在德国进行了抢先注册，但中国公司也可以在五年之内取消欧凯公司的注册行为。另外，根据《与贸易有关的知识产权协议》（简称《TRIPs协议》）对驰名商标进行跨类别保护的规定，不光可以撤销欧凯公司在相同或相似的产品和服务上抢注的商标，还可以撤销其在不同类产品和服务上抢注的王致和商标，从而彻底对侵犯驰名商标所有权的抢注行为予以打击和对自己驰名商标的全面保护。

二、经验启示

（一）重视品牌的海外注册工作

商标是企业品牌的直观体现，是相关的名称、术语、象征、记号或设计及其组合。商标权具有严格的属地限制，在一个国家或地区注册的商标，只能在本国或本地区才受到当地法律的保护，不存在跨国效力。企业要想使其产品顺利进入国际市场，参与国际竞争，除在本国及时注册外，还要及时到国外进行注册，否则不受该国法律的保护。通常，各国都认定商标注册是企业在法律规范下的自主行为，但对于那些已在使用，而未申请注册的商标，商标管理部门无权强制要求企业注册；同样，商标管理部门也无权拒绝那些符合商标法规定的企业申请商标注册。

就中国品牌的海外注册工作而言，大部分企业已有一定认识，但商标被海外公司抢注的事件时有发生。随着经济全球化的深入发展，知识产权已经成为一国参与国际竞争的有力武器和提高国际竞争力的核心要素，而商标作为企业重要的品牌价值的直接体现和附加值来源，越来越成为企业赢得竞争优势的关键。就在中国经济繁荣蓬勃发展，中国企业开始走出国门，融入世界之时，五粮液、红塔山、王致和、熊猫等一系列知名、驰名商标均遭到被外国公司抢注事件。据不完全统计，中国已经有超过2000多件商标被抢注，王致和商标海外维权事件在国内社会各界引起了巨大反响，它的成功也为中国企业海外商标维权提供了优秀范例，对推进中国企业商标保护制度的完善，帮助企业更加公平地参与国际经济竞争具有重要意义。

（二）熟悉品牌海外注册的基本原则

世界各国大部分品牌法律施行的最基本原则就是申请在先原则。具体而言，国际通用的品牌注册制度为商标专用权注册取得制，即注册保护制度和先申请制度，商标不经过注册，就不能通过商标法予以保护，在同一类别和类似商品或服务上的相同商标，只有申请最早的申请人能够获准注册，申请在后的，则不能被核准注册。即使你使用在先，也不能妨碍他人的在先申请。只是在两个或两个以上的当事人在同一天提出申请的，才要求当事人提供使用证明，确属于使用在先的才被核准注册。

申请在先原则的必然产物就是抢注行为的产生，为此，各国商标法也根据商标注册不得损害他人现有的在先权利的原则，普遍设立了异议撤销制度。商标法确立的申请在先原则，是经过思考和权衡后的一种立法选择，但任何一项法律规定都难以达到完美境界，对于申请在先原则的不足，商标法也做了一些弥补性规定，如设立了异议撤销制度等。有条件地确认抢先注册他人先使用的商标行为为法律禁止的行为，在坚持注册原则和申请在先原则的同时，法律对于绝对的申请在先原则作了合理调整。强调申请在先必须建立在诚实信用的原则下，不允许盗窃他人已经使用并且已经建立信誉的商标作为自己的商标申请注册，弥补了绝对注册原则的缺陷，防止事实上的不公平情况的出现。

具体而言，现有的在先权利是指他人在先取得的合法权利，即是他人在注册商标申请人提出注册商标申请以前，已经依法取得或者依法享有并受法律保护的权利，如著作权、专利权、名称权、姓名权、肖像权以及其他受法律保护的权利等。因此，并不是说商标一经核准注册，就受到绝对保护，各国商标法同时也明确表示将对真实存在的他人现有的在先使用权利进行保护，以防止商标抢注事件对商标实际创立人造成的损害。

（三）利用《伯尔尼公约》开展品牌保护工作

目前，国际上最主要的著作权保护条约是《保护文学和艺术作品伯尔尼公约》（以下简称《伯尔尼公约》）。该公约的核心是规定了每个缔约国都应自动保护在伯尔尼联盟所属的各国中首先出版的作品和保护其作者是上述其他各国的公民或居民的未出版的作品。联盟各国必须保证使属于其他成员国国民的作者享受该国的法律给予其本国国民的权利。中国于1992年加入《伯尔尼公约》，成为该公约第93个成员国，德国也是该公约成员国，按照该公约规定，在一个成员国享有著作权的权利人，在其他成员国中也同样享有著作权。

广义上讲，商标属于文学艺术作品，属于伯尔尼公约的保护范畴。公约规定，保护的作品范围是缔约国国民的或在缔约国内首次发表的一切文学艺术作品，"文学艺术作品"一词包括科学和文学艺术领域内的一切作品，不论其表现方式或形式如何。商标作为一种实用美术作品也属于该范围之内。同时，该公约规定："根据本公约：为本联盟任何成员国公民的作者，其作品无论是否发表，应受到保护；享受和行使这类权利不需履行任何手续，也不管作品起源国是否存在有关保护的规定。"

（四）重视《巴黎公约》和《TRIPs协议》对驰名品牌的保护作用

鉴于驰名商标的特殊性，国际上普遍对驰名商标的保护与一般商标有很大的不同，无论是《保护工业产权巴黎公约》（以下简称《巴黎公约》），还是《TRIPs协议》，均对驰名商标均给以特殊保护。

《巴黎公约》第六条对于驰名商标的保护规定如下：

（1）商标注册国或使用国主管机关认为一项商标在该国已成为驰名商标，已经归有权享有本公约利益的人所有，而另一商标构成对此驰名商标的复制、仿造或翻译，用于相同或类似商品上，且易于造成混乱时，本同盟各国应依职权，依规定拒绝或取消另一商标的注册，并禁止使用。商标的主要部分抄袭驰名商标或可能导致造成混乱的仿造者，也应适用本条规定。

（2）自注册之日起至少五年内，应允许提出取消这种商标的要求。允许提出禁止使用的期限，可由本同盟各成员国规定。

（3）对于以不诚实手段取得注册或使用的商标提出取消注册或禁止使用的要求的，不应规定时间限制。

因此，凡是被成员国认定为驰名商标的标识，其所有人有权禁止他人抢先注册，即使巴黎公约成员国的驰名商标所有人的驰名商标没有在成员国的任何一个国家注册，如果有人抢先注册了，则可以在5年之内，取消在先注册人已经注册的商标，如果在先注册驰名商标的人是以不诚实手段得以注册成功的，则不受5年的限制。

但是《巴黎公约》对驰名商标的保护仅限于同类或相似产品，而对于将驰名商标运用到其他品牌产品上则没有限制，这就为部分厂家创造了一定的投机空间。《TRIPs协议》就对这一漏洞进行了弥补，《TRIPs协议》第16条规定：1967《巴黎公约》第六条附则经对细节做必要修改后应适用于与已注册商标的商品和服务不相似的商品或服务，条件是该商标与该商品和服务有关的使用会表明该商品或服务与已注册商标所有者之间的联系，而且已注册商标所有者的利益有可能为此种使用所破坏。如20世纪80年代，就曾有上海某企业试图将美国著名香烟品牌万宝路运用到该企业的葡萄酒产品上，中国工商管理部门认为万宝路属驰名商标，依据《TRIPs协议》规定驳回了该企业的酒类注册商标，对万宝路品牌实行了跨类保护。

第四节　维护知识产权提升企业品牌价值

一、华为诉摩托罗拉侵权，成功应对境外品牌危机

中国电信设备制造商中国华为技术有限公司（简称华为）在2011年年初向美国芝加哥联邦法院提起诉讼，要求法院发出禁止令阻止摩托罗拉分拆后的两个公司之一的摩托罗拉解决方案（Motorola Solution）有限公司（简称摩托罗拉）以12亿美元的价格将其无线电信网络业务出售给华为的竞争对手诺基亚西门子网络（Nokia Siemens Networks）有限公司（简称诺基亚西门子），案件审判最终结果以华为胜诉而告终。

（一）知识产权是品牌资产的重要组成因素

在过去很长一段时间里，华为与摩托罗拉在无线网络领域一直是合作伙伴。华为曾向摩托罗拉提供了价值8.78亿美元的无线网络设备及技术，而这批设备与技术完全是基于华为自2000年起自主研发的技术，因此华为对此享有独立的专利权。2009年，华为与诺基亚西门子一同竞拍摩托罗拉的资产时，虽然华为当时的出价更高，

但仍然败给了诺基亚西门子。因此华为认为，摩托罗拉与诺基亚西门子的交易将导致华为自主研发的专利技术泄露给其最大的竞争对手，并可能使其商业秘密被窃取，版权受侵害，而这将给华为造成"不可弥补的损害"。

（二）及时利用法律手段挽回可能损失

在意识到自有知识产权可能被泄露后，华为立即向芝加哥联邦法院提出中止此项交易的要求，中止期一直到双方在仲裁中达成解决方案为止。在华为方面提交这项诉讼请求后不久，2011年1月25日，芝加哥联邦法院的莎伦·约翰逊·科尔曼便发出了一项暂时性限制令，要求摩托罗拉暂停与诺基亚西门子的电信网络设备交易。她表示，之所以发布这项限制令主要是因为这两家公司正处于仲裁之中。此外，该限制令还要求如果中国商务部做出任何决定，摩托罗拉必须立即通报华为。此限制令一经做出，包括《华尔街日报》在内的许多媒体均认为，法官虽然没有对诉讼案本身做出裁决，只是暂时禁止而非明确阻止这项交易，但这项暂时禁止令阻止了摩托罗拉向诺基亚西门子转移华为的任何商业秘密的可能性，这可以使华为的利益在诉讼请求期间不受到损害。

该案发生之后，与中国国内媒体对这一案件的冷淡态度相比，国外媒体对这起案件进行了较多的报道。这主要是由于长期以来，人们对于涉及中国企业的知识产权纠纷案件产生了一种思维上的定势，认为中国企业只会成为该类案件中的被告。而此次华为状告摩托罗拉则可能会产生类似分水岭的重大意义。密歇根大学法学院教授尼古拉斯·郝山认为：15年前，由于西方公司拥有大部分产品的知识产权，中国公司很少以保护知识产权的名义将西方公司告上法庭，人们如果听到这样的新闻只会以为是假消息。华为诉摩托罗拉一案显示，中国公司在全球产业链上的位置正在上移，中国公司正在开发自己的技术。

《华盛顿邮报》也认为，这起诉讼意味着华为这家中国公司战略的转变，当在美国的商业机会蒸发时，它不再保持沉默。当时华为负责公关的副总裁普拉莫也认为，随着华为成为全球第二大电信设备制造商，华为将确保自己的生命线技术创新成果不会付诸东流。

2011年2月22日，芝加哥当地法院对华为诉摩托罗拉公司一案正式做出裁决，禁止摩托罗拉向诺基亚西门子转移华为公司的保密信息。此外还要求摩托罗拉聘请独立第三方检查保密信息的安全删除情况并允许华为对此进行审计。

2011年4月13日，华为与摩托罗拉共同宣布，双方已就所有未决诉讼达成和解，摩托罗拉向华为支付有关知识产权转让费。有关知识产权专家称，这代表着华为在摩托罗拉的知识产权诉讼中取得了胜利且获得了赔付，这是中国企业界在知识产权上的一次重要胜利。

二、经验启示

（一）重视知识产权对企业品牌的重要性

企业的知识产权储备需要经历一个从无到有的过程，因而如要管理必先创造。知识产权的创造不仅包括传统意义上的自行开发，也包括委托他人开发、与他人合作开发、从他人手中购买现有的知识产权，最后一种方法是现在很多企业所普遍采用的。而到底采用哪种途径应当由各企业根据企业自身的经济情况与发展规划来决定。

在拥有一定数量的知识产权之后，企业还应当适当管理这些知识产权，这是企业知识产权战略的核心。可以借鉴国外企业在知识产权管理方面的一些经验，IBM公司、三菱公司、东芝公司等管理知识产权较为有经验的企业都会在企业内部建立一个集信息收集、追踪、分析、评估、知识产权申报、管理、纠纷处理等为一体的知识产权管理部门，招聘或培养一支具有复合知识、管理与服务相结合的知识产权工作队伍，加强对知识产权信息的收集与分析，及时对知识产权信息进行检索查询，对国内外主要竞争对手的知识产权状况进行动态跟踪，了解国际知识产权项目的空白点，对知识产权信息进行分类管理，分析研究和及时反馈，做到知己知彼，提高企业知识产权的研发水平和经济效益。在海外发展得比较成功的海尔集团在这方面起步较早，并做出了积极的探索。早在1987年海尔就首创了企业自办的知识产权部门——海尔知识产权办公室，其主要的职能是全面开展企业商标代理、创建品牌以及实施技术专利申请保护等工作。而华为也正是由于有大量的知识产权储备并且合理地管理了这些知识产权，才能在对摩托罗拉的诉讼中取得实质性的胜利。

应当注意的是，企业在制定知识产权策略时必须针对企业自身的发展状况来决定，有计划、有针对性地对企业领导、管理人员、科技人员和职工进行不同内容、不同形式的知识产权知识的宣传普及和培训工作，提高企业职工特别是企业领导的知识产权保护意识。

（二）积极应对海外知识产权诉讼

随着全球化经济的进一步发展，涉及中国企业的海外知识产权诉讼数量将会不断增多。中国企业应该在做好自身知识产权管理的同时，积极地应对其他企业发起的诉讼。因为诸如"337调查"这样的案例，不应诉就意味着败诉，企业也将长期失去在美国的出口市场。因此中国企业不但要积极应诉，更应该主动出击，打击对方。

此外，当中国企业的专利和商标在海外受到侵权行为时，也应毫不犹豫地拿起法律武器捍卫自身的合法权益。这一点华为给所有中国企业树立了很好的标杆。在维护自身的知识产权时也要选择合理的救济手段，到底是选择在美国联邦地方法院提起知识产权侵权诉讼还是向ITC申请临时禁令，都要经过深思熟虑，并进行利弊分析后做出选择。

除此之外，海外诉讼还需要一支优秀的律师团队。因此及时组织专业的律师团队以应对即将面临的谈判和诉讼活动。在不同阶段、针对不同目的，律师团队的组成是不同的。一般而言，应诉团队应包含中国律师、案件审理国律师、企业决策层、企业研发人员和企业知识产权法务人员等。

第十一章 企业社会责任

随着全球化进程的不断推进和中国在全球的经济地位迅速提升，越来越多的中国企业走出国门，面对不同的投资环境、政策法规、社会文化、劳工结构参与国际竞争，取得了不俗的成绩，也出现了不少问题。企业在东道国履行社会责任的情况，是最容易引起关注的一类"走出去"问题。企业社会责任关乎中国企业在海外能否被信任，能否获得可持续发展，能否以负责任的形象立足于全球经济舞台，甚至关乎中国的国家形象。因此，企业社会责任成为中国企业"走出去"必须重视的问题。

从企业"走出去"履行社会责任的主要方式来看，主要包括诚信经营、环境保护、建立和谐劳资关系、同当地利益相关企业与社区居民和谐共赢等。简而言之，中国企业"走出去"履行企业社会责任，要在追求经济效益的同时对海外利益相关方负责，实现企业发展与环境保护、社会效益的综合价值最大化。

事实上，中国企业在履行海外社会责任方面还是较为积极主动的。比如，根据商务部研究院中国海外投资咨询中心对500家企业的调研问卷统计，97.4%的企业未在东道国生产经营造成环境污染而引发纠纷，且绝大部分企业经常教育员工提升环保意识。本章从中国企业境外投资合作的案例实践入手，重点探讨企业在"走出去"过程中履行社会责任的一些经验规律，供读者参考。本章对个案的分析结果显示，中国企业在"走出去"过程中，履行社会责任取得了以下几个方面的经验：一是牢固树立诚信为本的经营理念，并将这一理念贯穿到日常经营活动中去；二是重视环境保护，遇到环保危机时应积极发挥国际上的非政府环保组织的作用；三是充分遵守东道国劳动法律法规，尊重和保障当地员工权益，实施人才本地化战略；四是对当地员工进行人性化管理，与员工"和谐共赢"，并对工会施加影响；五是与当地竞争者或者供应商建立利益共同体，以降低中方企业在当地经营的综合成本和经验风险；六是要与东道国当地社区居民分享发展成果，以使得投资项目取得当地居民支持，以利于企业在当地可持续发展。

第一节　以诚信经营承担社会责任

一、同仁堂以诚信经营承担社会责任

中国北京同仁堂（集团）有限责任公司（简称同仁堂）用340多年的时间诠释了"以义取利，诚信为本"的经营理念，"济世养生"的创业宗旨、"同修仁德"的敬业精神早已熔铸于企业的生产经营和职工的言行之中。

2006年，由于供应澳门饮用水的珠海市水库海水倒灌，抽不到淡水，造成珠海、澳门长达4个月的"咸潮"期，自来水全部是咸水，根本无法饮用；矿泉水、纯净水价格上涨并时常脱销。

澳门同仁堂药店有代客煎药服务，为了不影响疗效，药店改用纯净水煎药，并坚持煎药不涨价。虽然成本的增大就意味着利润的减少，但是身为同仁堂澳门药店中方经理的赵学成说："同仁堂德、诚、信的传统不能忘，宁可增大成本，也绝不能降低疗效。"

那段时间煎药的顾客比平时明显增多，有位顾客对赵学成经理说："因为'咸潮'，酒楼饮茶的茶位都涨价了，家里的水都咸了，喝你们煎的药味道还跟以前一样，真让我们放心。这就是同仁堂，百年老店，具有良好的职业道德。"

二、经验启示

企业最基本的社会责任，或者说对社会的最大回馈就是诚信经营，为消费者提供放心产品与服务。无论是在中国经营，还是在海外投资，诚信经营都是企业的立命之本。在现今高度竞争、高度透明、信息高度流通的时代，诚信经营这个问题就显得更为重要。企业产品质量问题方面的消息，特别是负面的，会通过传媒快速传遍世界，对企业的品牌，乃至国家的形象，都会造成巨大的影响。

同仁堂在澳门"咸潮"期间，为了不影响疗效，不惜改用纯净水煎药，为此增大了成本、减少了利润，却以实际行动诠释了同仁堂"以义取利，诚信为本"的经营理念，赢得了消费者对这家百年老店的充分信赖，有利于其长期可持续发展。"走出去"的企业，应该学习同仁堂，牢固树立诚信为本的经营理念，并将这一理念贯穿到日常经营活动中去。

第二节　用好非政府环保组织化解环保危机

环境保护问题如果得不到妥善处理，会引发海外投资者和当地社会关系的紧张和冲突，并可能迫使东道国政府采取环境规制措施。中国石油化工集团公司（简称中石化）在加蓬的油气勘探开发工作，曾经"山重水复疑无路"——因遭遇环保危机而一度被加蓬政府责令停工，而中石化"穷则思变开新途"，寻求发挥非政府环保组织的作用，使项目"柳暗花明又一村"，不仅化解了环保危机，还提升了企业的环保美誉度，成功地树立了中加石油合作的环保新标杆。非政府组织的积极作用在本案例中得到了高度体现。

一、中石化寻求非政府组织参与化解"走出去"环保危机

2004年，中石化在加蓬进行了一些石油勘探区块的筛选、评价工作。2005年年初，中石化作为勘探区块的作业者，正式进入加蓬，并开始从事油气的勘探与开发工作。当年，又成功取得1个勘探区块和2个参股项目。本节介绍中石化在加蓬油气勘探过程中环保危机发酵、产生、爆发乃至化解的整个过程。

（一）"山重水复疑无路"，进军加蓬遇环保危机

加蓬是中西非的一个重要产油国，同时加蓬也是一个绿色的国家，号称"绿金之国"，森林覆盖面积超过85%。国内设有13座国家公园，动物成群，美丽如画，其面积占国土总面积的11%，对环保要求非常高。国家公园的运营主要得到世界银行（WB）、世界野生动物保护协会（WCS）和世界自然基金会（WWF）三个国际性非政府组织的资助，因此在加蓬国家公园区域内，国际性非政府组织有很重要的话语权。

中石化加蓬分公司2个区块均在国家保护区内，一个为洛安果国家森林公园，另一个是翁加翁盖自然保护区。其中洛安果国家公园是加蓬13座公园中生态学价值最高的一座，经常出现在《动物世界》和《国家地理》栏目中。因为此区块对环保要求极高，在施工过程中，国际性非政府组织对勘探工作给予了很大关注。除此之外，一些其他性质的非政府组织出于对其自身利益的考虑，也给勘探工作制造了许多麻烦，例如SCD（一家跨国旅游航空公司）和MAX PLANCK（一家欧洲大猩猩研究机构）公司等。

由于洛安果公园具有很高的知名度，其内部呈现的组织关系也是错综复杂，所以，中石化国勘加蓬分公司在其区域内实施的二维地震勘探工作也就格外引人注目。针对环保要求高的特点，中石化加蓬分公司认真做好环境评估工作，并以此为基础，制定了详细施工作业计划，知难而进。尽管这样，在2006年项目实施过程中，个别新闻媒体仍片面地、不负责任地报道中石化在国家森林公园的石油勘探活动，并在欧洲报纸大造舆论，把中石化描绘成公园生态环境的破坏者、非洲石油资源的掠夺者，并以此对加蓬政府施压。它们明显地表现出欧美势力对于中国在非洲拓展业务，尤其是能源项目进行遏制的态度和企图。加蓬政府迫于各方压力，要求中石化加蓬分公司停止地震采集工作，并对项目进行更加细致的环境评估。

（二）"穷则思变开新途"，积极寻求非政府组织参与

面对困难和压力，中石化加蓬分公司不退缩、不屈服，创新思路，积极寻求非政府组织参与化解环保危机，以争取各方的正确评价和认可。

首先，选择具有国际水准的第三方环评公司——荷兰环评加蓬公司承担环评工作。该公司从欧洲和加蓬当地聘请有经验的动植物学家、人类和社会学家参加环评报告的撰写工作，中石化加蓬分公司积极组织专业技术人员进行配合，共同制定了环评工作计划和步骤。

其次，充分发挥非政府环保组织中的专家力量。加蓬分公司同该环评公司的专家、动植物专家、环保专家、人类和社会学家以及湿地保护专家等一起多次赴现场进行详细实地考察，取样分析，走访当地村落和居民，了解动物迁徙规律和动物保护、植物分布、湿地变化、村落分布等环境现状。根据不同情况制定周详的保护措施和对策，以达到人类生产与维护自然环境的和谐状态，保证地震采集进行的同时保护好原本生态环境。

再次，充分发挥非政府环保组织沟通作用。中石化加蓬分公司多次向加蓬环保局、国家公园管委会（PNCN）、当地政府部门、当地村民，特别是非政府绿色环保组织（WCS、WWF、WB、大猩猩研究所、SCD等）等进行咨询、相互讨论和协商，充分调查和分析环保的各项要求和影响，同时中石化加蓬分公司也向他们讲解了一些地震勘探的采集流程和方法，共同研究地震采集作业中的环保方法。

经过30余次充分讨论和协商，并经加蓬环保局最终确认，形成了各方都能接受的环境评估报告（EIA）和《环境与社会管理计划》（PGES）共98条。上述EIA报告和PGES计划成为公司在该地二维地震采集项目的环保指南。2007年5月7日，历时7个多月的艰苦谈判和不懈努力，公司的地震环评报告终于获得了加蓬环保局的批复，进而于5月14日取得了加蓬国家森林公园管理局的准入许可。

最后，充分发挥非政府环保组织对项目执行的监督协调作用。在非政府环保组织协商推荐下，加蓬环保局指派具有丰富环保经验的日籍WCS高级环境专家Tomo先生，担任本次环评执行工作的监督协调人。施工期间Tomo先生带领其他四名来自不同国际环保组织的工作组成员，一直驻扎在施工现场，跟踪、监督PGES执行情况。

为了防止偷猎者沿着施工通道进行盗猎，中石化加蓬分公司根据环保局的要求成立了以国家森林公园为主的反盗猎队，不仅在施工期间负责反盗猎，而且还将在项目结束后持续监控6个月，等待地震清线通道的植被恢复，这样就大大降低了盗猎现象的发生，切实保护工区内的野生动物。在当年的施工中，西方游客非但未受影响，反而人数明显增多。加拿大CBC电视台和联合国环境规划署亦先后派记者到现场采访报道。有了专业人士的协助监督，使得项目实施过程中能及时发现和解决问题，并最终按预定标准顺利完成施工。

（三）"柳暗花明又一村"，化解环保危机并提升美誉度

中石化加蓬分公司积极寻求非政府组织参与化解环保危机，收效显著，不仅化解了环保危机，还提升了企业的环保美誉度。值得一提的是，2006年曾经起诉过加蓬分公司的SCD旅游公司总裁斯万博先生在地震采集结束时，在与中国前驻加蓬大使交谈中诚恳地表示，他为去年起诉中石化加蓬分公司的鲁莽行为表示真诚的歉意，并给加蓬分公司发来了感谢信，感谢中石化对他们的支持和帮助。他说当时基于自身的利益考虑，缺乏对中石化地震施工的理解，从后来项目执行过程来看，中石化的确是非常重视环保的，是值得称道的石油公司。曾经的冤家对头，在该项目的波折中增进了解

和认同，最终结成了良好的合作伙伴。

2007年10月中下旬，国际湿地公约组织（RAMSAR）和联合国环境署区域合作司分别致函中石化加蓬分公司，希望获准进入工区拍摄有关环保与经济发展的专题片。在相关工作会议上，加蓬环保局局长Makaga表示，中石化在LT2000区块上的作业严格遵循了加蓬环保法律及相关环保操作规则，是加蓬石油行业执行环保的典范，希望荷兰TOON摄制组能以客观、公正的态度进行拍摄，最终的拍摄成果应该得到各方的认可。

在历时近三个月的野外采集工作后，LT2000区块二维地震项目胜利竣工。但是更为重要的是，作为加蓬环保史上最严格、最苛刻、最细致的项目，其PGES计划的执行受到了加政府、非政府组织的多方赞誉。

加蓬环保局局长多次在公开场合赞誉中石化具有强烈的社会责任感，十分重视环保工作。他说："中石化高度重视环保工作，其严守信誉的做法有力回击了某些西方媒体的不实报道，为加蓬的环保工作树立了一个典范。"国际非政府组织现场监督队代表Tomo先生在报告中评价该项目完全符合加蓬环保局的要求，没有对生态环境造成任何伤害。在随后加蓬召开的"森林工业与环境"国际会议上，中石化加蓬分公司作为中资公司的代表，在大会上发言，积极宣传中石化在施工中严格遵守环保标准做法，受到与会者的一致好评，通过宣传不断扩大各界对企业的认知度。

二、经验启示

中石化积极发挥国际上的非政府环保组织的作用，并收效显著，主要原因有如下两点：

第一，非政府组织作为第三方，具有较强的国际公信力，容易被东道国利益相关方所接受，也容易被以西方国家为代表的国际社会所接受。

第二，非政府组织作为第三方，利益中立，能够较为公正地为中方企业进行环评工作，得出较为客观公正的结论，澄清媒体的不实报道和指责。

中石化在加蓬油气勘探过程中，寻求利用环保非政府组织参与危机恢复管理的成功经验表明，相关企业应重视非政府组织对中国企业"走出去"的影响作用。目前，作为社会组织的基本形式之一，非政府组织在各国的经济、社会发展和全球事务中已经扮演着越来越重要的角色，在国际扶贫开发、维护劳工权益、促进就业、保护环境、推动可持续发展、国际金融和国际贸易等领域协调国际经济关系方面所开展的活动已经对国际经济产生了重大的影响。企业若运用得当，可以对"走出去"有重大的推进作用；运用不当，则可能使企业的"走出去"战略受到巨大阻碍，甚至遭受失败。

第三节　建立和谐劳资关系

如何有效建立和谐劳资关系中国企业"走出去"经常面临的跨国经营风险之一。中远希腊码头公司等企业经验教训值得借鉴，主要包括：人性化管理，与员工"和谐共赢"；熟悉和尊重当地劳动法，招聘和辞退员工时遵照法律程序保障员工权益；通过工人代表来管理工人；对工会施加影响，等等。

一、中远希腊码头公司通过人性化管理有效避免罢工

面对希腊失业率高攀不下，码头工人罢工成家常便饭的状况，特别是在多次希腊全国大罢工的冲击大潮下，中国远洋运输集团总公司（简称中远）希腊码头公司却能够做到独树一帜，该码头公司的希腊籍员工不但不加入罢工行列，还能自觉地错时上下班，坚守各自的工作岗位，保障装卸作业的照常进行，从而改变了希腊码头经常罢工、不可靠的形象，赢得了船公司与货主的信赖。中远希腊码头公司的做法可圈可点，其经验非常值得总结和借鉴。

（一）中远希腊码头公司简要情况

中远希腊码头公司是中国企业在海外拥有的第一家大型全资集装箱码头公司，主要经营集装箱装卸、堆存和其他相关业务，主要经营地点在希腊比雷埃夫斯港。希腊的比雷埃夫斯港是全球50大集装箱码头之一，亦是中东地区最大的集装箱港。中远有意在希腊比雷埃夫斯港合作开发集装箱码头，早在2005年9月份就派人赴希腊专项考察。2006年1月中远集团领导在与来华访问的希腊总理见面时正式提出参与希腊港口私有化计划，得到了希腊总理的认同及支持。2006年7月底，中远集团领导在希腊出席"中远希腊"轮命名仪式时，向希腊总理再次提出合作事宜，希腊总理承诺对比雷

埃夫斯港及萨洛尼卡港的私有化优先给予中远集团参与。2008年1月，项目正式对外招标，在我驻希腊大使馆的大力支持下，中远集团下属公司中远太平洋有限公司（简称中远太平洋）于2008年6月12日成功中标，取得了希腊比雷埃夫斯港集装箱码头35年的特许经营权。

根据特许经营权协议规定，中远太平洋自2009年10月1日起正式接管比雷埃夫斯港2号码头。但当地码头工会为了增加福利待遇和与港务局谈判的筹码，在2009年10月和11月期间，持续进行了两次罢工，对码头的正常运作和经营造成了严重的影响。其后，在中国政府有关部门和驻希腊大使馆的关心和全力支持下，中远集团本着"有利、有理、有节"的原则，通过与希腊政府和港务局的多次谈判以及采用法律手段等措施，经过几个月的不懈努力，最终使码头工会的罢工问题得到了解决，此后中远太平洋开始逐步接管码头。

希腊当地时间2010年6月1日零时，中远太平洋完成了对比雷埃夫斯港2号集装箱码头的全面接管。自此，中远比雷埃夫斯港码头即转入了以经营管理为重点的运营阶段。

（二）通过人性化管理和与员工和谐共赢，有效避免罢工

为了营造一个和谐的经营环境，中远希腊码头公司管理层用心学习、理解、包容两国在政治体制、法律制度及文化上的差异。他们对待当地员工一贯坚持尊重、平等、友善的态度，并经常倾听他们的合理建议和要求，双方文化做到了互相尊重、相互学习。中远希腊码头公司管理层深知民以食为天，决定由公司为员工提供免费的午餐，公司发动员工通过招标的方式管理午餐，提高了员工参与企业管理的积极性；中远希腊码头公司在每年圣诞节邀请14岁以下的儿童和他们的家长来公司相聚，并给每个小朋友准备一份精美的礼品；制定相应制度，每年评选4名"洋劳模"，由公司出资奖励他们到中国旅游一周，其间还与中远太平洋上海总部联系，参观中国的码头或者总部；在生产上特别关注员工安全，及时排除隐患，让每个人安心工作；一些希腊员工不习惯储蓄，往往在工资发放前因为一些临时原因导致资金周转困难，中远希腊码头公司也针对性地建立了相关制度，让他们可以提前预支部分工资。

通过上述因地制宜、行之有效的人性化管理，极大地促进了中希方员工的文化交融，全体公司员工有尊严地在公司生活、工作，工作热情空前提高。公司员工逐渐感受到他们是公司主人，公司的发展是自身发展的保障。截至目前，面对多次希腊全国大罢工的冲击，中远希腊码头公司希腊籍员工不但没有加入罢工行列，还能自觉地错时上下班，避开公司闸口的封堵时间，坚守各自的工作岗位，从而保障装卸作业的照常进行。中远希腊码头公司改变了希腊码头经常罢工、不可靠的形象，赢得了船公司与货主的信赖，公司员工自豪地把这些办法叫作"Strike-Free-Mode"。

二、山西六建中非酒店项目依法有效应对罢工

（一）对劳动法不重视引发罢工等劳资纠纷

2008年，山西六建集团有限公司（简称山西六建）承揽了国际工程——中非班吉利比亚酒店项目。该工程为利比亚在中非投资的一个四星级酒店，总建筑面积约16000平方米，是一个集商务、餐饮、住宿、娱乐为一体的综合性酒店工程。该工程工期紧，业主要求开工急，中标后公司即刻组建项目班子并开始相关准备。

中非经过2003年前的两次战争，经济严重落后，基本没有工业，物资匮乏，物价虚高，除地材外基本不生产任何建筑材料，几乎全部依靠进口。建筑业落后且规模很小，首都班吉全市也只有三到四个工地，工人素质低，建筑条件非常落后。工地开工之后需要大批的劳动力，开工紧，任务重，全部国内调派根本不可能。因此，与当地人发生劳动雇佣关系是必然的。招聘当地工人比较简单，但是如果认为辞退也简单就大错特错了。由于对当地劳动法不太了解，山西六建最初不以为然，由此带来的后果也是严重而持久的，甚至导致后来的几次罢工。

（二）有效解决罢工难题

中非劳工技能较差，但是法律意识很强。简单辞掉的工人在抗争无用之后愤愤离去，第二天公司就会收到劳动监察局的传票。传票内容很简单，只说明事由，并于几月几日几时请工地负责人于劳动监察局见某某监察员。接下来的事情就走上法律程序了，未按劳动法用工及解聘工人，需要交一大笔罚金。

"走出去"之初往往是最艰难的时候，地域的差别，思想文化的差异，加上对当地法律不是很了解，企业不可避免会遇到劳资问题及相关法律法规问题。但随着对当地工人的了解和对当地劳动法的熟悉，劳资冲突逐渐缓和，双方在劳动法的约束和相互理解的基础上逐渐达成了默契。

山西六建按照劳动法的规定，在工地由工人自由选举产生了工人代表，代表工人向中方反映工人的真实情况，中方也可以通过工人代表来管理工人。此举避免了许多

不必要问题的产生，矛盾减少了，工作也顺利了。

公司要大批量招进工人或者辞退工人的时候，就事先向劳动监察局局长递交书面说明，说明具体情况及原因，那么接下来的辞退就顺利多了，按照法律程序，工人们可以拿到相应的补助，也可以拿到由工地项目经理签发并盖章的工作证明，证明在某一时间段他曾从事过某一职业，这样对工人以后的就业就有一定的帮助，也算是为中非培养了一名有技术或者有经验的劳动力。事实上，后来该公司了解到，在因部分工程完工或因个人原因被解聘的工人中，有很大一部分都被别的工地优先录用，已经上升到技术级别了。这也成为公司对当地劳动力市场的一大贡献。

公司针对临时工的聘任，也制定了行之有效的流程。相当一部分工人工作状态松弛，想来就来想不来就不来。一到周末或月中月底工资发放后，往往流失一大半劳工。所以，每遇到周末或者月末，都需要弥补这些上工人数的流失，额外招聘一部分临时工。临时工的招聘也要征得劳动局的同意，和工人代表谈妥，做通工人的思想工作，双方自愿签订临时劳动合同。

三、中国水电在加纳通过有效影响工会控制罢工

（一）中国水电和加纳布维水电站项目概况

中国水利水电建设股份有限公司（简称中国水电）是中国电力建设集团公司的主要子公司。加纳布维水电站位于加纳共和国中西部，沃尔特湖上游150公里处的布维峡谷内，是中国政府重要的援非项目，是中国水电在经济欠发达地区承建的第一个真正意义上的EPC水电工程。该项目合同总金额约为6.22亿美元，建设工期56.5个月。

（二）通过实现对工会的有效影响控制罢工等劳资纠纷

长期以来，中国水电布维项目部在使用、管理加纳劳务上进行了大量的探索和创新，没有聘用生产性中国劳务，也没使用中国的分包商，在全自营、全外籍劳务管理上取得了实践经验，也收到了良好的效果。

工会的合法性在加纳的劳动法和其他法规中都有明确规定。因此，要管理好当地劳务，就必须依靠工会组织。录用的当地雇员都要依法进入工会组织，劳动者的一切报酬、福利、休息休假待遇都需通过工会总部和项目部进行集体协商，达成一致意见后，签订当地雇员集体协议。中国水电加纳项目部与所在国工会总部经过近7个月的艰难谈判，于2009年年初最终签订了集体协议，2010年、2011年年初又分期对协议中

部分条款进行修订谈判，使项目部的劳务管理在法律的保护下更加科学化和制度化。

加纳的工会组织传统上较为强硬，在维护职工利益方面，具有举足轻重的作用。按照当地法律，项目部必须组建当地劳务工会组织，在雇员协议中，明确劳资纠纷必须通过工会组织出面解决，公司不能直接与雇员协商解决的办法。因此，合法、高效地管理当地劳务，必须提高对工会的影响力，提升自身与工会打交道的能力。项目部一方面不断加强对当地劳务工会施加影响和正面引导，帮助工作责任心强、忠诚度高、有组织协调能力的劳务选进工会，通过组织措施实现对工会的引导，另一方面与当地工会组织紧密合作，互相尊重，求同存异。通过工会和项目部协商这个平台，及时处理了许多劳资纠纷，有效控制了罢工情况的发生。

四、赞比亚谦比希铜矿应对劳资关系挑战

赞比亚是位于非洲中南部的内陆国家，官方语言为英语。赞比亚拥有较为丰富的自然资源，铜储量约占世界铜储量的6%，同时也是世界上第二大钴生产国，还有铅、锌等多种矿产资源。相对于刚果、纳米比亚等资源丰富的地区，赞比亚政治稳定，半个世纪以来没有战乱，属非洲投资环境最好的几个国家之一。中赞传统友谊深厚，其中最为著名的证据莫过于连接坦桑尼亚和赞比亚的坦赞铁路。

近年来，随着越来越多的中国企业投资非洲，因不同的社会、文化、经济、管理等因素而产生的劳资关系问题已成为企业在非洲发展的新挑战。赞比亚谦比希铜矿就具有一定的代表性，本小节围绕中国有色矿业集团有限公司（简称中国有色集团）多年来在非洲赞比亚谦比希铜矿的建设和经营实践，介绍了中国有色集团有效地应对并解决了诸多劳资问题的一些做法。

（一）案情回放

在非洲中南部的赞比亚，有一座名叫谦比希的铜矿。该铜矿曾被英国人开采23年后废弃，但由于中国有色集团的收购和成功复产，现已成为迄今为止中国在境外投资建成的第一座，也是规模最大的有色金属工矿企业，被誉为"中非合作的标志性项目"。图11-1为该铜矿外景。

与此同时，这也是一座"颇有争议"的铜矿。在西方媒体的报道中，"掠夺"、"剥削"、"罢工"、"抗议"等攻击性字眼总是见诸于与谦比希铜矿相关的各种报道。在不明真相者眼中，谦比希铜矿是中国企业国际化受挫的最新一个案例。

中国有色集团成立于1983年，自进入赞比亚市场以来，中国有色集团先后在赞自主投资、自主建设、自主经营了一批标志性的有色金属矿山和冶炼厂。1998年中国有色集团在赞铜带省组建成立了中色非洲矿业有限公司。以此为起点，谦比希湿法冶炼有限公司（2004）、谦比希铜冶炼有限公司（2006）、赞比亚中国经济贸易合作区发展有限公司（2007）、十五冶非洲建筑贸易有限公司（2008）、中色非洲物流贸易有限公司（2008）、中色卢安夏铜业有限公司（2009）等十余家企业陆续成立，基本完成了开采—冶炼—运输的产业链布局。

图 11-1　赞比亚谦比希铜矿外景

1998年中国有色集团通过国际招标以2000万美元的竞购成本和1.6亿美元的复产建设投入，收购已停产的谦比希铜矿，2003年7月28日该矿建成投产。中国有色集团一度被当地人视为救星。然而，麻烦也从那一天开始接踵而至。在铜价扶摇直上的背景下，工人与管理层在工资及其他问题上的紧张关系加剧。谦比希铜矿的工会每年都会要求资方给工人涨工资。2011年10月5日早晨上班时间，部分工人开始聚集。他们高喊着"一次性涨工资200万克瓦查"（约合400美元）的口号，并不断强迫其他矿工加入。

导火索来自2011年的赞比亚大选。前任总统班达执政期间，支持外商投资在赞比亚的发展。而作为赞比亚反对党领袖的萨塔一直比较反华，他的支持者多为对现状不满且迁怒于外资的底层民众。随着萨塔赢得大选，民众对外资的不满情绪越发高涨。令事态急转直下的是赞一位高级官员的讲话。经过中色非矿和工会近一周时间的劝说和谈判，一部分工人已经返回工作岗位。10月10日，赞比亚劳工部一位副部长找到中色非矿，要求必须给工人涨400美元工资，外加其他补贴共1000美元，而且不许上诉，否则驱逐出境。更令人没有想到的是，他立即找来媒体刊登了他的讲话，甚至不给中色非矿商议的时间。期间，中色非矿已就工资问题做出了让步，部分工人也回来上班。不过仍有少数工人阻止其他工人上班。10月19日，中色非矿决定，根据相关法律法规要求，如罢工员工48小时内不重返岗位，则予以开除。中色非矿负责人表示："这次罢工是在工会完全不知道的情况下实施的，是非法的。我们的做法是完全按照赞比亚的相关法律法规严格执行的，没有损害员工利益。"当天下午，中色非矿接到通知，新任总统安排第二天上午与中色非矿会面。在会面中表达对中国有色集团的支持后，新任总统萨塔又责成赞比亚矿业部部长尽快到现场妥善协调此事。笼罩在谦比希上空的阴霾就此一扫而空。在10月29日的赞比亚中国工商界人士午餐会期间，新任总统表示，他希望中国有色集团在未来5年内逐步成长为赞比亚最强的矿业公司。

中国有色集团在赞比亚谦比希铜矿城应对劳动争议问题，主要采取了以下措施：

1. 与当地社区居民共享发展成果

在对赞比亚的投资过程中，中国有色集团坚持互利共赢，同当地居民共享发展成果，树立中国企业良好形象。在基础设施、教育、医疗、体育等各方面以捐建、捐赠、资助等形式开展相关公益活动。中色非矿公司投资建立的中赞友谊医院是赞比亚第二大医院，其以良好的医疗条件和精湛的医术，不但为中赞员工提供了优良的医疗服务，而且吸引了四面八方的社会民众前来就医。中色非矿公司还独家赞助了赞比亚全国性体育赛事，经常捐助政府和妇女儿童组织。在全球金融危机期间，中国有色集团更是公开承诺"不裁减一名员工、不减少一分投资、不减少一吨产量"。

2. 承担企业社会责任，回馈社会

据中色非洲矿业有限公司、谦比希铜矿负责人介绍，在谦比希铜矿的复产建设中，赞比亚员工和中方代表都付出了巨大的努力。铜矿于2003年正式投产，于2005年实现盈利，现在每年的铜矿生产能力以20%的速度增长，已生产将近20万吨铜，主矿体投资全部收回。在取得经济效益的同时，中色非洲矿业公司还不忘在当地承担政治责任、经济责任和社会责任，一边用取得的经济效益回馈当地社会，一边不断努力融入当地的企业文化。除了企业效益以外，中色非洲矿业公司也不断地回馈社会，回馈当地，公司解决了当地3000多员工的就业，上缴赞比亚的税收超过7000万美元，同时也承担了一些社会责任，包括援助当地的学校和道路建设，另外中色非洲矿业公司还做了一些其他公益活动，比如防艾滋病、市政建设，对铜带省困难学生进行资助等。

（二）启示借鉴

多年来，中国有色集团在赞比亚谦比希铜矿的建设和经营过程中，为后来走出国门的中国企业在劳资关系方面带来如下启示：

1. 以人为本，属地管理，营造和谐劳资关系

走进非洲的中国企业，必须高度重视建设和谐的劳资关系，并在实践中逐步提高正确处理各种矛盾的实际能力，积极稳妥地处理与企业工会的关系。第一，要严格遵守当地法律法规，依法维护员工权益。第二，要在企业利益提高时，及时完善员工工资增长和福利保障机制。第三，要大力宣传，长期发展和共同进步，取得员工和工会信任。第四，要加强沟通和协调，加强工会工作，发挥工会协调、沟通和解决问题的作用，避免劳资问题"政治化"。第五，要加强以人为本的体系建设，做好中外员工的沟通工作。

2. 中国企业在非投资应制定备案应急方案

中国企业在非洲进行投资时应当提前制定完备的罢工应急方案，以便企业及时应对罢工、减少经济效益损失。出现劳动者罢工事件，应当调查清楚劳动者罢工的原因，若是涉及企业自身与劳动者的关系问题，可通过相关雇主协会、有关行业的政府主管部门以及中国驻当地使馆协助与工会进行集体谈判，并结合企业的运营和效益制定数套谈判方案，协商过程中可择机坚持己方利益或者做出让步妥协。若由于当地的原因引发罢工，亦需要配合有关主体，安抚工人恢复工作，以减少损失，妥善解决问题。

五、经验启示

商务部研究院中国海外投资咨询中心问卷统计了500家左右的"走出去"企业，统计结果显示，在劳资关系方面，企业在境外遇到的劳工问题以劳工文化差异问题最为突出，占28.9%。其次是劳工待遇争议，占17.5%；劳工标准问题、劳工权利问题、

工作许可问题均约占12%。

事实上，同样是中资企业，美景集团在美国并购和跨国经营中妥善处理劳资关系，而某些企业处理劳资纠纷事件的过程和结果则完全不同，二者形成了鲜明的对比。之所以有如此巨大的反差，主要原因在于美景集团充分遵守东道国劳动法律法规，尊重和保障当地员工权益，实施人才本地化战略；而有的企业不尊重当地法律法规，热衷于走"上层路线"，甚至卷入当地社会矛盾和政治斗争，管理混乱、侵害员工权益，与当地员工缺乏沟通等。因此，前者劳资关系和谐，重新整合出一支技术精湛、管理精简有效的美国团队；而后者劳资纠纷事件频发而被迫停止运营。这其中的经验教训应当引起更多中国企业的深刻反思。针对前述案例，我们可以从不同角度进行分析总结。

第一，人性化管理，与员工"和谐共赢"。中远希腊码头公司管理层采取了一系列行之有效的人性化管理措施，包括坚持尊重、平等、友善的态度对待当地员工并经常倾听员工的合理建议和要求；制定合理的员工激励措施；在生产上及时排除隐患，关注员工安全；针对一些希腊员工的透支习惯在工资发放前让他们可以提前预支部分工资等等。这些人性化措施极大地促进了工作热情，让员工感受到自己是公司主人。因此，面对多次希腊全国大罢工的冲击，中远希腊码头公司希腊籍员工不加入罢工行列，坚守各自的工作岗位，从而保障装卸作业的照常进行，改变了希腊码头经常罢工、不可靠的形象，赢得了船公司与货主的信赖。

第二，熟悉和尊重当地劳动法，招聘和辞退员工时遵照法律程序。山西六建在中非的办法值得学习。起初山西六建对当地劳动法不重视引发工人罢工；但随着对当地劳动法的熟悉，山西六建辞退当地工人的时候，遵照法律程序，事先向劳动监察局局长递交书面说明，给工人们相应的补偿，并为工人们开具对其以后的就业有一定帮助的工作证明，降低工人的抵触情绪，解聘工人就不会再轻易引发罢工等劳资纠纷。美景集团设在美国的赛利诺斯国际集团公司遵守美国当地劳动法律法规，尊重和保障当地员工权益，节假日均正常安排，保障员工福利，尊重美国员工的工作方式。但也有一些中资企业，有时会无视当地劳动法规，钻法律的空子。中资企业应当遵守东道国劳动法相关规定，与当地员工签订雇佣合同并保障相应薪酬待遇。同时，部分中资企业对待当地员工的态度应当有所改变，忽视人权只会造成更为恶劣的后果，不仅影响中国企业形象，还会造成不可预估的经济利益损失。

第三，建立和谐的劳资关系不能单纯依靠"上层路线"。在个别国家，少数中资企业雇主往往倾向于走"上层路线"，依靠与政府的关系，以金钱解决问题，导致真正需要解决的劳资矛盾被暂时的利益所缓和，实则使得劳资矛盾累积下来。一些最初曾在驻非国企工作过的中国人凭借旧关系，在非洲白手起家，形成独特的"土生中资企业"。这些企业往往忽视当地法律法规和劳工权利的相关规定，热衷于与当地官僚、权贵们打交道，遇到问题习惯于依靠上层关系解决，结果事情看似平息，实则郁积了更大的情绪和隐患。

第四，应与当地员工加强沟通，努力克服文化差异带来的障碍。存在文化差异本是常事，重要的是需要加强双方员工的沟通理解，而缺乏沟通恰恰是赴非中资企业的通病。中资企业往往抱怨非洲工人懒惰、不遵守纪律，非洲员工则抱怨中资企业工资低、经常加班、工作条件恶劣等。中方企业应加强与当地员工的直接交流沟通，培养一批能够增进双方沟通理解的中方管理人员和非方骨干。另外，亦可学习山西六建中非项目的办法，通过当地工人代表来管理工人，实际上是贯彻属地化管理战略，这样容易克服跨文化差异，比中方派员直接管理更容易让工人接受，从而可以有效地减少罢工等劳工纠纷。

第四节　融入当地产业链形成利益和命运共同体

一、万向集团在美经营克服水土不服

（一）案例概况

万向集团始建于1969年，主营汽车零部件制造和销售，是中国汽车零部件制造的代表性企业。万向美国公司成立于1994年，总部位于美国伊利诺伊州，初始投资资金只有2万美元，相当于从零开始绿地投资项目。自成立之日起，万向美国公司就十分注重本地经营和建设，在美国这个高端市场中克服跨国差异和不适，取得了优异的经营和发展业绩。从1997年开始，万向美国公司充分利用美国的经济周期性，开展资本运作，先后收购多家海外公司，扩大经营范围，积极进入国际汽车产业链上下游，在8个国家拥有25家公司，营销网络覆盖全球50多个国家和地区。

　　1999年起，万向集团开始进入清洁能源，积极发展电池、电动汽车、天然气和风力发电等产业，累计投入达数十亿元。其中，万向美国公司对美国新能源锂电池制造企业A123的收购，为万向集团突破电动汽车领先技术、实现产业升级做出了重要贡献。

　　美国先进电池公司A123系统公司曾是奥巴马政府新能源政策的标杆企业，获得美国能源部2.49亿美元的财政支持额度。2010年9月，在A123公司底特律电池工厂落成典礼上，时任美国能源部部长朱棣文、密歇根州州长等联邦和州政府政要莅临祝贺，时任总统奥巴马打来电话，称赞A123公司代表了"美国新工业的崛起"。但是这家美国先进电池技术的代表企业，在累计投入10亿美元后，却因市场条件和管理问题，于2012年10月宣布破产。

　　2013年年初，万向美国公司看到中国电动汽车发展前景良好，市场急需高品质的汽车电池，因此并购了A123公司，将其密歇根州总厂生产的70%电池供应中国上汽电动车。结果在一年半之内，A123公司实现扭亏为盈，产品供不应求。这次利用中美市场差异的并购不仅使A123公司奇迹般起死回生，挽救了美国密歇根州等地约1000个工作岗位，得到包括时任副总统拜登在内的美国联邦及地方政府官员的好评；同时，上汽电动车也得益于A123公司电池优异的品质和性能，在第十二届必比登挑战赛中荣获纯电动组、混合动力组双第一的荣誉。

　　在万向美国公司收购A123公司过程中，曾遭遇到前所未有的政治干预。在万向美国公司宣布收购A123公司后，南达科达州联邦参议员约翰·桑恩和艾奥瓦州联邦参议员切克·格拉斯利致信美国能源部、美国财政部、外国投资委员会和A123公司，两次发表公开声明质疑并反对万向收购A123公司。其他9名联邦参议员和密歇根州13名州议员分别联名致信美国财政部和外国投资委员会反对万向收购A123公司。由美国前政府高官、退役将军、战略和关键材料专家等组成的战略材料顾问理事会致信财政部和外国投资委员会反对万向公司的收购。众议院能源和商业委员会监管与调查子委员会负责人，佛罗里达州共和党众议员斯特恩斯对这笔交易的知识产权转让表示担心。众议院能源与商务委员会副主席玛莎·布莱克本致函美国国务院及国防部，警告说将A123公司出售给万向美国公司将把美国经济和国家安全推向风险前沿。

　　面对如此强大的政治干扰，万向美国公司沉着应对，采取了一系列措施，避免收购受到政治因素的影响。

第一，用公关。万向美国公司不仅从收购开始就聘请了公关专业公司，而且根据事态发展和需要，不断调整公关公司的专业结构，把握好公关的力度和方向，用好公关公司及律师等专业人士。

第二，早准备。当时正值美国大选，A123公司注定会成为政治热门话题，成为共和党攻击民主党政府的活靶子。万向公司及时与共和党总统候选人罗姆尼沟通交流，并取得其书面承诺，不在公开或私下场合反对万向公司收购A123公司。同时预先设立了第三方信托，作为美国外国投资委员会不批准收购的备用方案。这样收购不仅不受外国投资委员会是否批准的制约，而且使外国投资委员会面临不批准交易则意味着A123公司清盘、员工失业的政治压力。

第三，不添乱。在大选期间，如果万向公司与竞争对手江森自控正面冲突，会使白宫成为政治靶标，伤害到美国政府。尽管江森自控在幕后推动了一浪高过一浪的反对声音并对万向公司创始人造谣攻击，万向公司始终保持与白宫及能源部的畅通交流，协同反应，防止事态扩大，最后赢得美国政府对万向公司中标的支持。

第四，讲事实。万向公司聘请公关公司专门制作了精炼的情况表单（Factsheet），说明万向公司是什么样的企业，A123公司拥有什么技术。这些都有助于打消政府和公众疑虑。万向公司的所有举动都对政府透明，做任何事都不隐瞒，事先让政府知道，不造成政府焦虑。

第五，找同盟。万向公司积极寻求与A123公司利益攸关的菲斯克公司支持。因为菲斯克是A123公司债权人委员会共同主席之一，该公司坚决反对江森自控收购A123公司。在万向公司对A123公司的收购中标后，由菲斯克运作，A123公司的债权人委员会专门聘请美国顶尖公关公司，增加对政府的游说，抵消来自江森自控的反对力量。万向公司还取得了曾任美国太平洋司令部司令布莱尔海军上将的支持，布莱尔曾是美国第三任美国国家情报总监，他在《政治报》撰文说明万向公司收购A123公司不会损害美国国家安全。另外万向公司的业务伙伴主动帮助做相关国会议员工作，如万向公司在田纳西州的业务伙伴Roger Brown就主动劝说该州国会议员Rep. Blackburn，该议员是对万向公司收购A123公司批评声音最高的人士之一。

第六，不回避。收购结束后，万向公司逐个拜访当初持反对意见的议员，通过诚恳的态度，理性的交流，澄清了议员们关注的问题，扭转了议员们的态度，为今后可能的合作预设了伏笔。

由于万向美国公司沉着冷静，措施得当，程序合法，最终得以成功应对美方强大的政治干扰，完成了对A123公司的收购。

（二）经验做法

万向公司之所以取得一些成就，与其积极融入当地产业链形成利益和命运共同体密不可分：

1．重整资源实现优势互补

不同国家有不同国家的市场特点，国内外企业也往往有各自的优势资源，只有进行资源整合重构，各自取长补短，才能创造最大的价值效应。万向美国公司在并购美国企业后，就根据中美企业特点积极开展生产经营的跨国整合。买下的美国企业有多年积累的技术和经验、全球品牌和销售渠道，因此侧重获取商业订单和从事高端产品生产，而部分设备制造和低端产品订单则转移到中国国内进行生产加工，这样既促进了美国企业从传统的垂直一体型制造向以服务增值和技术增值为核心的轻型制造转型，也带动了中国万向集团制造业从劳动密集型向资本密集型与技术密集型的升级。如2000年对美国三大万向节生产供应商之一舍勒公司的收购，就获得了该公司的设备、品牌、技术及全球市场网络，通过跨国整合两家公司的生产经营，获得了良好的经济效益。

万向美国公司目前在美国的28个工厂，绝大部分都是原来已经破产或者将要被关闭的工厂，万向美国公司收购后，通过跨国整合生产供应链，扩大对外出口，特别是对中国的出口，使这些企业起死回生，再创辉煌。万向美国公司也因此得到较好的回报，万向美国公司在美国制造业投资的回报率，要高于万向集团在中国制造业的投资回报率。

2．注重经营方式本地化

常言说"入乡随俗"，企业到他国经营发展就应依照当地的规则习俗做事，才能在当地顺利健康地发展。万向美国公司在企业设立和经营的过程中，就一直注意入乡随俗地按照美国习惯经营管理企业。主要措施包括：有关公司法律财务方面的问题全部委托本地会计师、律师、财务顾问来处理，因为他们熟悉美国的法律税务规定和政策、熟悉当地情况、具有良好的人脉关系；通过制定符合美国国情的管理制度，尽量招聘使用当地人才，因为尽管当地员工工资较高，直接成本大，但他们熟悉国情，熟悉当地法律，熟悉当地文化，也更了解当地市场，他们有经验，有社交圈，容易与客户沟通，业务成功的机会更大。

在市场营销方面，根据美国等国家客户忠诚度高的特点，多利用已有的成熟销售渠道。如万向节产品销售借用洛克威尔的力量，轴承产品销售则合并使用日本NTN和美国通用轴承公司的销售系统，在南美市场购并了舍勒公司的整个销售网络，在欧洲则起用原GKN的人员。同时为尊重美国营销游戏规则，保护经销商利益，万向美国公司坚持不参加美国汽车零部件展览，不与经销商在同一层次竞争，因此别家企业很难用低价格抢走万向的经销商，因为万向产品虽然价格高，但产品质量和售后服务好，还注意保护经销商利益。

在应对商业纠纷上，万向美国公司既尊重本地商业习惯，接受一些和解方案，但也遵从市场经济的丛林法则，在维护自身利益方面敢于斗争，不妥协。美国有一家公司曾以不正当竞争为由起诉万向美国公司，希望对万向公司形成压力，使其放弃竞争。但在看到万向公司完全不畏惧相关法律诉讼后，又多次提出和解。但是万向公司鉴于此案例在行业内的影响较大，涉及面广，因此坚持不和解，不放弃法律诉讼，虽然官司打了近4年，花费数百万美元，但是万向公司取得了完胜。这样既锻炼了万向自身的管理团队，凝聚了人心，也赢得了业内人士的尊重，在行业内形成深刻印象，其他公司再也不敢轻举妄动，一场官司买了十年太平。

3. 坚持诚信经营

诚信是企业的立足之本，也是企业的长久经营之道。万向美国公司正是凭借一直以来的诚信经营，在美国赢得了客户、市场和信誉。

万向美国公司刚成立时，第一笔生意亏损，第二笔生意刚收到客户3万美元的支票，就被要求退货。总经理倪频二话没说，立即连夜开车将那张3万美元的支票退给了客户。"千里夜奔退支票"让客户十分感激，虽然生意没有做成，却赢得了客户的信任。此后，这家公司成为万向美国公司的忠实客户，若干年后甚至将自己51%的股份无偿转让给万向美国公司，成为万向美国公司的成员。

再如，倪频曾发现一位经销商盲目大量采购万向产品，就好心给其打电话，让他再慎重考虑一下，避免造成库存积压。但这位年近70的经销商接却认为这是对他能力的怀疑，对他的侮辱。倪频无奈，本着对客户负责的精神，又将意见写成信件，传真发给客户，客户没有理睬。一年半后，这位客户打电话找到倪频，表示自己判断错误，没听劝告造成大量库存，询问倪频能否给与帮助。倪频不仅收回库存，还更换新货给他。此后当一家来自中国的万向竞争对手以优惠30%的价格向这位经销商推销产品时，他却躲了出去，并特意跑到另一个城市将与自己合作几十年的客户介绍给倪频。

4. 坚持公开透明

在异国他乡，面对思想、文化、传统习惯等各方面的差异，公开、透明往往是最好的沟通方式。万向美国公司按照国际通用的标准进行管理，公司财务、法务等都由当地的会计师事务所、律师事务所承担，同时请他们推荐人才担任公司的高管，万向美国公司首席运营官（COO），首席财务官（CFO）和业务总经理等高管均由这些为万向提供服务的专业机构推荐而来。这些专业人员的加入，有利于提高透明度，建立信任，形成利益共同体。万向美国公司刚成立头几年，美国联邦调查局、税务局、移民局和海关等机构经常到公司来调查审计，均没有发现任何问题，因此后来检查的频率逐渐减少。万向美国公司正是通过自己的规范行为在这些机构中建立了信誉，从而减少了被频繁检查的压力，可以集中精力开展生产经营。

万向美国公司对公司员工也坚持透明化原则，认为透明是与员工最有效的交流，最好的沟通，最简洁的说服。万向美国公司每年两次向全体员工报告公司经营状况和企业发展情况，让所有人都知晓公司的发展前景，从而极大地稳定了队伍，20多年来公司高管的离职率为零。这种做法也赢得了美国汽车工人工会的赞赏和信任。万向美国公司收购的企业，一半以上有罢工历史，但收购后再也没有出现过罢工事件。万向公司从福特公司手中收购Neapco公司时，工会还与万向公司积极合作，主动减少福利和岗位限制，降低公司运营成本。

5. 善于利用本地平台和人脉

在本地化经营中，善于利用当地的平台资源、充分建立合作关系和渠道，往往能起到事半功倍的效果。万向美国公司在收购A123公司后，创立了"前沿技术联盟"合作模式，为创业者提供技术服务和孵化支持，由此跟踪行业内前沿技术公司的发展方向，并取得未来产品投资权、经销权或生产权。例如哈佛大学博士创办的一家固态能源技术公司加入前沿技术联盟后，9个月内就开发出超高能量密度的固态锂电池。2013年以来，A123公司在高能量电池、高功率电池、电池原材料等核心领域与26家技术公司建立了合作关系，始终保持对前沿技术的敏锐跟踪。通过A123电池技术和产业平台，万向美国公司还加大了与美国能源部、美国先进电池联盟、阿贡国家实验室等外部单位的技术合作，形成一批合作开发中长期项目。其中有美国能源部支持的高能量纯电动车电池系统、高能量负极材料等项目；美国先进电池联盟支持的高压电解液、三元正极回收工艺、插电式混合动力车高能量负极材料等项目。阿贡国家实验室是美国能源部重点支持的能量储存技术研发中心，与其合作意味着获得能源部的认可，进而可以进入能源部支持的其他先进电池技术平台的范畴。

6.积极承担社会责任

积极承担企业社会责任，不仅能帮助企业树立良好的品牌形象，而且有利于企业拓展人脉渠道。万向美国公司在美发展过程中就积极出资参加各种组织，参与各项社区活动，认真履行企业社会责任。倪频担任了芝加哥招商局董事、美国中美强基金会顾问理事会理事、美国西北大学董事、兰德公司亚太政策中心理事等职务。2005年万向美国公司参与创立了美国中国总商会，倪频当选为创会副会长。2015年万向美国公司牵头创立了美国中国总商会芝加哥分会，倪频当选为首任会长。企业实力壮大后，万向美国公司更是投入大量资金，参加美国前总统奥巴马倡导的"十万人留学中国计划"（简称十万强计划）。截止到2016年，共有近千名美国学生参加了该项目，他们来自芝加哥公立中学、芝加哥大学、西北大学、美国百人会、艾奥瓦州马斯卡廷市、洛杉矶国际研究学习中心、德克萨斯州孤星学院等机构。2015年，万向公司把学生们在项目结束时提交的研讨论文编辑成书，在9月份习近平主席访美时，通过有关方面呈交给两国元首，得到好评。

二、中远在希腊同竞争对手和供应商实现和谐共赢

中远希腊码头公司成立以来，公司始终秉承中远人"全球发展、和谐共赢"的理念，努力建设"家园文化"，促进中希文化融合。中远希腊码头公司根据当地特点，在生产经营中积极贯彻"和谐共赢"（Harmony and Win-Win）的核心价值观，并形成了一套有效的做法。

（一）真诚互信，打造"和谐共赢"的基础

中远比雷埃夫斯港集装箱码头项目从一开始就引起了国内外媒体的极大关注，认为中远在此后35年之内控制码头运营权，将成为中国产品出口南欧的跳板。媒体同时指出，希腊船东也支持这项合作，认为这将有助于港口的扩建，使其成为通往巴尔干以及更多地区的商业中转站。

这无疑是一次双赢的合作，而中远"走出去"战略关于"和谐共赢"的一贯主张在此过程中发挥了决定性作用。正是在这种共赢理念的推动下，使中远投资比雷埃夫斯港集装箱码头项目成为中希合作的成功典范。中远在希腊陷入国家主权债务危机困境时，克服了金融危机带来的重重困难和压力，一如既往地推动比雷埃夫斯港集装箱码头项目，为严冬中的希腊航运业送去了新的希望。中远的真诚赢得了合作方的尊重与敬佩，为该项目最终克服重重困难与挑战，实现在正式接管后的运营成功奠定了坚实的基础。

（二）着眼竞争对手和供应商，与当地企业"和谐共赢"

中远希腊码头公司着眼竞争对手和供应商，积极实现与当地社会的"和谐共赢"。

比雷埃夫斯港务局既是中远希腊码头公司在当地的港务事务的管理者，也是中远希腊码头公司市场业务的竞争者。比雷埃夫斯港务局的服务水平比较低下，竞争能力也比较弱。但中远希腊码头公司并没有采用赢者通吃、把所有的客户都抢过来的手段，而是通过一些商务安排，将公司发展的部分业务分享给了港务局，使他们也能够维持稳定的发展，从而形成了较为和谐的关系。

中远希腊码头公司总经理傅承求经常意味深长地说："如果你的邻居一无所有，你的窗户就会经常被砸破。"通过发展与港务局的"和谐共赢"关系，中远希腊码头公司在一些关键问题上获得了港务局的支持，取得了非常好的经济效益。

DIAKINISIS是中远希腊码头公司的最重要的外包商。公司码头操作的工人绝大部分来自DIAKINISIS，因此，它也是成本管控的首要目标。从中远希腊码头公司成立至今，支付给这家公司的单箱外包劳务费下降了将近60%。但是，公司每一次降低成本，都是采取协商和讲道理的方式，例如，会告诉对方，由于装卸效率的提高、新设备的投产等原因，应该有哪些的成本变化。同时还发挥专业长处，对他们在工作中如何提高效率提出有价值的建议。由于公司掌握的信息充分，意见合情合理，DIAKINISIS每一次接受降低费率的条件都是既难过，又高兴。难过的是降低了费率，高兴的是确实也从中远希腊码头公司的措施中得到了好处。DIAKINISIS还利用其在中远希腊码头公司获得的稳定的业务量和专业经验，在其他港口发展壮大了业务。

三、经验启示

实现和谐共赢不是单方面妥协、让步，而是找到双方的共同利益，扩大共同利益，建立利益共同体，获得共同发展。中材集团在塞浦路斯和俄罗斯、中远集团在希腊，同当地竞争者或者供应商的合作双赢的做法都充分体现了这一点。与当地竞争者或者供应商分享利益，有利于与当地企业和谐共处，减少矛盾，降低经营风险；有利于降低中方企业在当地经营的综合成本，提升在当地市场的核心竞争力。

第一，有利于同当地企业和谐共处，获得可持续发展。与当地竞争者或者供应商分享利益，有利于减少与当地企业的矛盾，获得可持续发展。相反，如果中方企业在当地市场采取赢者通吃的做法，就会在当地四处树敌，与当地企业矛盾加剧，可能会遭受当地企业的"联合围剿"，不利于在当地获得可持续发展。

第二，有利于中方企业降低在当地经营的供货成本和经营风险，提升在当地市场的竞争力。中材集团在塞浦路斯VASSILIKO水泥生产线项目中租用当地租赁公司的设备，不仅为这些当地租赁公司增加了业务量，对中材集团来说也有利于降低关税成本、运输成本，增强在当地市场的核心竞争力。再如中材集团的拉法基俄罗斯项目，通过提高当地采购比例，实现供货本土化，不仅减少了计量设备当地认证风险、降低了钢结构及非标材料当地符合性风险，同时大幅度减少了项目物流成本，有利于项目供货综合成本的控制。

第五节　与当地社区居民共享发展成果

海外投资中的社区问题极为复杂敏感，一旦处理不好，会对整个境外投资项目造成颠覆性的影响。很多境外大型矿山项目就是因此而无法启动或中断搁置。因此，与当地社区居民共享发展成果，是企业海外投资赢得当地社区理解和支持的重要途径，也是企业履行社会责任的重要体现。

一、中地海外吉布提跨境引水实现人民百年期盼

2017年6月19日，中地海外水务有限公司（简称中地海外）承建的吉埃塞跨境供水项目（吉布提至埃塞俄比亚）（简称跨境供水项目）在吉布提阿里萨比地区举行通水仪式。吉布提总统盖莱、时任中国驻吉布提大使符华强、埃塞俄比亚驻吉布提大使

等出席通水仪式并讲话。吉布提总理及内阁成员、中方代表、数百人参加了仪式。阿里萨比地区居民作为第一批受益群众，尝到了清澈甘甜的优良淡水。

（一）吉布提人民的百年期盼

吉布提共和国处于印度洋西岸，东非之角，是世界最不发达的国家之一，全国大部分地区属热带沙漠气候，终年酷热少雨，致使吉布提一直以来受淡水匮乏的困扰，现有供水能力约3.5万~4万立方米/天，仅能满足其首都吉布提市及主要城镇50%的供水需求，且水质很差，尤其是含盐量非常高，远未达到世界卫生组织关于饮用水的标准，吉布提48.2岁的人均寿命与其饮用水质量有必然关系。自1977年吉独立以来，饮水问题一直是一个重要的社会和经济问题，不仅是吉布提人民的百年期盼，也是吉政府重要的工作目标之一。

为了破解吉布提贫困落后的基础设施瓶颈，改善当地人民生活条件，这项跨境供水项目应运而生。跨境供水项目于2012年开始工程前期工作，2015年3月22日开工建设，历时5年多，目前已完成工程总量的95%，并实现了吉布提境内的首次通水。此次为阿里萨比地区供水为第一站，之后将陆续开始为迪基尔地区、阿尔塔地区以及吉布提市供水，位于吉布提市PK20地区的总蓄水站（设计蓄水量8万吨）已经开始蓄水，完工后日均将为吉布提供水10万吨。

（二）跨境供水互联互通

跨境供水项目是东非规模最大的水务项目之一，也是中国政府支持非洲"一带一路"国家之间"互联互通"的重要战略项目。工程由吉布提政府委托，工程设计由浙江省城乡规划设计院负责，中地海外集团下属的中地海外水务有限公司承建。

根据该项目工程设计，先自埃塞俄比亚库伦河谷区域的水源地通过28口深井取水，经消毒处理后，横穿埃塞东部严重干旱地区，全程铺设管道总长度（含配水管道）约374公里，依次为Ali Sabieh地区、Dikhil地区、Aeta地区以及吉布提市供水，其中位于吉布提市PK20地区的总蓄水站供水设计蓄水量达8万吨，工程完工后将为吉布提日均供水10万吨，解决吉布提65%以上人口的用水问题。

2013年1月20日，吉埃塞两国政府签署项目协议，一致同意实施跨境引水项目。2013年2月3日，吉政府与中地海外签订EPC合同，工期两年（2015年6月30日至2017年6月30日）。2013年9月11日，双方再签EPC补充合同，同时中吉政府签署项目贷款协议，由中国进出口银行提供优惠贷款3.39亿美元给予资金支持，其中，95%由中国进出口银行贷款出资（优惠买方信贷），5%为吉政府配套资金。

2015年3月22日，项目开工典礼在吉布提阿里萨比省隆重举行。吉总统盖莱、总理卡米勒及内阁全体部长等应邀出席。跨境供水项目共需在埃塞东部富含优质地下水源的雪尼里地区打300米左右深井28眼；整个项目共有2个泵站，分别为库仑泵站和阿迪格拉泵站，均在埃塞境内，其中库仑泵站位于水源地附近，将汇集28口深井的水源后泵送到阿迪格拉泵站，再由阿迪格拉泵站将水泵送至本项目最高点安恩特海尔水池，然后全程经过输送管道和4个水池，逐级自流至吉境内的终端PK20蓄水池（由4个容量为2万方的蓄水池构成，总容量8万方），途径和终端还会根据需要有相应的配水管线把水输送到各供水点。

（三）克服多重困难保证工程进展

随着非洲经济的逐步发展，改善基础设施成为当地政府和人民最急迫的需要。作为一家在供水领域具有丰富经验并成功完成很多大型供水项目的优质企业，中地海外积极拓展非洲地区水务工程市场，并有信心做好该项目。但是，面对承建的第一个跨境引水项目，其跨境的特殊性以及工期短、施工条件恶劣等特殊情况，工程建设压力大、挑战多。

该项目横跨埃塞和吉布提国境，输水距离长且大多处于渺无人烟的荒漠地区，自然条件极其恶劣，人员和设备调度困难，对施工人员的考验巨大。中地海外公司各级领导高度重视，从上到下，无论前方后方，大家齐心协力，克服困难，将此项目作为优先保障项目，投入最优秀的人力及足够的物力全力保障该项目的施工进度。

为解决人员及设备调度难的问题，公司增加投入将该项目划分为埃塞段和吉布提段分别组织人员和设备施工；面对严酷的施工环境，中地海外人发扬不怕苦、不怕累、无私奉献的精神迎难而上与艰苦的自然环境顽强斗争。中地海外人团结拼搏、共同努力，克服了很多困难，成功实现了项目通水，工程进展顺利，甚至快于预期。

施工过程中，吉方业主及多位部长几次到施工现场考察，看到中国公司员工在如此艰苦的条件下辛勤劳作，看到该项目现场井井有条的工作场面，看到良好的施工质量，他们无不表示赞许。中央电视台、吉布提国家电视台及埃塞相关媒体都对该项目做过专访和报道，对项目的重大意义以及中国公司及其员工不畏艰苦、无私奉献的精神给予充分肯定。

二、中铝公司在秘鲁与当地社区居民利益共享

（一）中铝公司及特罗莫克铜矿项目概况

中国铝业股份有限公司（简称中铝公司）成立于2001年2月23日，是中央直接管理的国有重要骨干企业。公司主要从事矿产资源开发、有色金属冶炼加工、相关贸易及工程技术服务等，是目前全球第二大氧化铝供应商、第三大电解铝供应商，铜业综合实力位居全国第一。

中铝公司在秘鲁的子公司——中铝秘鲁矿业公司所有的特罗莫克（Toromocho）铜矿位于秘鲁胡宁大区亚乌利省莫洛科查（Morococha）矿区，距秘鲁首都利马140余公里，海拔高度4500～4900米。特罗莫克铜矿属斑岩铜矿，根据CRU资料，在计划于2011年至2015年投产的前20大铜矿开采项目中，按可采及预可采（2P）储量计算，特罗莫克项目是全球第二大未投产铜矿项目，而按2011年至2020年的平均计划年产量计算，该项目是全球第三大未投产铜矿项目。根据合资格人士技术报告，特罗莫克项目储量为约730万吨铜、29万吨钼及1.05万吨银。

2007年8月，经国务院批准及国家发展改革委和商务部核准，中铝公司以8.6亿美元成功收购加拿大铜业公司（PCI）全部股权，获得了PCI在秘鲁的全资子公司秘鲁铜业公司拥有的核心资产，即特罗莫克铜矿的开发选择权。随后秘鲁铜业公司也更名为中铝秘鲁矿业公司。2011年7月项目主体开工建设，2013年12月特罗莫克项目建成投产。中铝公司成功开发建设特罗莫克项目，符合中国政府的资源领域"走出去"战略，对于加大中国海外铜资源开发力度、成功构建中国境外铜资源基地具有重要的战略意义。

（二）同当地社区居民共享发展成果

秘鲁资源条件、法律环境较好，但社区问题极为复杂，一旦处理不好，会对整个项目造成颠覆性的影响。中铝公司抓住工程建设的"牛鼻子"，非常重视社区关系，确定了与社区和谐相处、共同发展的理念。

在项目未开始建设前，中铝公司就投资建设一座现代化的新城镇，将老镇的5000多名居民免费搬迁到新镇居住。此外，中铝公司不仅未向当地河流排放一滴污水，而且为当地投资建设一座污水处理厂，解决困扰当地70多年的水污染问题。与此同时，公司还实施了一系列社区资助计划，包括向中小学生提供免费午餐、为当地居民免费体检，在当地进行劳动技能培训等。由于中铝公司完全遵守当地法律、充分尊重当地

居民的习俗、妥善处理与当地的社区关系，因而改变了当地对中国企业的负面印象，得到广泛赞誉，树立起负责任企业形象，为后续发展打下良好基础。

三、中材天津公司在埃及与当地社区居民和谐共赢

（一）埃及GOE项目概况

GOE项目位于埃及西奈半岛，业主是埃及国防部，中国中材集团有限公司所属中材国际天津公司（简称中材天津公司）通过与几家欧洲知名公司竞标后获得这一项目，与埃及国防部于2007年签署了2条日产5000吨水泥生产线总承包合同，合同总价约3.7亿美元，范围包括矿山开采、石灰石破碎至水泥包装车间的工程设计、设备供货、土建施工、设备安装及3年生产技术管理。经过近4年建设，生产线2011年2月建成，又经过近1年的试运行，中材天津公司获得了业主颁发的PAC证书（预验收证书），并正式启动了生产管理合同。

（二）与当地居民和谐共赢情况

在项目建设的4年里，项目部人员与当地居民包括贝都因人保持良好的关系，为当地居民创造了很多就业机会，包括项目的办公室主任和保安队队长等重要职务都聘请了当地人。

2012年1月31日，休假期满返回GOE项目部的24名技术工人和前来接机的阿语翻译小丁，被10多名手拿武器的当地土著部落贝都因人拦截并扣押。最终在多方的努力下，25名中国工人在被扣15小时后安全获释。

正是由于同这些部族居民一直都保持很好的关系，被扣押期间，贝都因人通过翻译向被扣押员工表达了善意，提供了水、食物，没有对被扣押人员与外界的联系进行限制，并保证不会伤害他们。这使得在劫持事件发生后，各方面和现场被扣押员工保持沟通，指导并提供必要的应对办法，使得被扣押人员表现沉着冷静，为迅速营救创造了有利条件。

据悉，部落人员扣押中国工人是为向埃及政府施压，以解决其与政府之间的矛盾。事件本身对公司项目不造成影响。

四、经验启示

中国企业只有同东道国当地社区居民分享发展成果，实现和谐共赢，投资项目才

会得到当地居民支持，才会避免被扣上"唯利是图""破坏环境""掠夺资源"之类的帽子，才能保障企业的安全和可持续发展。中资企业在海外同东道国当地社区居民分享发展成果，实现和谐共赢的主要途径有以下几条。

第一，解决当地居民就业。投资项目如果能够解决当地数量可观的就业，既为东道国政府带来政绩，又为当地居民带来实实在在的利益，就容易得到东道国政府和当地居民的支持。如中远希腊码头公司、中材天津公司埃及GOE项目都为当地居民创造了很多就业机会，从而获得了当地政府和居民的支持。

第二，投入当地公益事业，为当地居民谋福利。中铝公司在秘鲁在项目未开始建设前就投资建设一座现代化的新城镇，将老镇的5000多名居民免费搬迁到新镇居住；还为当地投资建设一座污水处理厂，解决困扰当地70多年的水污染问题。这些措施深得当地社区居民的拥护，树立起负责任企业形象，为后续发展打下良好基础。

第三，实施社区资助计划，帮助当地脱贫。通过实施一系列社区资助计划，帮助当地部分居民脱贫，也是中资企业同当地社区居民分享其发展成果的重要方式，同样深得当地社区居民的拥护和支持，有利于企业在当地的可持续发展。

参考文献

[1] 商务部《对外投资合作国别（地区）指南》编制办公室. 商务部对外投资合作国别（地区）指南，2008-2017

[2] 李志鹏，徐强，闫实强. 民营企业集群式"走出去"模式与经验. 国际贸易，2015（10）

[3] 李志鹏. 中国产业对外转移特征、趋势及对策：基于制造业企业对外投资的视角. 国际经济合作，2013（11）

[4] 崔学刚，张敏. 公司并购尽职调查：问题与借鉴：基于中国移动收购卢森堡电信公司案例的分析. 财会学习，2012（04）

[5] 王京彬，杨玲玲. 境外上市初级资源公司的并购与运作：Canaco公司的案例. 矿产勘查，2011（01）

[6] 杨阳. 投资银行在企业并购中的作用：基购于中钢并购Midwest案例分析. 企业技术开发，2009（06）

[7] 李志鹏. 中国会计师事务所"走出去"的路径研究. 国际经济合作，2012（11）

[8] 李志鹏，闫实强. 中国企业境外并购趋势特征及绩效规律. 国际经济合作，2015（02）

[9] 刘扬，唐文哲，张清振，等. 国际工程标准应用案例分析. 项目管理技术，2017（10）

[10] 范慧. X公司N矿产资源风险勘探项目可行性研究. 兰州大学硕士论文，2012

[11] 桂志斌. HBLD石化设备生产厂国际工程投标的研究. 河北工业大学硕士论文，2008

[12] 郭芳. 矿山监理评价. 中国地质大学（北京）博士论文，2010

[13] 沈德才. 海外水电BOT投资项目风险管理与保险实务：柬埔寨水电站BOT项目风险管理案例解析. 国际经济合作，2011（01）

[14] 宋荣军，李长效. 海外项目安保管理工作程序探讨. 国际工程与劳务，2018（01）

[15] 冯宇. 我国海外投资保险现状及立法完善. 南京大学硕士论文，2012

[16] 梁娜. 电力项目海外投资风险评估与防范研究. 北京交通大学硕士论文，2012

[17] 王佑. 中巴石油谈判台前幕后. 第一财经日报，2009-05-22

[18] 李志鹏，沈梦溪. 中国企业境外并购财务安排现状、问题及改进建议. 中国注册会计师，2015（04）

[19] 李铮. 国际工程承包项目的融资创新. 国际商务财会，2012（03）

[20] 张焱. 海外矿业并购融资方式探讨. 矿产勘查，2012（05）

[21] 姜军，赵慧芳. 交易结构化：中联重科海外并购案例的再分析. 财务与会计（理财版），2013（01）

[22] 周晖，陈斌. 华能海外并购谋略. 新理财，2013（03）

[23] 吴曰丰. 华能并购大士能源融资研究. 华东师范大学硕士论文，2011

[24] 庞彦翔. H公司海外并购重组的财务战略与实践. 财务与会计，2012（07）

[25] 李志鹏. 中国企业如何参与海外并购. 中国经贸，2009（03）

[26] 杨后鲁. 国际规则变了，避税空间小了. 中国税务报，2016-06-17

[27] 叶莉娜. 美国反避税立法之CFC规则研究. 时代法学，2013（04）

[28] 李竞. 苹果公司纳税筹划研究. 北京邮电大学硕士论文，2018

[29] 李艳洁. "取道"爱尔兰 苹果涉嫌避税引美、英全球调查. 中国经营报，2014-12-29

[30] 孙立峰. 新形势下铁路企业境外投资项目交易结构设计. 国际经济合作，2016（01）

[31] 叶红，尤姜，郑天成，等. 中国企业海外并购的典型税务风险及应对. 国际税收，2015（04）

[32] 李劲峰，刘巍巍. 跨国公司逃避税手段翻新 反避税陷重重"瓶颈". 中国外资，2015（09）

[33] 李高超. 跨国企业须重视税收合规风险. 国际商报，2016-04-05

[34] 李志鹏. 中国会计师事务所"走出去"的路径研究. 国际经济合作，2012（11）

[35] 王森. 境外工程项目税收风险控制与筹划：基于尼日利亚铁路EPC项目的案

例. 财会通讯，2016（08）

[36] 李晓晖，林珏. 中国企业对外承包工程的税务风险与管理. 南方能源建设，2016（03）

[37] 王波，张发斌. 加蓬布巴哈电站项目当地员工管理实践. 云南科技管理，2011（08）

[38] 刘勤来. 规范国外工程劳务管理，提高人力资源管理水平：摩洛哥东西高速公路二标项目当地用工管理体会. 四川水力发电，2009（10）

[39] 潘阳春. 国际工程劳务本土化管理的创新与实践. 企业改革与管理，2017（08）

[40] 陆野，雍新春，杨磊. 中国企业跨国并购中的人力资源整合. 企业导报，2010-11-15

[41] 王迎春. 企业并购中人力资源整合研究. 上海外国语大学硕士论文，2013

[42] 林肇宏，张锐. 中国跨国企业人力资源管理模式及实践研究：基于深圳5家高科技企业的案例分析. 宏观经济研究，2013（02）

[43] 高明. 国际工程承包公司外派员工流失问题研究. 西南交通大学硕士论文，2013

[44] 金江涛. 印尼项目属地化管理探索. 国际工程与劳务，2016（08）

[45] 韦冠科. 企业国际化进程中的人才属地化管理研究. 山西建筑，2013（03）

[46] 刘宪杰，李真. 推动企业以构建海外研发机构模式"走出去". 中国国情国力，2012（12）

[47] 曾德明，张磊生，禹献云，等. 高新技术企业研发国际化进入模式选择研究. 软科学，2013（10）

[48] 李志鹏，徐强，闫实强. 利用国际市场调节富余产能的效果和策略分析. 宏观经济研究，2015（06）

[49] 闫实强，李志鹏. 推进中菲钢铁产能合作的形势与建议. 国际经济合作，2017（12）

[50] 李志鹏. 境外经贸合作区的发展实践探索. 国际工程与劳务，2016（09）

[51] 路红艳. 中国境外经贸合作区发展的经验启示. 对外经贸，2013（10）

[52] 李志鹏，闫实强，张哲. 我国商贸专业市场海外发展现状及模式探讨. 国际贸易，2015（03）

[53] 文娟. 中国南方专业批发市场选址及建筑空间形态研究. 湖南大学硕士论文，2004

[54] 于翠云. 李宁公司品牌国际化战略研究. 福建师范大学硕士论文，2012

[55] 侯宝忠. 美特斯邦威携手《变形金刚2》内幕. 中国品牌，2009（08）

[56] 李兴华. 关于"王致和商标海外被抢注案"的案例分析. 兰州大学硕士论文，2011

[57] 柯银斌，康荣平. 跨国并购交易的"海尔方式. 第一财经日报，2012-04-06

[58] 杨宏芹，胡威. 从华为诉摩托罗拉案看中国企业知识产权保护的海外战略. 世界贸易组织动态与研究，2011（11）

[59] 王莲峰，王欢. 全球化环境下中国企业的知识产权保护. 科技与法律，2008（08）

[60] 马小宁. 美法院下令保护华为创新成果. 人民日报海外版，2011-01-29

[61] 陈晓晨. 赞比亚中资煤矿血案敲响警钟. 第一财经日报，2012-08-13

[62] 中远报道组. "走出去"战略发展模式的创新之路：中远希腊比雷埃夫斯港集装箱码头项目启示录. 中国远洋航务，2011（02）

[63] 郁鸣. 赞比亚"枪击案"背后：中资在非艰难拓展. 21世纪经济报道，2010-10-22

后　记

为适应推动形成全面开放新格局，特别是"一带一路"建设的新要求，商务部委托中国服务外包研究中心对2009年版"跨国经营管理人才培训教材系列丛书"（共7本）进行修订增补。2018年新修订增补后的"跨国经营管理人才培训教材系列丛书"共10本，其中，《中国对外投资合作法规和政策汇编》《中外对外投资合作政策比较》《中外企业国际化战略与管理比较》《中外跨国公司融资理念与方式比较》《中外企业跨国并购与整合比较》《中外企业跨国经营风险管理比较》《中外企业跨文化管理与企业社会责任比较》是对2009年版教材的修订，《中外境外经贸合作园区建设比较》《中外基础设施国际合作模式比较》《中外企业跨国经营案例比较》是新增补的教材。2009年版原创团队对此书的贡献，是我们此次修订的基础，让我们有机会站在巨人的肩膀上担当新使命。

在本套教材编写过程中，我们得到中国驻越南大使馆经商参处、中国驻柬埔寨大使馆经商参处、中国驻白俄罗斯大使馆经商参处、中国驻匈牙利大使馆经商参处、中国国际投资促进中心（欧洲）的大力支持，上海市、广东省、深圳市等地方商务主管部门也提供了帮助。中国进出口银行、中国建筑工程总公司、中国长江三峡集团、中国交建集团、TCL集团、华为技术公司、腾讯公司、中兴通讯股份、富士康科技集团、中国人民保险集团股份有限公司、中国电力技术装备有限公司、中国建设银行、中拉合作基金、深圳市大疆创新科技公司、中白工业园区开发公司、白俄罗斯中资企业商会、北京住总集团白俄罗斯建设公司、华为（白俄罗斯）公司、中欧商贸物流园、宝思德化学公司、中国银行（匈牙利）公司、威斯卡特工业（匈牙利）公司、波鸿集团、华为匈牙利公司、海康威视（匈牙利）公司、彩讯（匈牙利）公司、上海建工集团、中启海外集团、中国中免集团、中国路桥有限公司、东南亚电信、华为柬埔寨公司、中铁六局越南高速公路项目部、农业银行越南分行、越南光伏公司、博爱医疗公司、中国越南（深圳—海防）经济贸易合作区等单位接受了我们的调研访谈。一些中外跨国经营企业的做法，被我们作为典型案例进行剖析，供读者借鉴。在此一并表示由衷的感谢!

本套教材的主创团队群英荟萃，既有我国对外投资合作研究领域的权威专家，也有一批年轻有为的学者。除署名作者外，胡锁锦、杨修敏、李岸、周新建、果凯、苏予、曹文、陈明霞、王沛、朱斌、张亮、杨森、郭智广、梁桂宁、杜奇睿、程晓青、王潜、冯鹏程、施浪、张东芳、刘小溪、袁悦、杨楚笛、吴昀珂、赵泽宇、沈梦溪、李小永、辛灵、何明明、李良雄、张航、李思静、张晨烨、曹佩华、汪莹、曹勤雯、薛晨、徐丽丽（排名不分先后）等同志也以不同方式参与了我们的编写工作。由于对外投资合作事业规模迅速扩大，市场分布广泛，企业主体众多，业务模式多样，加之我们的能力欠缺，本套教材依然无法囊括读者期待看到的所有内容，留待今后修订增补。

最后，特别感谢中国商务出版社的郭周明社长和全体参与此套教材修订增补的团队，他们在较短的时间内高质量地完成了教材的编辑修订工作，为教材顺利出版做出了极大努力。在此表示由衷的感谢!

编著者

2018年10月15日